高等院校应用型人才培养"十四五"规划旅游管理类系列教材

酒店市场营销

主　编 ◎ 陈洪兵　张彩虹
副主编 ◎ 张新华　谢丽娜　尹爱军　唐秀忠
参　编 ◎ 邓露璐　刘志军　杨柳青　白静静
　　　　罗元亨　段思远

Hospitality Marketing

华中科技大学出版社
http://press.hust.edu.cn
中国·武汉

内 容 提 要

全书分为导论、市场研究与分析、酒店市场营销战略、酒店营销组合策略和发展与趋势五篇,共十二章。其中,第一篇导论部分,主要阐述酒店市场营销的基本概念及营销观念的演变、酒店服务营销的基本特征和营销管理,为酒店进行具体营销实践奠定重要基础;第二篇市场研究与分析部分,主要介绍酒店营销环境、酒店消费者市场购买行为、酒店组织市场购买行为、酒店市场营销调研;第三篇酒店市场营销战略部分,主要介绍酒店目标市场营销战略和酒店市场竞争战略;第四篇酒店营销组合策略部分,主要介绍产品策略、价格策略、渠道策略和促销策略;第五篇发展与趋势部分,主要介绍了酒店营销组合策略的发展、理论的发展和营销方式的新发展等。

图书在版编目(CIP)数据

酒店市场营销/陈洪兵,张彩虹主编.—武汉:华中科技大学出版社,2023.8
ISBN 978-7-5680-9804-5

Ⅰ.①酒… Ⅱ.①陈… ②张… Ⅲ.①饭店-市场营销学 Ⅳ.①F719.2

中国国家版本馆 CIP 数据核字(2023)第 166065 号

酒店市场营销 陈洪兵 张彩虹 主编
Jiudian Shichang Yingxiao

策划编辑:王　乾
责任编辑:刘　烨
封面设计:原色设计
责任监印:周治超

出版发行:华中科技大学出版社(中国·武汉)　　电话:(027)81321913
　　　　　武汉市东湖新技术开发区华工科技园　　邮编:430223
录　　排:华中科技大学惠友文印中心
印　　刷:武汉科源印刷设计有限公司
开　　本:787mm×1092mm　1/16
印　　张:14
字　　数:330千字
版　　次:2023年8月第1版第1次印刷
定　　价:59.80元

本书若有印装质量问题,请向出版社营销中心调换
全国免费服务热线:400-6679-118　　竭诚为您服务
版权所有　侵权必究

出版说明

党的十九届五中全会确立了到2035年建成文化强国的远景目标,明确提出发展文化事业和文化产业。"十四五"期间,我国将继续推进文旅融合,实施创新发展,不断推动文化和旅游发展迈上新台阶。2019年和2021年先后颁布的《国家职业教育改革实施方案》《关于深化本科教育教学改革 全面提高人才培养质量的意见》《本科层次职业教育专业设置管理办法(试行)》,强调进一步推动高等教育应用型人才培养模式改革,对接产业需求,服务经济社会发展。

基于此,建设高水平的旅游管理专业应用型人才培养教材,将助力旅游高等教育结构优化,促进旅游专业应用型人才的能力培养与素质提升,进而为中国旅游业在"十四五"期间深化文旅融合、持续迈向高质量发展提供有力支撑。

华中科技大学出版社一向以服务高校教学、科研为己任,重视高品质专业教材出版。"十三五"期间,在教育部高等学校旅游管理类专业教学指导委员会和全国高校应用型本科旅游院校联盟的大力支持和指导下,在全国范围内特邀中组部国家"万人计划"教学名师、近百所应用型院校旅游管理专业学科带头人、一线骨干"双师双能型"教师,以及旅游业界精英等担任顾问和编者,组织编纂出版"高等院校应用型人才培养'十三五'规划旅游管理类系列教材"。该系列教材自出版发行以来,被全国近百所开设旅游管理类专业的院校选用,并多次再版。

为积极响应"十四五"期间我国文旅行业发展及旅游高等教育发展的新趋势,"高等院校应用型人才培养'十四五'规划旅游管理类系列教材"应运而生。本套教材依据文旅行业最新发展和学术研究最新进展,立足旅游管理应用型人才培养特征进行整体规划,对高水平的"十三五"规划教材进行修订、丰富、再版,同时开发出一批教学紧缺、业界急需的教材。本套教材在以下三个方面做出了创新:

一是紧扣旅游学科特色,创新教材编写理念。本套教材基于旅游高等教育发展新形势,结合新版旅游管理专业人才培养方案,遵循应用型人才培养的内在逻辑,在编写团队、编写内容与编写体例上充分彰显旅游管理应用型专业的学科优势,有利于全面提升旅游管理专业学生的实践能力与创新能力。

二是遵循理实并重原则,构建多元化知识结构。在产教融合思想的指导下,坚持以案例为引领,同步案例与知识链接贯穿全书,增设学习目标、实训项目、本章小结、关键概念、案例解析、实训操练和相关链接等个性化模块。

三是依托资源服务平台,打造新形态立体教材。华中科技大学出版社紧抓"互联网+"时代教育需求,自主研发并上线的华中出版资源服务平台,可为本套教材作立体化教学配套服务,既为教师教学提供便捷,提供教学计划书、教学课件、习题库、案例库、参考答案、教学视频等系列配套教学资源,又为教学管理提供便捷,构建课程开发、习题管理、学生评论、班级管理等于一体的教学生态链,真正打造了线上线下、课内课外的新形态立体化互动教材。

本编委会力求通过出版一套兼具理论与实践、传承与创新、基础与前沿的精品教材,为我国加快实现旅游高等教育内涵式发展、建成世界旅游强国贡献一份力量,并诚挚邀请更多致力于中国旅游高等教育的专家学者加入我们!

华中科技大学出版社

前言
Preface

　　21世纪的企业运营者面临着一个急剧变化的新时代,这个时代呈现出信息网络化、经济全球化、知识资源化、管理人本化的发展趋势。为此,酒店业也面临着日趋激烈的竞争环境和不断攀升的客户期望,酒店经营者必须适应时代的变化,提供特色产品和服务,最大化顾客价值,提升顾客忠诚度,从而增强酒店竞争力。因此,树立正确的营销观念,制定科学的营销方案,坚持营销战略的发展与创新,为酒店业赋予新动能,获得持续竞争优势,便成为现代酒店运营管理的当务之急。

　　酒店市场营销学是在市场营销学和市场营销管理理论的基础上,结合了现代酒店业的特点建立起来的,研究酒店市场营销活动和规律的一门应用型学科。酒店市场营销是酒店经营管理的重要组成部分,是指导酒店运营管理的重要理论基础。

　　本书框架清晰、结构完整、内容全面。全书分为导论、市场研究与分析、酒店市场营销战略、酒店营销组合策略和发展与趋势五篇,共十二章。其中,第一篇导论部分包括第一章,主要阐述酒店市场营销的基本概念及营销观念的演变、酒店服务营销的基本特征和营销管理,为酒店进行具体营销实践奠定重要基础;第二篇酒店市场研究与分析部分包括第二章、第三章、第四章、第五章,主要介绍酒店市场营销环境、酒店消费者市场购买行为、酒店组织市场购买行为、酒店市场营销调研;第三篇酒店营销战略部分包括第六章和第七章,主要介绍酒店目标市场营销战略和酒店市场竞争战略;第四篇酒店营销组合策略部分包括第八章、第九章、第十章、第十一章,主要介绍酒店产品策略、酒店价格策略、酒店销售渠道策略和酒店促销策略;第五篇发展与趋势部分包括第十二章,主要介绍了酒店营销理念、理论的发展和新营销方法等。

　　本书可作为高等学校旅游和酒店管理类专业的教材,也可作为旅游和酒店业相关从业人员的培训用书和从事营销管理工作人员的指导用书。该书的特点如下:

　　1. 突出市场营销学理论体系的完整性、系统性和应用性

　　每章相关知识按两个模块进行编排,第一个模块主要介绍市场营销学的理论知识体系,目的是让学生充分掌握市场营销学基本理论知识和系统;第二个模块主要结合酒店的实际情况,有针对性地介绍酒店市场营销相关理论及其应用与实践。

2. 推进"理实一体化"的教学模式改革

将市场营销学与酒店市场营销充分结合,既注重市场营销一般原理、理论和规律等学科知识和体系的学习,又结合酒店市场营销的实际,培养学生实际应用能力。按照理论与实践并重的原则,本书注重对学生的营销意识、营销思维和营销能力的培养,在学习市场营销学一般理论的基础上,结合相关企业行业,选编案例,实现理论与实践相结合、校企相结合,提高学科的实用性。

3. 追求"育人"和"教书"的有机结合

本书按照"立德树人"的根本任务,在每个章节中融入了课程思政理念,将"育人"和"教书"有机结合起来。

本书由参编学校的教研团队编著。陈洪兵、张彩虹为主编,负责统稿定稿;副主编为张新华、谢丽娜、尹爱军、唐秀忠。第一、三、四章由陈洪兵、罗元亨负责编写,第二、九章由邓露璐负责编写,第五章由杨柳青负责编写,第六、七、八章由张新华、刘志军负责编写,第十、十一章由谢丽娜负责编写,第十二章由张彩虹、白静静、段思远负责编写。

由于编者水平有限,书中难免存在不足之处,诚望读者不吝指正。

编者

2023 年 2 月

目录
Contents

| 第一篇 | 导论 | /001 |

第一章 酒店市场营销基础知识 /003
　第一节　市场营销学概述 /003
　第二节　市场营销学及营销观念的演变 /006
　第三节　酒店市场营销概述 /010

| 第二篇 | 市场研究与分析 | /015 |

第二章 酒店市场营销环境 /017
　第一节　酒店市场营销环境概述 /017
　第二节　酒店市场营销宏观环境 /019
　第三节　酒店市场营销微观环境 /025
　第四节　酒店市场营销环境分析 /028

第三章 酒店消费者市场购买行为 /034
　第一节　消费者市场的特点 /035
　第二节　旅游购买行为分析 /036
　第三节　影响酒店消费者购买行为的因素 /037
　第四节　消费者购买决策的过程 /042

第四章 酒店组织市场购买行为 /050
　第一节　酒店组织市场 /050
　第二节　产业市场购买行为 /052

第三节　分销商购买行为　　/057
　　第四节　政府与非营利组织购买行为　　/059
第五章　酒店市场营销调研　　/061
　　第一节　酒店市场营销调研　　/061
　　第二节　酒店市场营销调研的设计　　/064
　　第三节　我国酒店市场营销调研存在的问题及相关建议　　/068

第三篇　酒店市场营销战略　　/071

第六章　酒店目标市场营销战略　　/073
　　第一节　市场细分　　/074
　　第二节　目标市场选择　　/077
　　第三节　市场定位　　/080
　　第四节　酒店目标市场营销战略的类型　　/084
第七章　酒店市场竞争战略　　/088
　　第一节　市场竞争的层次　　/089
　　第二节　市场竞争战略的类型　　/091
　　第三节　不同市场地位的竞争战略　　/094
　　第四节　提高市场竞争力的战略路线　　/099

第四篇　酒店营销组合策略　　/103

第八章　酒店产品策略　　/105
　　第一节　酒店产品概论　　/105
　　第二节　产品生命周期及营销策略　　/109
　　第三节　酒店产品设计与开发　　/113
　　第四节　酒店品牌建设与营销　　/116
第九章　酒店价格策略　　/120
　　第一节　酒店产品价格概述　　/120
　　第二节　制定酒店产品价格的影响因素　　/123
　　第三节　酒店产品价格制定的目标及步骤　　/126
　　第四节　酒店产品价格制定的策略　　/134
　　第四节　酒店产品的价格策略　　/137

第五节　酒店产品的价格变动策略　/140

第十章　酒店销售渠道策略　/144
第一节　酒店销渠道概述　/144
第二节　酒店直接分销渠道　/149
第三节　酒店间接分销渠道　/150
第四节　酒店营销渠道　/153
第五节　酒店分销渠道设计与管理　/157

第十一章　酒店促销策略　/162
第一节　酒店促销概述　/163
第二节　酒店人员推销　/165
第三节　酒店广告策略　/172
第四节　酒店公共关系　/177
第五节　酒店销售促进　/179

第五篇　发展与趋势　/183

第十二章　酒店市场营销的发展与趋势　/185
第一节　酒店营销组合策略的发展　/185
第二节　酒店营销理念的发展　/189
第三节　酒店营销方式的新发展　/193

参考文献　/208

第一篇

导论

《周易·系辞》:"日中为市,致天下之民,聚天下之货,交易而退,各得其所。"市场促进贸易并促成社会中的资源分配。

市场营销是市场环境和市场经济的产物,市场营销就是促使企业的生产活动得到市场的认可与接受的活动。

第一部

第一章
酒店市场营销基础知识

学习导引

市场是起源于古时人类对于固定时段或地点进行交易的场所的称呼,最好的交易方式就是在城市中有一个集中的地方,像市场,可以让人们在此进行买卖服务,方便人们寻找货物及接洽生意。当一个城市的市场变得庞大而且更开放时,城市的经济活力也会相对增长起来。

学习目标

(一) 知识目标
1. 了解市场、市场营销学的定义和内涵。
2. 掌握市场营销学及其观念的演变。
3. 掌握酒店市场营销的概念和内涵。
4. 理解酒店市场营销及其特征。

(二) 能力目标
通过学习掌握市场及市场营销的基本概念和内涵,理解掌握酒店市场营销的概念和内涵,学会寻找市场,创造需求。

(三) 德育目标
了解中国改革开放对我国酒店业发展的影响。

第一节 市场营销学概述

一、市场

(一) 市场的定义

市场,最早指买主和卖主聚集在一起进行产品交换的场所,即产品买卖的场所,这也是狭义的市场的概念。广义的市场包括交换场所和交换的实现过程,即商品交易关系的总和。

美国市场营销协会(AMA)认为,市场是指一种货物或劳务的潜在购买者的集合需求。

美国市场营销学家菲利普·科特勒(Philip Kotler)认为,市场是对某种产品或劳务具有支付能力并希望进行某种交易的人或组织。

(二)市场的三要素

市场有三个构成要素,即人/组织、购买力和购买欲望,也就是说,市场是由具有购买力和购买欲望的人或组织所构成的。

人/组织是市场的基础,只有人/组织才能让市场形成并发展。

购买力是市场的另一个要素,没有购买力也将无法形成市场。

购买欲望也是构成市场的一个要素,没有购买欲望也无法形成市场,它受需求、购买力等因素的影响。

(三)市场的分类

1. 从产品角度划分

从产品角度进行划分,市场可被分为消费品市场和工业品市场。

(1)消费品市场。

消费品市场即为了个人和家庭的消费而购买所构成的市场。

(2)工业品市场。

工业品市场即为了企业的加工生产而购买所构成的市场。

2. 从购买者角度划分

根据购买者的任务、目的和特点划分,市场可被划分为消费者市场、生产者市场、分销商市场、政府采购市场、非营利组织市场、国际市场。其中生产者市场、分销商市场、政府采购市场、非营利组织市场又被统称为组织市场。

(1)消费者市场。

消费者市场即消费者个人和家庭成员为了个人和家庭的消费而购买所构成的市场。

(2)生产者市场。

生产者市场即为了企业的加工生产而购买所构成的市场。生产者市场主要由制造厂、加工厂、建筑公司、运输公司等构成,他们的购买是为了进一步生产和经营。

(3)分销商市场。

分销商市场即主要由批发商、零售商组成的市场,是为了转卖而购买所构成的市场。

(4)政府采购市场。

政府采购市场即政府机构为了履行职责而购买所构成的市场。政府采购主要有工程建设、土地出让、产权交易、公共服务、国家安全等方面,政府采购市场是一个极其庞大的市场。

(5) 非营利组织市场。

非营利组织市场即由不以营利为目的,如事业单位、慈善机构、社团组织等购买所构成的市场。

(6) 国际市场。

国际市场即由国外的消费者、生产者、分销商、非营利组织、政府机构等所构成的市场。

3. 从消费者角度划分

从消费者角度进行划分,市场可被分为大众市场、小众市场。

(1) 大众市场。

大众市场即由数量巨大的大众消费者的购买所构成的市场。

(2) 小众市场。

小众市场即由少数或者部分消费者的购买所构成的市场。

4. 从市场地位角度划分

从市场地位角度进行划分,市场可被分为买方市场、卖方市场。

(1) 买方市场。

买方市场即指买方在交换过程中处于主导地位的市场。

(2) 卖方市场。

卖方市场即指卖方在交换过程中居于主导地位的市场。

买方市场还是卖方市场,随着市场需求和供给的变化,在不同时刻、不同地区、不同产品上时常变化。不过,在市场经济体制发展成熟的条件下,买方市场是市场经济主要的、经常性的形态。

二、市场营销

(一) 营销的定义

营销,指企业发现或发掘准消费者需求,让其了解待销售产品进而购买该产品的过程。

(二) 市场营销的定义

美国市场营销协会(AMA)对市场营销的定义是市场营销是在创造、沟通、传播和交换产品时,为顾客、客户、合作伙伴以及整个社会带来价值的一系列活动、过程和体系。

菲利普·科特勒(Philip Kotler)对市场营销的定义强调了营销的价值导向:市场营销是个人和集体通过创造产品和价值,并同别人自由交换产品和价值,来获得其所需所求之物的一种社会和管理过程。

格朗鲁斯(Gronroos)对市场营销的定义强调了营销的目的。所谓市场营销,就是在变化的市场环境中,旨在满足消费需要、实现企业目标的商务活动过程,包括市场调研、选择目标市场、产品开发、产品促销等一系列与市场有关的企业业务经营活动。

综合来看,市场营销有狭义和广义之分。

狭义的市场营销是指一个企业为将其产品以盈利的方式出售给它的消费者所采取的活动。

广义的市场营销是指个人或组织为了争取外界对其实现自身目标的支持而采取的各种行动。

第二节　市场营销学及营销观念的演变

菲利普·科特勒(Philip Kotler)认为,市场营销学是一门建立在经济科学、行为科学、现代管理理论基础之上的应用科学。然而,今天的市场营销学从经济学的母体中脱离而出,现代市场营销学已经不再是经济科学,而是一门属于管理学范畴的应用科学。

一、市场营销学的产生

管理学大师彼得·F.德鲁克(Peter F.Drucker)认为,市场营销最早的实践者是17世纪中叶日本三井家族的一位成员。他在东京开设了世界上第一家百货商店,该商店为消费者提供多项服务。

知识链接

> 彼得·德鲁克(Peter F.Drucker),现代管理学之父,其著作影响了数代追求创新以及最佳管理实践的学者和企业家们,各类商业管理课程也都深受彼得·德鲁克思想的影响。

19世纪中期,市场营销在美国国际收割机公司出现,该公司把市场营销当作企业的中心职能,并把满足消费者需求当作管理的专门任务。创始人赛勒斯·麦考密克(Cyrus McCormick)创造性地提出了市场调研与市场分析、市场定位、定价政策、向消费者提供零部件和各种相关服务等现代市场营销的一些基本手段和理念,这标志着市场营销的产生。

二、市场营销学的发展

1950年,美国营销学家尼尔·鲍顿(N. H. Borden)提出"市场营销组合"的概念,确定了营销组合的12个要素,开始了市场营销理论体系构建的历程。同年,美国经济学家乔尔·迪安(Joel Dean)在关于有效定价的讨论中采用了"产品生命周期"的概念,阐述了关于市场开拓期、市场扩展期、市场成熟期的思想。

1955年,西德尼·莱维(Sidney Levy)提出了"品牌形象"的概念,这个概念演绎了企业广告投入的价值与理由,随后更是因为广告大师大卫·奥格威(David Ogilvy)而发扬光大,品牌营销逐渐成为当今营销界具有深远影响的营销流派。

1956年，美国营销学家温德尔·史密斯（Wendell R. Smith）创造性地提出了营销学的又一重要概念——市场细分。按照市场细分的思想，不但市场上的产品有差异，市场本身也是有差异的，消费者需求各异，营销方法也应该有所不同。

1960年，美国营销学大师杰罗姆·麦卡锡（Jerome McCarthy）继承了其老师理查德·克莱维特教授关于营销要素的思想，概括性地提出了著名的市场营销4P营销组合策略，即产品（Product）、价格（Price）、渠道（Place）、促销（Promotion）。产品、价格、渠道、促销是市场营销过程中可以控制的因素，也是企业进行市场营销活动的主要手段，它们之间相互依存、相互影响、相互制约。对于市场营销4P策略来说，直观性、可操作性和易控制性是其最大的优点，它可以直观地解析企业的整个营销过程——企业生产什么产品，制定什么价格，选择什么销售渠道，采用什么促销方式。此外，市场营销4P策略紧密联系产品，从产品的生产加工一直到交换消费，企业容易掌握与监控，哪个环节出现了问题，企业都可以及时地对其进行诊断与纠正。但4P的缺陷也是比较明显的，它是以企业为中心，以追求利润最大化为原则，这势必会使企业与消费者之间产生矛盾。

1967年，菲利浦·科特勒（Philip Kotler）出版了《营销管理：分析、计划、执行与控制》一书，该书全面、系统地发展了现代市场营销理论。菲利浦·科特勒对营销管理进行定义：营销管理就是通过创造、建立和保持与目标市场之间的有益交换和联系，以达到组织的各种目标而进行的分析、计划、执行和控制过程。他还提出，市场营销管理过程包括分析市场营销机会，进行营销调研，选择目标市场，制定营销战略和战术，制订、执行及调控市场营销计划。传统市场营销学认为营销管理的任务只是刺激消费者的需求，菲利浦·科特勒在对传统进行突破的同时，进一步提出了营销管理任务还会影响需求的水平、时机和构成，因而提出营销管理的实质是需求管理，还提出了市场营销是与市场有关的人类活动，既适用于营利组织，也适用于非营利组织，这在一定程度上扩大了市场营销学的范围。

1971年，菲利浦·科特勒和杰拉尔德·蔡尔曼提出了"社会营销"的概念，强调企业在追求利润目标、满足消费者需求的同时，还要关注社会的整体和长远利益，强调保持三方利益的平衡。这种关心社会利益，重视履行社会责任，强调保护环境、节约能源、产品安全要素的营销理念得到了当时社会和政府的普遍认可。

1972年，美国营销大师阿尔·里斯（Al Ries）和营销战略家杰克·特劳特（Jack Trout）发表了题为"定位时代"的系列文章，标志着"定位理论"的产生。定位理论认为，产品和品牌都会在消费者心目中占据一定的位置，企业应该首先分门别类地进行传播，以抢先占领这个特定的位置并获取竞争优势。

1990年，美国学者罗伯特·劳特朋（Robert F. Lauterborn）从消费者的角度出发，提出了与传统4P营销组合策略相对应的4C组合理论，即消费者（Consumer）、成本（Cost）、便利（Convenience）、沟通（Communication），拉开了20世纪90年代营销创新的序幕。

4C组合理论的四个C的具体内涵如下：

1C，Consumer Wants and Needs（消费者的欲望与需求），指企业必须重视消费者的欲望与需求,把消费者的需求放在第一位,强调创造消费者比开发产品更重要,满足消费者的需求和欲望比产品功能更重要。

2C,Cost to Satisfy Those Wants and Needs(满足消费者欲望与需求的成本),指消费者获得满足的成本或是消费者为满足自己的需求和欲望肯付出的全部成本。其包括企业的生产成本和销售成本,即企业生产适合消费者需要的产品成本,以及把产品送达消费者手中的成本;消费者购物成本,不仅指购物的货币支出,还有耗费时间、体力和精力以及承担的风险等。企业的生产成本和销售成本决定了产品的价格成本,对消费者的购买有重要的影响。

3C,Convenience to Buy(方便购买),指购买的方便性,也就是在企业产品的生产和销售过程等环节中,在产品的设计和销售渠道的设计、布局、布点和网点建设等方面强调为消费者提供便利,让消费者能在方便的时间、地点或以方便的方式购买到产品。

4C,Communication(沟通),指与消费者的沟通交流。企业可以同消费者就购买和销售的产品进行多次沟通和交流,企业应特别注重与消费者进行情感、思想的交流,使消费者对企业、产品有更好的理解和认同,这对促进消费者的持续购买有很大作用。

今天,随着市场营销的普及和市场营销技术的不断发展,市场营销研究领域不断扩展延伸,出现了服务营销、网络营销、数据营销、国际市场营销、品牌管理、客户关系管理等方向。

三、市场营销学的阶段发展及市场营销观念的演变

市场营销学于20世纪初期产生于美国。随着社会经济及市场经济的发展,市场营销学发生了根本性的变化,从传统市场营销学演变为现代市场营销学,其应用从营利组织扩展到非营利组织,从国内扩展到国外。

营销学的发展经历了萌芽阶段、功能阶段、成形阶段、协同发展阶段和扩展创新阶段五个阶段,同时,营销观念也经历了生产观念、产品观念、推销观念、市场营销观念、社会市场营销观念、大市场营销观念几个演变时期,不同的市场营销观念是在不同的条件下产生并发展的,其关注点和内容各不相同,具体如表1-1所示。

表1-1　市场营销学的阶段发展特征及市场营销观念的演变

市场营销学的发展阶段	阶段发展特征	市场营销观念
萌芽阶段 (1900—1920年)	各主要资本主义国家经过工业革命,生产力迅速提高,城市经济迅猛发展,商品需求量亦迅速增多,出现了需大于供的卖方市场,企业产品价值实现不成问题	生产观念:以扩大生产规模为主,形成"我生产什么就买什么"的观念

续表

市场营销学的发展阶段	阶段发展特征	市场营销观念
功能阶段 (1921—1945年)	这一阶段主要是对营销功能进行研究,提出了推销是创造需求的观点。 20世纪20年代后,西方社会已经基本脱离贫困,人们开始追求产品质量;到了三四十年代,由于产品过剩,要想方设法把产品卖出去	产品观念:企业重视产品的质量、功能、程序、特色等,认为消费者会欢迎质量最优、功能最多的产品,并愿意为此出更多的钱。 推销观念:该观念认为,消费者表现出购买惰性和抗衡心理,企业必须积极推销和进行大力度的促销活动,以刺激其购买本企业产品;形成"只要企业努力推销什么产品,消费者就会更多地购买什么产品"的观念
成形阶段 (1946—1965年)	二十世纪四五十年代,市场营销的原理及研究方法已形成,传统市场营销学也已成形。 麦卡锡在1960年出版的《基础市场营销学》一书中,对市场营销管理提出了新的见解。他把消费者视为一个特定的群体,即目标市场,企业制定市场营销组合策略,适应外部环境,满足目标顾客的需求,实现企业经营目标	市场营销观念:市场营销观念认为"消费者需要什么产品,企业就应当生产、销售什么产品"。企业开始注重以满足消费者的需求为中心的市场营销活动
协同发展阶段 (1966—1980年)	这一阶段,市场营销学逐渐从经济学中独立出来,同管理科学、行为科学、心理学、社会心理学等理论相结合,理论更加成熟 20世纪70年代西方资本主义国家出现能源短缺、通货膨胀、失业增加、环境污染,同时消费者保护运动盛行	社会市场营销观念:企业提供的产品,不仅要满足消费者的需求与欲望,还要符合消费者和社会长远利益,企业要关心与增进社会福利,营销要有利于并促进企业的可持续发展
扩展创新阶段 (1981年至今)	市场营销领域又出现了大丰富的新概念,如:内部市场营销、市场营销文化、全球市场营销、关系营销、大市场营销等,这使市场营销这门学科出现了变形和分化的趋势,其应用范围也在不断地扩展。进入21世纪,互联网的发展和应用,推动了以互联网为基础的网络营销得到迅猛发展	大市场营销观念:企业不能只是被动地适应外部环境,还应该影响企业的外部环境,使之有利于企业的发展

第三节 酒店市场营销概述

一、酒店与酒店业

酒店又称为饭店或宾馆等,作为旅行者和当地居民食宿、娱乐、休闲的重要场所,是旅游活动的主要载体之一,因而成为旅游经济的支柱行业。酒店也是所在地政治经济活动的中心,成为服务业乃至整个国民经济和社会生活的重要组成部分。

一般认为,酒店业是在传统的饮食和住宿业基础上发展起来的,主要由餐饮业(也称饮食业)和住宿业(也称旅馆业)两大部分构成,故又称餐旅业。

(一)酒店的概念

酒店的概念有多种,以下简单列举几种。

《科利尔百科全书》:酒店,一般地说是为公众提供住宿、膳食和服务的建筑与机构。

《简明不列颠百科全书》:酒店是指为公众提供住宿设施与膳食的商业性的建筑设施。

《旅游饭店星级的划分与评定》(GB/T14308—2010)将"旅游饭店"定义为:以间(套)夜为单位出租客房,以住宿服务为主,并提供商务、会议、休闲、度假等相应服务的住宿设施,按不同习惯可能也被称为宾馆、酒店、旅馆、旅社、宾舍、度假村、俱乐部、大厦、中心等。

根据上述定义,普遍认为,作为一个酒店,应具备以下四个基本条件。
(1)酒店是由建筑物及装备好的设施组成的接待场所。
(2)酒店必须提供餐饮/住宿或同时提供食宿以及其他服务。
(3)酒店的服务对象是公众。
(4)酒店主要是商业性的,以营利为目的,所以使用者要支付一定的费用。

(二)酒店业的发展历程

世界酒店业的发展经历了中古时期的世界酒店业时期、近代的豪华酒店时期(18世纪末至19世纪末)、商业酒店时期(20世纪初至20世纪中叶)和现代新型酒店时期(20世纪中后期至今)。

中国是世界上最早出现饭店的国家,中国的唐、宋、明、清四个朝代被认为是饭店业有较大发展的时期。19世纪末,中国饭店业进入近代饭店业阶段,但此后发展缓慢。直到20世纪70年代末,中国推行改革开放政策以后,饭店业才开始快速发展。

在中国现代化饭店中,有一些是经过改造的旧饭店,还有一些是中华人民共和国成立以后建造的宾馆、饭店和招待所,但大部分是20世纪90年代以后兴建的现代化的新型饭店。这三类饭店构成了中国饭店业的主要接待力量。

（三）酒店产品的概念

酒店产品一般是指用于市场交换、能够满足人们某种需要和欲望的劳动成果，包括实物、场所、服务、设施等。酒店产品是指宾客或社会大众所感受到的，酒店提供的能够满足其需要的场所、设施、有形产品和无形服务的使用价值的总和。酒店产品主要在酒店内提供，也有可能在酒店之外提供，如送餐、美食节免费品尝等。

酒店产品主要包括有形的设施与无形的服务，但从不同的层面上分析，又有多种理解。从宾客的角度来看，酒店产品是一种经历与体验；从社会的角度来看，酒店产品代表着一种形象，尤其是高档酒店，它是时尚、豪华、高消费的代名词；从酒店自身来看，酒店产品就是酒店赖以生存的基本条件，是酒店经营者精心设计的待售作品。综合起来看，酒店产品的概念包含三个方面的含义。

1. 物质形态的商品

物质形态的商品又被称为核心产品，比如菜品、酒水饮料等商品。其特点是随着顾客的购买，其所有权发生转移。就酒店业的产品而言，物质形态的商品主要在餐饮部、商品部生产和销售。

2. 显性的非实体利益产品

这类产品又被称为核心产品的辅助品或包装物，比如餐具、家具、棉织品等。它们是以物质形态表现出来的，但其在服务或销售过程中的所有权不发生变化。显性的非实体利益产品是酒店提供服务的基本物质保障，它对服务质量的影响是巨大的，也是酒店产品服务中最需要下功夫的部分。

3. 隐性的非实体利益产品

隐性的非实体利益产品主要是指顾客只能通过到现场接触后才能体验、体察或感知的，满足顾客心理需要的产品。隐性的非实体利益产品的特点是无所有权或所有权不明确的，是无形的，一般不可触摸到，但它能被感知或体察到。比如空气是否清新，温度、湿度是否合适，色彩与光线是否协调，空间是否宽敞，服务态度是否具有亲和力等。

从酒店的角度讲，酒店产品是酒店有形设施和无形服务的综合。只有优质的产品及其服务保证和运行良好的设施设备的有机结合，才能使酒店产品的品质得到体现。

二、酒店市场营销

（一）酒店市场营销的概念

20 世纪 60 年代以后，伴随着酒店业的快速发展和市场竞争的日益加剧，营销已经成为酒店获取竞争优势的主要手段。传统营销理论被直接应用于酒店业会存在许多局限和问题，因此，酒店营销思想和方法得到发展。

酒店市场营销是通过对酒店产品所涉及的各种要素的构思、计划与执行，来实现旅游者、社会和企业三者利益为目的的活动过程。酒店市场营销要求酒店通过调研了解消费者的需求与欲望，结合自身实力与条件，确定目标市场，并针对目标市场消费者的需求展开一系列的活动，以满足顾客的需求，从而实现预期目标。

（二）酒店市场营销的特征

由于酒店产品的特殊性，酒店营销活动遵循服务营销的基本规律，也有具特殊性。

1. 重视无形服务的有形化

酒店服务的无形性特点给顾客带来购买风险，也加大了企业与潜在顾客进行有效沟通的难度。酒店营销活动应尽可能利用酒店产品中的有形要素，有效地向顾客传递具有说服力和值得信赖的有形证据，使无形服务有形化，坚定顾客的购买信心。

2. 注重人的作用的发挥

生产和消费的同时性特点使"人"成为酒店营销的重要因素。与实体产品不同，酒店产品过程性特点使服务人员、顾客以及他们之间的相互关系都成为酒店产品的组成部分。对于顾客来说，产品质量的好坏在于他们从消费者中获得的产品价值能否满足预期的愿望，所以每个参与服务过程的人都将影响产品的最终质量。

3. 关注生产能力和需求管理

酒店产品的特殊性使供需矛盾更加突出，调整生产能力、有效进行需求管理成为酒店营销管理的关键。一方面是酒店生产能力的供给管理。虽然酒店供给能力是相对固定的，短期内很难改变，但仍然可以通过对供给的管理来适应需求的波动。另一方面是酒店需求规模与结构的管理。在市场调研和预测的基础上，做好淡旺季需求的引导和调节工作，保证最佳运行规模。

4. 注重酒店接待过程中的服务质量管理

酒店服务产品的消费有一个过程性，酒店服务质量的好坏取决于顾客对产品及服务的感知和评价，包括服务产品设计及其操作规程的技术质量，也包括符合目标市场需求的市场质量的评价。在此基础上，企业应该强调营销目标和过程的统一，对营销效果进行动态管理和有效的控制。

酒店提升服务质量的根本途径，就是在保证标准化服务的技术质量的基础上，提供顾客满意和忠诚的个性化服务的市场质量，两者缺一不可。一方面，酒店为了降低服务质量的不稳定程度，在服务中的某个环节用机器取代人工操作，以提高标准化服务的程度；另一方面，积极探求满足旅游者个性化、多样化需求的个性化服务，提升顾客忠诚度。产品制造商的质量目标是"零缺陷"，而酒店服务企业的质量目标是"零顾客流失"。

5. 重视关系营销与顾客忠诚的契合

酒店通过有效的关系管理，可以减少服务性产品的市场风险，建立顾客的"忠诚"，降低营销成本，改善市场供需状况以及建立企业良好的社会形象，以此获得长期利润。在酒店关系营销中，企业与顾客、员工与顾客之间的关系管理是核心，而其他层次的关系管理则是基础和条件，顾客关系管理是酒店关系营销的重点。

酒店的服务活动就是接待。接待被理解为包括主人和顾客在内的一种人与人的关系。酒店应在充分了解顾客消费的情感需求的基础上，通过接待规定和好客行为，把顾客或陌生人变为朋友的方式欢迎和接待顾客，从而形成和谐友好的主客关系，建立一个忠诚的顾客基础。酒店只有意识到主客关系的互动在接待服务过程中的重要作用，才能通过服务质量的独特性获得真正的竞争优势。

6. 差异化竞争是关键

差异化竞争战略是指企业凭借自身各种优势，根据旅游者的不同需求，向目标市场提供各种区别于现有竞争对手的特色产品和服务的经营模式。随着旅游市场的不断发展和成熟,塑造并保持企业的竞争优势成为企业追逐的主要目标,差异化竞争战略是获得这种竞争优势的重要途径。

为实现差异化竞争战略目标,酒店应该对服务过程进行差异化营销,即充分利用自身优势,对服务人员、有形环境展示、品牌形象、服务流程及销售渠道等方面进行差异化设计和管理,形成一套完整的差异化竞争体系,从而实现企业的营销目标。如航空公司采取旅行中提供休息的特殊房间、食品定做、空对地电话服务以及常客计划等;饭店通过计算机设计独特入住流程,为客人提供便利等。差异化的服务很容易被竞争对手模仿和抄袭。因此,酒店要根据市场需求变化及趋势,不断创新服务产品,进行动态营销,增强企业竞争力。

> **本章小结**　本章主要学习了市场的定义、市场的分类;营销和市场营销的定义;市场营销学的产生、发展及市场营销观念的演变;酒店、酒店业与酒店市场营销。

复习思考

(一) 简答题
1. 简述市场的定义和市场的三要素。
2. 简述市场营销的定义。
3. 简述市场营销学的发展阶段和营销观念的发展。
4. 简述酒店及酒店产品。
5. 简述酒店市场营销及其特征。

(二) 论述题
论述我国改革开放对中国酒店业发展的影响。

在线答题

阅读与分析

第二篇

市场研究与分析

现在的行业市场是什么样的,随着环境的变化,未来会怎样?我们所面对的目标客户是谁,他们所处的阶层具有怎样的消费特点?这些都需要我们科学地研究、分析。

第二章
酒店市场营销环境

学习导引

酒店业从诞生之日起,就决定了与市场经济的密切关系。酒店的营销活动都是在不断变化的环境中开展的。酒店要生存与发展,就必须建立适当的系统,指定一批专业人员定期或不定期地监视和预测周围的市场营销环境所发生的变化,同时善于分析环境变化带来的一系列问题,并及时采取对策,使其经营管理水平与整体营销环境的变化相适应。

学习目标

(一)知识目标
1. 了解酒店市场营销环境的概念、构成及特点。
2. 熟悉酒店行业的宏观及微观市场营销环境构成。
3. 掌握酒店市场营销环境分析方法的步骤,能正确分析酒店行业的宏观及微观市场营销环境。

(二)能力目标
1. 能够根据酒店营销面对的宏观环境评估环境要素中的机会和威胁。
2. 对酒店面对的微观环境评估环境要素中的优势、劣势。
3. 能够用SWOT分析法进行环境分析,写出营销环境分析报告。

(三)德育目标
了解中国企业的营销环境,坚持中国特色社会主义道路自信、理论自信、制度自信、文化自信。

第一节 酒店市场营销环境概述

一、酒店市场营销环境的概念

营销环境是指影响企业生存与发展,并在目标市场上开展营销活动的各种内外因素的总和。这里所说的环境因素,既指那些构成市场营销活动的前提与背景的宏观环境因素,也包括直接影响企业在目标市场上开展营销活动的微观环境因素。宏观环境和微观环境共同构成企业营销环境系统,这将对企业的营销活动产生直接或间接的影响。从这个意义上说,酒店市场营销环境就是指一切影响和制约酒店业营销活动的内外部各种因素的总和。

每一个企业都处在一定的环境中,酒店市场营销环境包括酒店的外部环境与内部环境。酒店既要适应外部环境及其变化趋势与特点的要求,又要与内部条件所提供的资源相匹配。营销环境分析的目的是认识环境、适应环境、改造环境,从而寻求商机避免危机。

酒店市场营销环境由宏观环境和微观环境构成。宏观环境是指影响酒店企业营销活动的社会性力量与因素,包括人口、经济、政治、自然、社会文化、科技环境因素。微观环境是指与酒店企业的营销活动直接相关的各种参与者,包括企业的供应商、中间商、顾客、竞争者、社会公众以及企业内部环境,如图2-1所示。

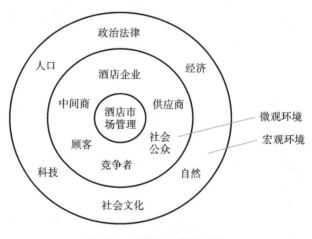

图 2-1　酒店市场营销环境

二、酒店市场营销环境的特点

酒店市场营销环境包含的内容既广泛又复杂,同时,各因素之间又存在着交叉作用,是一个多因素、多层次而且不断变化的综合体。主要有如下几个特点。

1. 客观性

酒店企业的全部营销活动,都不可能脱离它所处的环境而发生,酒店企业只要从事市场营销活动,就要受到各种环境因素的影响和制约,因此酒店企业必须头脑清醒,准备随时应付酒店企业所面临的外部环境的挑战以及把握外部环境变化带来的机遇。

2. 差异性

酒店营销环境的差异性体现在两个方面。

其一,不同的酒店企业受不同环境的影响。如不同的国家、民族、地区之间在人口、经济、社会文化、政治、自然环境等方面存在着广泛的差异,这些差异对酒店企业的影响显然也不相同。

其二，即使是同样的一种环境因素对不同酒店企业的影响也不同。如日益高涨的环保要求，绿色酒店成为行业发展新风尚，一方面限制了塑料包装物的生产，另一方面又促进了生产环保产品企业的大力发展，由于环境因素的差异性，酒店企业必须采取不同的营销策略才能应付和适应这种情况。

3. 相关性

酒店市场营销环境是一个多因素的集合体，各种因素之间存在程度不同的关联性，它们彼此相互依存、相互作用、相互制约。如一个国家的法律环境影响着该国的科技、经济的发展速度和方向，而科技和经济的发展又会引起政治经济体制的变革，进而促进某些法律、政策的相应变革。

4. 动态性

酒店市场营销环境在不断地发生变化，只是变化有快慢大小之分。如科技、经济等因素变化相对大而快，对企业营销活动的影响相对短且跳跃性大；而人口、社会文化、自然因素等变化相对较慢较少，对企业营销的影响则相对长而稳定。从总体上说，变化的速度呈加快趋势。因此，企业的营销活动必须适应环境的变化，不断调整自己的营销策略。

5. 不可控制性

酒店企业一般不可能控制环境因素及其变化，如一个国家的政治法律制度、人口增长以及社会文化习俗等，酒店企业不可能随意改变。此外，各环境因素之间也常常存在矛盾，从而影响和制约酒店企业的营销活动。如消费者对家用电器的偏好会促发企业的生产行为，而电力紧张又制约消费者的消费。在此情况下，酒店企业就不得不调整自己的营销策略，在可用的资源条件下开发节能产品。

6. 酒店企业对环境的能动性

强调酒店企业对环境的不可控制，并不意味着企业对于环境无能为力，只能被动地接受环境。企业可以以各种不同的方式增加适应环境的能力，避免来自环境的威胁，在变化的环境中寻找新的机会，并可能在一定条件下改变环境。

第二节 酒店市场营销宏观环境

酒店市场营销宏观环境是指影响酒店企业运营的外部大环境。它作为酒店企业的不可控制和不可影响的因素，对企业营销的成功起着重要作用。一般而言，在酒店市场营销中，宏观环境因素主要包括酒店企业所在区域的政治法律、经济、人口、自然、社会文化、科技等因素。

一、政治法律环境

政治法律环境是指那些对企业的经营行为产生强制或制约因素的各种法律、政府结构和压力集团。政治往往通过法律来体现自身，与法律的相对稳定性相比，政治更具有多变性。任何国家都要运用政治和法律手段对社会经济进行规范和干预。一个国家或地区的政治法律环境,影响着企业经营的经济政策、法律法规,以及日益增长的对道德与社会责任的强调等。

在任何国家、任何社会制度下,政治都是企业营销活动最重要的影响因素,尤其对酒店。酒店企业的营销活动总要受到政治和法律的规范、强制和约束。政治环境指明了企业营销活动的方向,法律环境则规定了企业营销活动的行为准则。二者密切联系,共同作用于酒店企业的市场营销活动。酒店企业的发展不仅与本国政治法律相关,而且与客源国的政治法律密切相关,国家政局稳定,会促进旅游业的发展。酒店营销活动不仅受国内政治的影响,还受到客源国政治的影响。

1. 政治局势

政治局势表明了酒店企业所在国家或地区的政治稳定状况。政局的稳定是关系到酒店企业能否开展营销活动的关键因素,它有利于发展和提高生产力水平,提高人均收入,为酒店企业创造良好的外部营销环境。酒店目的地国家如果发生了战争、暴乱、罢工或政权更替等政治事件,就会扰乱酒店业的正常发展,影响旅游者的出游行为。

突发事件会对酒店产生影响,且这一因素是酒店业完全无法控制的。恶性突发事件会使消费者取消预订或影响未来消费者对目的地的信任度,从而影响该区域酒店业的发展。政治局势对旅游的影响由此可见。同时事务性的变化也对旅游有深远的影响,例如免入境签证、改变购物时段、调整税收结构,等等。绝大部分旅游企业和酒店企业不可能战胜这些政治环境,只能去积极地调整适应。

2. 国家政策和相关法规

国家在不同的时期所制定的不同方针政策也会影响企业的营销活动。由于旅游消费的需求弹性较大,它不仅对价格敏感,而且对政策法规亦十分敏感。政府的法令条例,特别是有关旅游业的经济立法,对旅游市场需求的形成和实现具有不可忽视的调节作用。而这些法律或规定都是在企业的控制范围之外,其调节变化将对酒店企业营销活动产生很大影响。如我国"黄金周"休假制度对短线游市场会产生积极影响,但短期内对出境游等长线产品无疑会有一定的负面影响,又如国家若实施强制性的带薪休假制度,就会对旅游业持续健康发展十分有利。除此之外,交通运输条款的规定也会对旅游酒店需求产生影响。我国铁路客运票价、航空票价对旅游酒店的影响显而易见。旅游娱乐中,购物税等税额的变化也会对旅游者的购买行为产生一定的影响,进而影响酒店企业的营销活动。

政府对出国旅游签证政策的制定直接影响到出境酒店。简单的入关手续可以吸引更多的国外旅游者;反之,烦琐的入关手续会使相当多的潜在旅游者望而却步。据了解,为了促进本国旅游业的发展,许多国家开放了落地签服务,以此吸引外国旅游者,且对入境旅游者购物消费采取了退税的优惠政策,鼓励入境旅游者多多购买商品。

3. 国际关系

国际关系是指国家在政治、经济、军事、文化等方面的关系,酒店企业尤其是从事国际旅游业务经营的酒店企业对国家之间的关系更应高度关注。两国之间的外交关系也会明显影响两国互送旅游客源。如果两国之间的关系紧张,则必然导致两国互送旅游客源数量的锐减;如果两国之间保持着良好的国际关系,就会为酒店企业的营销活动创造有利的条件。

二、经济环境

经济环境是指影响消费者购买力和支出结构的各种因素。从酒店营销的角度看，酒店的市场营销活动必然要受到一个国家或地区经济发展状况的制约，同时也会受到社会购买力、消费者支出模式和消费结构的影响。

1. 国民生产总值（GNP）

国民生产总值是反映国民经济发展的综合指标。人均国民生产总值反映出一个国家人民的富裕程度，国民平均收入水平又决定社会购买力的大小。GNP均值越高，社会购买力就越大，营销成功的机会就多。有研究指出，一般来说，人均GNP达到300美元就会兴起国内旅游；而人均GNP达1000美元，就会有出境旅游的需求；当人均GNP为1500美元以上时，旅游需求增长速度更为迅速，美国就因为较高的人均GNP而成为世界上最大的旅游客源国。随着我国经济水平的不断提高，人均GNP也已获得了成倍的增长，我国的国内旅游有了迅速的发展，出境旅游在近几年也有了很大的发展。

旅游、酒店企业营销可考察本地区总体经济情况（包括失业率、经济趋势）、产业支柱、迁出迁入本地区的产业，本地区是否有旅游、酒店和餐饮相关协会，有哪些旅游资源，有哪些主要社区活动及举办日，有哪些体育活动及举办日，有哪些社团活动可带来旅游者。

2. 个人可自由支配收入

消费者对旅游产品的购买力主要取决于消费者的收入。但消费者不会将所有的收入都用来购买旅游产品。因此消费者个人实际可自由支配收入，才是决定旅游购买者购买能力的决定性因素。据统计，在经济发达国家中每个国民的酒店支出约占个人收入的1/4。因此，个人收入是衡量当地市场容量、反映购买力高低的重要尺度。一般来说，高收入的旅游者往往比低收入的旅游者在旅游过程中平均逗留时间更长、花费更高。不同收入的旅游者在旅游中选择参加的活动类型、购买的旅游产品也有很大的差别。

3. 消费者支出模式和消费结构

家庭和个人收入的变化对消费结构会有重大影响。旅游、酒店企业营销人员应该更加注意收入的分布状况和平均收入水平。消费结构是指各类消费支出在消费总额中占的比重。其中食物支出占消费总支出的百分比，被称为恩格尔系数。恩格尔系数是联合国衡量一个国家或一个地区贫富的重要指标之一。恩格尔系数越大，说明一个国家（地区）人们的收入越少，用于购买食物的支出在总支出中的比重就越大，而用于非食物支出方面的比例就会减少，反之亦然。恩格尔定律揭示：随着个人收入增加，用于购买食物的支出占消费总支出的比重将会下降，而用于居住交通、教育、娱乐、保健等方面支出的比重将会上升。联合国划分贫富程度的标准，恩格尔系数在60%以上的国家为饥寒型国家，在50%—60%的为温饱型国家；在40%—50%的为小康型国家；40%以下的为富裕型国家。

4. 通货膨胀和外贸收支

产品价格与外贸收支平衡严重影响着人们的购买力。国际间贸易是各国争取外汇收入的主要途径,而外汇的获得又决定一国的国际收支状况。当一国外贸收支出现逆差时,不但会造成本国货币贬值,使出国旅游价格变得昂贵,而且旅游客源国政府还会采取以鼓励国内旅游来代替国际旅游的紧缩政策。相反,当外贸收支大幅度顺差时,则本国货币升值,出国旅游价格就降低,而且旅游客源国还会鼓励国民出国旅游并购买国外商品。人民币汇率变化对旅游、酒店企业的影响是非常明显的。

三、社会文化环境

人类总是生活在社会当中,社会塑造了人们的基本信仰、价值观和世界观,久而久之,必然会形成某种特定的文化。文化环境包括对事物的一定的态度和看法、价值观念、行为偏好、道德规范以及世代相传的风俗习惯等。

社会文化是影响人们购买行为的基本因素。文化因素影响和支配着人们的生活方式、主导需求、消费结构、消费方式,以及价值审美观念,继而影响着企业的市场销活动。由于核心文化对消费者的影响是持久的,不会轻易发生变化,所以旅游、酒店营销人员应该了解文化主要在哪些方面给消费者行为造成影响。这就需要对企业所在地区消费者的民族、籍贯、受教育程度、价值观念、风俗习惯和宗教信仰等进行调查,并分析特定社会文化对消费者消费习惯、购买行为的影响。

社会旅游营销人员在进行旅游产品设计与包装、营销广告创意及营销方案决策时都必须适应当地的文化,避免采取一些为特定文化下的消费者所不能接受的营销方式。此外,旅游营销人员还需通过研究各种亚文化群体不同的需求和消费行为来选择不同的亚文化群体作为自己的目标市场。旅游、酒店企业除了研究社会文化环境给消费者造成的影响之外,还要研究社会文化环境易受哪些因素影响,并加以引导。并且需要识别具有不同社会文化背景的消费者,了解他们的风俗习惯,避免在开展营销活动的过程中由于不了解这方面的情况造成不必要的冲突和误会,引起旅游消费者的反感。

佛教圣地五台山禅文化主题酒店受青睐

挽起发髻,不施粉黛,脚踩僧鞋,身着居士之服。一早,中国佛教圣地五台山脚下的一所酒店服务人员准备开始工作。每逢客人前来,他们都要双手合十,口念"阿弥陀佛"。

在这所以"禅文化"为主题的酒店大堂里,檀香弥漫,梵音缭绕。书法作品、茶具、经卷、古朴木椅等随处可见,烘托出一种安静祥和的禅意。为了满足赴五台山礼佛香客们的需求,这里还准备了可供500人进餐的"斋堂"、50人共同诵经的"经室"。按经营者讲述,酒店在努力还原真实寺庙陈设的同时,也提供了酒店式便利,让香客们体验"禅文化"。

作为中国四大佛教圣地之首的五台山,每年蜂拥而至的游客和礼佛者带动这里佛教文化产业兴盛。而除了传统的佛香、僧袍、佛珠等商品外,餐饮住宿行业的经营者们开始将目光投向了"禅文化",相关产业正在逐渐兴起。

来自五台山风景区官方数据显示,一直以来,该景区综合收入非常可观,其中主要包括门票、餐饮、住宿、纪念品等方面的收入。

资料来源 《佛教圣地五台山禅文化主题酒店受青睐》,凤凰网。

四、科学技术环境

科学技术环境对旅游业的发展有着深刻的影响。科学技术直接影响到旅游企业的产品开发、设计、销售和管理,在旅游业中,技术的应用主要在办公自动化、通信及数据处理等方面。新技术引起酒店市场营销策略的变化,开发新产品是酒店开拓新市场和赖以生存发展的根本条件。因此,要求酒店营销人员不断寻找新市场,预测新技术,时刻注意新技术在产品开发中的应用。

新技术、新设备在酒店广泛应用,完善了企业管理,提高了经营效益。国际互联网技术的发展及应用,使酒店预订系统成为酒店垄断客源的一种手段,可以在瞬间将自己的客房销售给世界各地的顾客。酒店能够通过信息技术,正确应用价值规律、供求规律、竞争规律来制定和修改价格。此外,广告媒体多样化,促销成本降低。新技术引起了酒店经营管理的变化,未来酒店已不再单纯要求舒适、美观、服务周到,而需要向智能型转变。具备办公自动化系统(以财务为中心)、楼宇自动化管理系统、通信自动化管理系统的酒店,简称3A酒店。

五、人口因素

人口是构成市场的基本要素。旅游市场就是由具有购买动机且有购买能力的旅游者构成的。旅游者是旅游活动的主体,人口多说明市场具有较大的潜在容量。旅游企业在研究市场营销活动时,必须对人口环境因素进行统计分析,关注人口特性、人口动态。

1. 人口数量

一个国家或地区人口数量的多少是衡量市场潜在容量的重要因素。在收入接近的条件下,人口的多少决定着市场容量,一般来说,人口数量与市场容量、消费需求成正比。在人们有购买力的条件下,人口越多就意味着对旅游产品的需求越多,旅游市场的容量就越大。在同一经济水平发展的国家,人口的增加对旅游人次的增加起着一定的作用。

2. 人口地理分布

人口的地区分布关系到市场需求的异同。我国人口的地理分布大致为东部人口密度大,西部小;城市人口密度大,农村小。地理位置不同会导致需求和购买习惯的不同;人口密度则会使产品的流向和流量不同。如人口集中、密度大的东南沿海和城市居民一般相较于人口分散的西部地区居民和农村居民来说具有较强的购买力。

此外,不同地理环境的人的生活经历是建立在该区域自然、社会和文化等因素的基础上的,这方面的生活经历会促使旅游者寻求地理要素上有差异的目的地。地理位置的差异意味着目的地和客源地的距离,而这种距离对目的地的选择来说既是推动因素也是阻碍因素,给旅游者带来距离感和吸引力,同时也带来时间与价格上的更多支出。因此旅游企业既要关注不同地区人口的不同购买能力与需求,又要依据人口分布的地理环境实施不同的营销策略。

3. 人口结构

(1) 年龄结构。

不同年龄的旅游者在旅游产品、购买方式和购买时间等方面的选择上有很大差别。一般来讲,年轻人喜欢时髦的和刺激、冒险程度较高、体力消耗较大的旅游活动;老年人则倾向于节奏舒缓、舒适并且体力消耗较小的旅游活动。但大多数老年人积蓄较多,同积蓄较少的年轻人相比,他们更倾向于选择豪华型的旅游产品。

(2) 性别结构。

性别的不同给消费需求、购买习惯、购买行为带来差异。随着全职女性越来越多地走出家庭、参与社会工作,入住酒店的女性客人比例也在逐年提高。酒店在进行营销活动时也更多地考虑了女性消费者的心理,相继出现的女士楼层、放松身心的SPA与美容服务项目都受到女性客人的青睐。女性旅游者在旅游目的地的选择上,往往更注重旅游购物条件和安全条件。男性和女性在体力上也有较大差异,男性往往比女性在体力上更充沛,活动速度更快,但体力恢复却较慢,因此两性在选择旅游项目时也有差别。

(3) 职业结构。

职业在很大程度上决定了一个人的收入水平,同时,职业也决定了一个人的闲暇时间的多少。有些职业休假时间较长,如教师;有的职业可能允许职工冬季有度假机会,有的职业则只有夏季才有度假机会。除此之外,不同职业的人由于工作性质不同,可能会选择不同的旅游产品。工作复杂程度高、人际交往频繁、工作任务重的就业者倾向于选择放松型的度假旅游。

(4) 家庭结构。

家庭是购买和消费旅游产品的基本单位。家庭结构包括家庭的数量、家庭人口、家庭生命周期、家庭居住环境等,这些都与旅游产品的数量、结构密切相关。酒店通过对所在市场家庭数量和家庭平均成员的数量以及家庭组成状况等情况的了解,可以分析其市场消费需求量、需求结构等。比如,未婚与新婚类家庭会对酒店的娱乐服务、时尚客房感兴趣;对处在"满巢"Ⅰ、Ⅱ阶段的家庭来讲,儿童活动室和面积大的套房才是他们入住酒店时的首选。

(5) 其他因素。

其他因素包括人口的民族结构、健康状况、社会结构等都会对消费行为产生很大的影响。目前人口环境正在发生重大的变化,表现为:世界人口迅速增长;人口老龄化严重;发达国家的人口出生率下降;家庭结构发生变化;人口流动性大等方面。旅游、酒店企业应依据这些变化调整市场的营销方向。

六、自然环境

影响旅游发展的另一个主要因素是全人类越来越关注的对自然环境的保护。环境意识的提高说明旅游者逐渐不能接受环境遭到严重破坏的旅游点。同时,许多边远地区的脆弱的自然环境和原始文化环境,随着诸如生态旅游、探险旅游和绿色旅游等专项旅游的发展而受到影响。在旅游市场中,自然景观的承载力是脆弱的,须精打细算地充分利用。

在环境保护方面,各国政府都扮演了积极的角色,随着在自然资源管理方面,政府强有力地介入,旅游企业也应严格地遵守政府发布的有关环境的各项法律法规,积极地参与环保事务,求得消费者利益、企业利益和社会利益的统一。

第三节　酒店市场营销微观环境

旅游市场营销微观环境是指存在于旅游企业周围并密切影响其营销活动的各种因素和条件。它影响着企业为目标市场服务的能力。旅游市场营销工作的成功,不仅取决于能否适应客观环境的变化,而且适应和影响微观环境的变化也是至关重要的。旅游市场营销的微观环境主要包括:旅游供应商、旅游中间商、顾客群、竞争者、社会公众以及企业(酒店)内部各部门的协作。

一、供应商对营销活动的影响

旅游供应商是向旅游企业及竞争对手提供生产旅游产品所需各种资源的企业或个人。供应商所提供的资源是旅游企业进行正常运行的保障,也是向市场提供旅游产品的基础。旅游市场营销工作很重要的一个方面就是保持与旅游资源供应商的联系,在旅游资源供应的任何一个环节上都不能放松。因为旅游产品的综合性决定了它的脆弱性,一环受损会造成全盘皆散。

把握旅游资源供应环境,不仅有助于保证货源质量,而且有助于降低成本。掌握供应商品的价格变化情况并尽可能加以控制,使综合报价中利润的构成达到最大限度。目前许多旅游企业采用"定点制",使吃、住、行、游、购、娱形成一条龙服务,相互提供客源,又相互提供优惠,收效颇佳。

二、中间商对营销活动的影响

旅游中间商是处在旅游生产者和旅游者之间,参与旅游产品或商品的流通业务,促使买卖行为发生和实现的组织和个人。它是生产者与消费者之间的纽带和桥梁,起着调节生产与消费矛盾的重要作用。它包括经销商、代理商、批发商、零售商、交通运输公司、营销服务机构和金融中间商等。旅游中间商的存在对旅游企业开展营销活动起着重要的作用。一方面中间商掌握大量的旅游产品供求信息,能给现实和潜在的旅游者提供最有价值的信息,帮助旅游者选择最理想的旅游产品;另一方面他们能够为旅游生产企业反馈大量信息和改进意见,提高信息效用。旅游中间商在营销活动中的地位很重要,它会在多个环节中出现。因此旅游营销活动一定要审慎选择好中间商。在选择过程中,要注意中间商的人员素质、劳务费用、履行职责效果和对中间商的可控程度。

三、顾客群对营销活动的影响

旅游酒店企业的营销活动是以顾客需要为中心而展开的,顾客群是影响旅游酒店营销活动的最基本、最直接的环境因素。旅游酒店市场顾客群主要包括个体购买者和公司购买者。

1. 个体购买者

个体购买者是为了满足个人或家庭的物质需要和精神需要而购买旅游产品的购买者,它是旅游产品和服务的直接消费者,包括观光旅游者、度假旅游者、商务旅游者、会议旅游者等。这种顾客一般属于散客。

个体购买者的特点主要是人多面广,购买商品主要以个人兴趣为动机,购买能力相对有限,大多缺乏对旅游产品的相关知识,购买行为具有很大程度的诱导性。消费者旅游行为的产生与个人特点、社会影响及环境的关联很大。旅游酒店市场营销活动要根据个体购买者消费行为的特点,把旅游酒店产品设计为各种档次、各种类别、各种特色以适应不同层次消费者的需求。

2. 公司购买者

公司购买者是指企业或机关团体组织为开展业务或奖励员工而购买旅游酒店产品和服务的购买者。如企业为创建企业文化组织大家假日出游而去购买的旅游酒店产品。

公司购买者应是旅游酒店市场营销的重要目标市场。公司购买者数量虽少,但购买的规模比较大。如单位在酒店会议室召集所属下级单位开会用餐,一次性购买量就比散客大很多。另外,公司购买者对旅游酒店产品的需求不像个体购买者那样容易受到价格变动的影响,由于这笔购买费用由公司支付,所以价格变动不会在很大程度上影响公司购买者对旅游酒店产品的需求,其价格弹性一般较小。在这种情况下,企业获利率比较可观。

公司购买是一种专家购买,在公司内部一般都有专门从事旅游酒店产品购买的部门和人员,他们具有专业的知识,对于旅游酒店产品有深刻的认识,不像个体购买者那样易受诱导,所以旅游酒店企业一定要注重产品的质量,质量的好坏决定了活动组织的成败。针对此类消费群体,营销时要注重对旅游酒店产品质量、档次的强调。

四、竞争者对营销活动的影响

每个企业都面临四种类型的竞争者,即愿望竞争者、一般竞争者、产品形式竞争者和品牌竞争者。

1. 愿望竞争者

对于旅游企业而言,愿望竞争者是指提供不同产品以满足不同需求的竞争者。如消费者有带薪假期,他想游山玩水或在家休息,他对旅游企业来说,就是愿望竞争者。如何使消费者选择出游而不是在家休息,这就是一种竞争关系。

2. 一般竞争者

一般竞争者是指提供能够满足同一种需求但不同产品的竞争者。例如,飞机、火车、汽车都可用于出游,这三种交通工具的经营者之间必定存在着一种竞争关系,它们也就相互成为竞争者。

3. 产品形式竞争者

产品形式竞争者是指生产不同规格档次的竞争者。如消费者选择旅游团队的档次是豪华还是标准等。

4. 品牌竞争者

品牌竞争者是指产品规格、档次相同,但品牌不同的竞争者。如消费者在选择入住宾馆时,选择王府井大饭店还是北京长城饭店。

显然,后两类竞争者是同行业的竞争者。旅游企业必须认清形势,识别竞争对手,关注竞争对手,并设法建立竞争优势,保持消费者对本企业的信赖和忠诚。

五、社会公众对营销活动的影响

社会公众是旅游企业营销微观环境的重要因素,对旅游营销活动的成败产生实际的或潜在的影响。企业的生存和发展依赖于良好的公众关系和社会环境,正所谓"得道多助,失道寡助"。旅游营销活动所面临的社会公众主要包括如下几类。

1. 金融公众

金融公众即那些关心和影响企业取得资金能力的集团,包括银行、投资公司、证券公司、保险公司等,它们对企业的融资能力有重要的影响。

2. 媒介公众

媒介公众主要是报纸、杂志、广播和电视、电台等,它们能帮助企业实现与外界的联系。旅游企业、酒店企业通过与媒介的良好关系扩大企业和产品的知名度和影响力。

3. 政府公众

政府公众即负责管理旅游企业的业务和经营活动的有关政府机构和企业的主管部门。旅游企业在制订营销计划时要考虑政府公众对其的影响,时刻关注政府政策措施的变化。

4. 公民行动公众

公民行动公众包括保护消费者利益的组织、环境保护组织等,他们有权对旅游企业的营销活动质疑,并要求企业采取相应措施进行改进。

5. 社区公众

社区公众即企业附近居民和社区组织,他们对企业的态度直接影响企业的营销活动。旅游企业要与地方社区公众保持经常性的联系,积极参与社区事务,赢得地方公众的好感,并与其建立合作。

6. 内部公众

内部公众即旅游酒店企业内部全体员工。董事长、经理、一般员工等都属于企业的内部公众。处理好与企业内部公众的关系是企业搞好外部公众关系的前提。

7. 一般公众

一般公众即普通公众,他们不购买旅游产品但深刻影响消费者对旅游业及其产品的看法。企业在普通公众中的形象会影响到消费者的行动。

对旅游酒店企业而言,不同类型的公众对其影响是不同的,企业应努力采取措施,保持同各类公众的合作关系,树立企业的良好形象,以保证旅游企业营销活动的顺利开展。

六、企业内部各部门协作对营销活动的影响

旅游酒店营销是各职能部门、各环节、各岗位之间分工协作、权力分配、责任承担、利益和风险分享的系统运作行为。它需要决策机构、指挥机构、开发机构、执行与反馈机构、监督与保证机构、参谋机构共同参与和相互配合。

为使营销业务顺利开展,营销部门各类专职人员需要尽职尽责、通力合作,更重要的是必须与其他部门及管理层相互配合,因为部门协作的好坏会直接影响旅游酒店企业营销管理决策的制定和营销方案的实施。总之,只有各部门各司其职、各尽其用,整个企业才具有整体性、系统性、互补性。只有各部门齐心协力,加之训练有素的营销人员,旅游酒店营销活动才可能取得成功。

第四节　酒店市场营销环境分析

酒店会在了解市场营销环境及其构成要素的基础上,采取一定的方法分析市场营销环境,从而制定有针对性的市场营销战略。常见的环境分析方法有:波特五力分析、PEST分析和SWOT分析三种酒店市场营销环境分析的模型或方法,其中,波特五力分析模型是分析酒店市场微观环境的方法,PEST分析是分析酒店市场宏观环境的方法,SWOT分析则是微观与宏观相结合的分析方法。

一、波特五力分析模型

波特五力分析模型又称波特竞争力模型、波特五力分析法,由哈佛大学教授迈克尔·波特(Michael Porter)于20世纪80年代初提出,主要用于行业(产业)内竞争环境和竞争强度的分析,对企业战略制定产生了全球性的深远影响。波特五力分析模型将大量不同的因素汇集在一个简便的模型中,以此分析一个酒店的基本竞争态势。

影响行业内竞争的五种力量分别有:供应商的讨价还价能力、顾客的讨价还价能力、潜在竞争者的进入能力、替代品的替代能力、现有竞争者的竞争能力,如图2-2所示。五种力量反映出这样一个事实——酒店企业的竞争大大超越了现有参与者的范围,顾客、供应商、替代品和潜在竞争者都是酒店的"竞争对手"(营销中介和社会公众则对行业竞争产生正向或负向的影响,但不属于五力分析法的研究范畴),这种广义的竞争可以称为"拓展竞争"。

这五种力量的不同组合变化决定着酒店产业竞争的强度,并最终影响行业利润率,最强的一种或几种力量占据着统治地位,并且从战略形成的观点来看,起着关键性作用。例如,假设一家酒店不受潜在进入者的威胁并处于很高的市场地位,如果它面临一个先进的、低成本的替代品,该酒店仍将只能获得比较低的收益;即便没有替代品出现

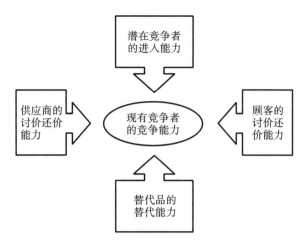

图 2-2　波特五力分析模型

也不存在进入者威胁,现有竞争者们的激烈竞争也将限制潜在收益。

(一) 供应商的讨价还价能力

供应商主要通过提高投入要素价格与降低单位价值质量的能力来影响酒店企业的盈利能力与服务竞争力。供应商力量的强弱主要取决于他们所提供给酒店的是什么投入要素,当供应商所提供的投入要素价值构成了酒店产品与服务总成本的较大比例,对酒店产品生产过程非常重要,或者当严重影响酒店产品与服务的质量时,供应商对于酒店的潜在讨价还价力量就大大增强。

一般来说,满足以下三个条件的供应商会具有比较强大的讨价还价力量。

(1) 供应商所在行业为一些具有比较稳固的市场地位而不受市场激烈竞争困扰的企业所控制,其产品的买主很多,以至于每一个单个买主都不可能成为供应商的重要客户。

(2) 不同供应商的产品各具特色,以至于买主难以转换或转换成本太高,或者很难找到可与供应商产品相竞争的替代品。

(3) 供应商能够方便地实行前向联合或一体化,而买主难以进行后向联合或一体化。酒店企业的供应商向酒店提供的产品以布草、备品、菜品原材料等为主,大多属于低值易耗品,相比于酒店产品和服务的价值,其成本普遍较低。不满足上述三个条件中的任何一个,导致酒店供应商的讨价还价能力相对较弱,差别是不同供应商的讨价还价能力不同。

(二) 顾客的讨价还价能力

顾客主要通过压价与要求提供较高的产品或服务质量的能力来影响酒店企业的盈利能力。一般来说,满足以下四个条件的顾客可能具有较强的讨价还价力量。

(1) 顾客的总数较少,而每位顾客的购买量较大,占了卖方销售量的很大比例。

(2) 卖方行业由大量相对来说规模较小的企业所组成。

(3) 顾客所购买的基本上是一种标准化产品,同时向多个卖主购买产品在经济上也完全可行。

(4) 顾客有能力实行后向一体化,而卖主不可能实行前向一体化。

酒店企业的顾客主要分为两大类,即散客和组织顾客。散客的数量很大,但每位顾客的购买量很小,偶尔才会购买酒店类产品和服务,因而其讨价还价能力较弱;组织顾客包括旅行社、航空公司、工商事业单位和政府机关等,这类顾客通常能够满足上述一条甚至多条要件,因而其讨价还价能力较强。

(三) 潜在竞争者的进入能力

新酒店企业在给行业带来新接待能力的同时,也会在已被现有酒店企业瓜分完毕的市场中争夺市场份额并赢得一席之地,这就有可能与现有酒店企业发生供应商与市场份额的竞争,最终导致行业中现有酒店企业盈利水平降低,严重的话还有可能危及行业内已有的酒店企业的生存。

潜在竞争者进入的威胁的严重程度取决于两方面——进入障碍大小与预期现有企业对于进入者的反应情况。酒店行业的进入障碍主要包括规模经济、产品与服务差异、资本需要、转换成本、销售渠道开拓、政府行为与政策、不受规模支配的成本劣势(如学习与经验曲线效应)、地理环境等方面;预期现有企业对进入者的反应情况,主要是采取报复行动的可能性,它取决于有关酒店的财力情况、报复记录、固定资产规模、行业增长速度等。

总之,新酒店企业进入可能性的大小,取决于潜在进入者主观估计进入所能带来的预期利益、所需付出的代价与所要承担的风险三者的相对大小情况。

(四) 替代品的替代能力

两个处于同行业或不同行业中的企业,可能会由于所生产的产品互为替代而产生相互竞争行为。对于酒店企业来说,能够提供替代品的企业是指所有能够提供餐饮与住宿接待能力的企业,其中包括提供单一接待能力的企业,如酒楼、餐馆、酒吧、家庭旅馆、农家乐等。

源自替代品的竞争会以各种形式影响行业中现有企业的竞争战略:

第一,现有酒店企业门市价以及获利潜力的提高,将由于存在能被顾客方便接受的替代品而受到限制。

第二,由于替代品生产者的侵入,现有酒店企业必须提高产品与服务质量,或者通过降低成本来降低价格,或者使其产品与服务更具特色,否则其出租率与利润增长的目标就有可能无法完成。

第三,替代品生产者的竞争强度,受顾客转换成本高低的影响。

总之,替代品价格越低、质量越好、用户转换成本越低,其所产生的竞争压力就越大。

(五) 现有竞争者的竞争能力

行业中的大部分企业的利益都是紧密联系在一起的。作为企业总体战略一部分的各企业竞争战略,其目标都在于使得自己的企业获得相对于竞争对手的优势,所以,在实施中就必然会产生冲突与对抗现象,这些冲突与对抗就构成了现有企业之间的竞争。现有企业之间的竞争常常表现在价格、广告、产品介绍、售后服务等方面,其竞争强度与许多因素有关。

一般来说,出现下述几种情况意味着行业中现有企业之间的竞争加剧:

第一,行业进入障碍较低,势均力敌的竞争对手较多,竞争参与者范围广泛。

第二,市场趋于成熟,需求增长缓慢。

第三,竞争者企图采用降价等手段促销。

第四,竞争者提供几乎相同的产品或服务,用户转换成本很低。

第五,一个战略行动如果取得成功,其收入相当可观。

第六,行业外部实力强大的公司在接收了行业中实力薄弱的企业后,发起进攻性行动,结果使得刚被接收的企业成为市场的主要竞争者。

第七,退出障碍较高,退出竞争要比继续参与竞争代价更高。在这里,退出障碍主要受经济、战略、感情以及社会政治关系等方面的影响,具体包括资产的专用性、退出的固定费用、战略上的相互牵制、情绪上的难以接受、政府和社会的各种限制等。

酒店行业普遍具有进入障碍低而退出障碍较高、产品或服务同质化严重且易于模仿、用户转换成本很低、降价促销是主要促销手段之一等特征,从而导致同类型、同档次酒店企业间的竞争十分激烈,即使是不同类型、不同档次的酒店企业之间也存在一定竞争。

根据上面对五种竞争力量的讨论,为了应付这五种力量,酒店企业可以采取的措施为:尽可能地将自身的经营与竞争力量隔绝开来,努力从自身利益需要出发影响行业竞争规则,先占领有利的市场地位,再发起进攻性竞争行动,以增强自己的市场地位与竞争实力。

二、PEST 分析法

PEST 分析法是用来分析酒店企业市场营销的宏观环境的一种方法,是指对政治(Political)、经济(Economic)、社会(Sociological)和技术(Technological)这四大类影响企业的外部环境要素进行分析,如图2-3 所示。

PEST 分析对应的是酒店市场营销的宏观环境分析,即分析宏观环境六要素中的政治法律环境、经济环境、社会文化环境、科学技术环境。

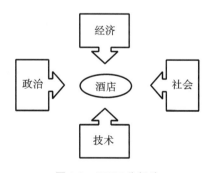

图 2-3　PEST 分析法

在 PEST 分析法的基础上还有一些变形,如 SLEPT 分析法(社会、法律、经济、政治、技术)、SPENT 分析(社会、政治、经济、自然、技术)等,都是围绕宏观环境分析展开的,只不过侧重点不同而已。

三、SWOT 分析法

SWOT 分析法也称道斯矩阵、态势分析法,是市场营销中常用的一种基础性环境分析方法，把企业内外环境所形成的优势（Strengths）、劣势（Weaknesses）、机会（Opportunities）、威胁（Threats）结合起来进行比较客观的分析，如图 2-4 所示，以制定适合企业自身内部条件与实际情况的营销战略。

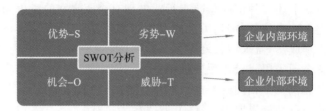

图 2-4 SWOT 分析矩阵

从整体上看，SWOT 可以分为两部分：第一部分为 SW，主要用来分析内部条件；第二部分为 OT，主要用来分析外部条件。利用这种方法可以从中找出对自己有利的、值得发展的因素，以及对自己不利的、要避开的东西，发现存在的问题，找出解决办法，并明确以后的发展方向。根据这个分析，可以将问题按轻重缓急分类，明确哪些是急需解决的问题，哪些是可以稍微拖后一点儿的事情，哪些属于战略目标上的障碍，哪些属于战术上的问题，并将这些研究对象列举出来，依照矩阵形式排列，然后用系统分析的所想，把各种因素匹配起来加以分析，从中得出一系列相应的结论，而结论通常带有一定的决策性，有利于领导者和管理者做出较正确的决策和规划。SWOT 矩阵分析表见表 2-1。

表 2-1 SWOT 矩阵分析表

外部因素＼内部因素	优势（Strengths）	劣势（Weaknesses）
机会（Opportunities）	SO 战略-增长型战略 进攻策略，最大限度地利用机会	WO 战略-扭转型战略 调整策略，战略扭转
威胁（Threats）	ST 战略-多种经营战略 调整策略，多种经营	WT 战略-防御型战略 生存策略，严密监控竞争对手动向

酒店进行 SWOT 分析，首先关注的是企业自身，关注本酒店内部条件及其与竞争对手相比较的优势和劣势，然后再分析环境中的机会和威胁。而事实上，酒店企业在制定竞争战略与竞争策略的时候，首先应该关注的是市场和外部环境，然后再分析企业自身，并根据企业的优势判断企业是否能够把握机会，以及是否能够规避环境威胁，由此 OTSW 分析法也就产生了。

> **本章小结**　本章主要介绍了市场营销环境的概念和特点；宏观环境和微观环境的构成；环境的分析方法。

复习思考

一、简答题

1. 什么是酒店市场的营销环境?它具有哪些特点?
2. 酒店中间商对酒店企业市场营销活动的影响有哪些?
3. 简述SWOT分析法在市场营销活动中的运用。

二、情境分析题

请同学们以当地一家酒店为例,进行市场环境分析,了解该酒店经营的优势和面临的困境,并给出相应的建议。

三、论述题

论述波特五力分析模型、PEST分析法、SWOT分析法的优点和不足。

第三章
酒店消费者市场购买行为

学习导引

消费者行为研究,是市场调研中最普遍、最经常实施的一项研究。是指消费者为获取、使用、处理消费物品所采用的各种行动以及事先决定这些行动的决策过程的定量研究和定性研究。该项研究除了可以了解消费者是如何获取产品与服务的,还可以了解消费者是如何消费产品,以及产品在用完或消费之后是如何被处置的。因此,它是营销决策的基础,与企业市场的营销活动密不可分,对消费者行为研究,对于提高营销决策水平,增强营销策略的有效性方面有着很重要的意义。

学习目标

(一) 知识目标

1. 了解消费者、消费者市场的概念和特点。
2. 掌握旅游购买行为分析。
3. 熟悉影响酒店消费者购买行为的因素。
4. 理解消费者购买决策的过程和决策模型。

(二) 能力目标

通过学习消费者市场的特点和旅游购买行为的分析,从而理解掌握酒店消费者购买决策的过程,指导制定营销战略和策略的实践。

(三) 德育目标

了解中国文化——宾至如归。

第一节 消费者市场的特点

一、消费者的概念

消费者,国际标准化组织(ISO)认为,消费者是以个人消费为目的而购买使用商品和服务的个体社会成员。

消费者与生产者及销售者不同,他或她必须是产品和服务的最终使用者而不是生产者、经营者,也就是说,他或她购买商品的目的主要是用于个人或家庭需要而不是经营或销售,这是消费者最本质的一个特点。作为消费者,其消费活动的内容不仅包括为个人和家庭生活需要而购买的产品,而且包括为个人和家庭因生活需要而接受他人提供的服务。

 知识链接

消费者与顾客

1. 消费者

消费者(Consumer)是指企业产品、服务的最终使用者和受益者。消费者的主要特征是"最终使用产品、服务并最终受益"。在这里,我们必须撇开消费者是如何获得产品或服务的途径与方式。(他可能是获得的馈赠、补偿或其他途径、方式,如家庭成员享受主妇购买的食品等)

2. 顾客

顾客(Customer)指与企业直接进行商业交往的人或群体。作为直接与企业进行商业交往的人或群体,很多时候是与消费者的身份重叠的。如我们到酒店自行购买并入住,我们既是顾客,又是消费者。顾客在很多时候与消费者的身份又是分开的。

二、消费者市场及其特点

(一) 消费者市场的概念

消费者市场是指为满足自身需要而购买的一切个人和家庭构成的市场。消费者市场又称最终产品市场,因为只有消费者市场才是产品的最终归宿,其他市场虽然购买数量很大,但其最终服务对象还是消费者市场,仍然要以最终消费者的需求和偏好为转移。可以说消费者市场是一切市场的基础,是最终起决定作用的市场。因此,全面动态地了解消费者需求，掌握消费者市场的特点及其发展趋势是企业生存与发展的重要前提。

（二）消费者市场的特点

1. 需求的零星性

首先，消费品市场购买者众多，涉及千家万户和社会的所有成员。

其次，购买频率较高但每次购买数量较少，旅游者对旅游或酒店的需求也呈现这样的特点。

2. 需求的多样性

消费者市场的购买者是受众多因素影响的个人或家庭，包括自身和外部因素，因此消费需求呈现较大的多样性。旅游者每次出游的路线基本不重复，其需求多样性的特点更加明显。

3. 需求的多变性

随着时代的变迁、科技的进步、收入的提高，消费者的需求也会呈现多变性。

4. 需求的层次性

马斯洛将人类需求按低级到高级的顺序分成五个层次或五种基本类型，分别是生理需求、安全需求、归属感与爱的需求、自尊的需求和自我实现的需求。

5. 需求的非专业性

消费者购买产品时大多数是外行，即缺乏相应的产品知识和市场知识，其购买行为属于非专业性购买，而且受广告宣传等因素的影响，消费者的购买行为往往具有自发性、冲动性，具有较大程度的可诱导性和可调节性。

6. 需求的相关性

消费者的不同需求可能具有相互补充或替代的关系。例如，酒店与旅游交通是关联互补品，其需求具有同向性，即消费者对酒店的需求增加，对旅游交通的需求也增加；又如，酒店餐饮和一般餐饮互为替代品，其需求具有反向性，即消费者对一般餐饮的需求增加，则对酒店餐饮的需求可能就减少。

第二节　旅游购买行为分析

一定程度上，酒店消费者即为旅游消费者，消费者对酒店的购买行为只是旅游购买行为的一部分，会受到旅游购买行为的影响和支配。

一、旅游购买行为及其内涵

（一）旅游购买行为的概念

所谓旅游购买行为，是指旅游者如何做出购买决策，为了满足旅游活动中的各种需要,购买和使用旅游产品(含有形产品和无形服务),并通过与旅游产品和服务人员的互动体验来完成整个旅游活动的行动过程。

(二) 旅游购买行为的内涵

旅游购买行为的内涵包含以下三个方面的内容:

1. 旅游购买行为的消费对象为旅游产品

与一般意义上的普通产品不同,旅游产品是一个综合性概念而不是单体概念,是旅游者在旅游活动过程中为满足自身各种需要所购买的有形产品与无形服务的总和,即食、住、行、游、购、娱及其他产品和服务的综合。

2. 旅游购买行为的完成涉及旅游互动或旅游体验

近年来,旅游行为越来越多地涉及旅游互动和体验,比如主题酒店、民宿、农家乐、亲子游、定制游等。

3. 旅游购买行为是高层次的精神需求

相对于日常消费品来说,旅游消费产品具有内涵丰富、档次较高和非生活必需品的特点,通过旅游购买行为,旅游者可以放松身心、陶冶情操、增长见闻、开阔视野,这些都说明了旅游购买行为的高层次性。

二、旅游购买行为分析的意义和作用

(一) 旅游购买行为分析是为了深刻认识市场

了解旅游消费者的需要,分析旅游购买行为,根据顾客的利益诉求设计旅游产品,进而满足目标市场的需要,是旅游活动的出发点。酒店企业通过旅游购买行为分析,可以认识目标市场的需求、偏好、消费习惯、支付能力,以及影响购买的因素等,进而选择合适的标准进行市场细分,定位合适的目标市场。酒店企业在旅游购买行为分析的基础上,结合对企业自身资源、市场条件和市场发展趋势的分析,选择有利的市场机会,做出恰当的市场决策,深度挖掘已有产品的内涵或者开发更新换代产品。

(二) 旅游购买行为分析是制定营销规划的基础

旅游营销人员只有了解旅游产品在目标消费者心目中的位置,了解其产品和品牌是如何被旅游者认知的,了解影响旅游者购买的因素及旅游者的购买模式或规律,才能制定有效的营销策略。同时,旅游营销人员通过对旅游者购后行为的进一步分析,可以得到一些宝贵的反馈信息,从而进行旅游营销活动的修正,进而增强旅游营销活动的针对性和实效性。

第三节 影响酒店消费者购买行为的因素

酒店消费者的购买行为往往受到自身因素、环境因素的影响和制约。

一、自身因素

消费者的购买行为会受到年龄及家庭生命周期、性别、社会角色及所处的阶层、经济状况、受教育程度、时间、个性、生活方式的影响;此外,还会受到动机、感受、学习、记忆、信念、态度、兴趣等因素的影响。

(一)年龄及家庭生命周期

消费者的年龄会对消费者行为产生明显的影响。不同的年龄有不同的需求和偏好。

与消费者年龄关系较为密切的是家庭生命周期,因为年龄、婚姻状况、子女状况的不同,家庭生命周期可以被划分为多个不同的阶段,在家庭生命周期的不同阶段,消费者的行为会呈现出不同的主流特性。

1. 少年儿童阶段的消费特点

除了娱乐需求以外,多数都是教育需求,包括由自身的兴趣爱好引发的教育培训。

2. 未婚期阶段的单身青年人的消费特点

消费支出以服装、娱乐为主,追逐时尚;该阶段的人群是新产品促销的重要目标。青年人自我意识强,有较强的独立意识,容易接受新生事物,往往是新服务的拥护者。青年人在购买过程中容易感情用事,属于感性消费者。

3. 新婚期阶段没有子女的年轻夫妻的消费特点

这是人生一个消费高峰期,购买产品种类多;该阶段的人群是住房、家用电器、家具、服装等单价较高的耐用消费品的主要购买者。

4. "满巢"Ⅰ阶段的消费特点

此阶段家庭中包括年轻夫妻和一个6岁以下的孩子。在这个阶段,孩子的启蒙教育、营养投入开支较大;他们常常感到购买力不足,对新产品感兴趣并倾向于购买有广告宣传的产品。

5. "满巢"Ⅱ阶段的消费特点

此阶段家庭中包括年轻夫妻和6岁以上的孩子,孩子的教育支出逐渐增多;他们倾向于购买大规格包装的产品,有自己喜爱的品牌产品。

6. "满巢"Ⅲ阶段的消费特点

此阶段家庭中包括中年夫妻有经济未独立的子女,消费习惯稳定;这部分群体基本上具有稳定的收入,上有老下有小,在消费上需要考虑到全家的开支,购买行为较理智,消费行为慎重,讲求实效。

7. "空巢"阶段的消费特点

此阶段子女经济独立,大部分已组成自己的新家庭;消费支出主要在医疗保健方面,经济条件好的家庭外出旅游次数增多。

8. 鳏寡阶段的消费特点

受到丧偶、年龄增加、收入减少、健康状况下降等因素影响,此时的旅游消费支出明显下降,旅游活动会选择相对静止的休闲疗养游,对酒店的需求则偏向度假型、康养型酒店。

(二)性别

由于生理上的差别,男性与女性在许多产品需求与偏好上有显著差别,男性与女性群体的消费观念相差甚远,消费行为也会有所差异。总体来讲,男性消费者属于理性消费者,女性偏于感性和冲动消费者。

(三)社会角色与所处的阶层

1. 社会角色

社会角色是个体在特定社会或群体中占有的位置和被社会或群体所规定的行为模式。

消费者也在扮演一个角色,在多数情况下,消费者个人的心理活动总是与所属群体的态度倾向是一致的,这是群体压力与消费者个人对群体的信任共同作用的结果。受到群体的影响,消费者会顺从群体的意志、价值观念、消费行为规范等一系列的心理活动。

不同职业的消费者扮演着不同的社会角色,承担并履行着不同的责任和义务,对产品的需求和兴趣也各不相同。

2. 社会阶层

社会阶层也称社会分层,是根据财富、职业、权力、知识、价值观和社会地位及名望对人们进行的一种社会分类。不同社会阶层的消费者由于在职业、收入、教育等方面存在明显差异,所以即使购买同一产品,其趣味、偏好和动机也会不同。

社会阶层是一种普遍存在的社会现象,不论是发达国家还是发展中国家,均存在不同的社会阶层。同一社会阶层的人往往有着共同的价值观、生活方式、思维方式和生活目标,这些影响着他们的购买行为。即使收入水平相同的人,所属阶层不同,其生活习惯、思维方式、购买动机和消费行为也有着明显的差别。

社会阶层具有以下特点:同一阶层的成员具有类似的价值观、兴趣和行为,在消费行为上相互影响并趋于一致;一个人的社会阶层归属不仅由某一变量决定,还受职业、收入、受教育程度、价值观和居住区域等多种因素的制约;人们能够改变自己的社会阶层归属,既可以迈向高阶层,也可以跌至低阶层,这种改变的程度取决于自身努力以及社会阶层是否固化。

社会阶层的划分是酒店市场细分的主要依据。

(四)经济状况

经济状况包括个人收入、财产、支出等情况。经济状况是人们购物的基础,它对人们的购买行为有极大的影响。

1. 收入对消费者行为的影响

(1) 总收入。

一般认为,总收入由工资、奖金、津贴、红利和利息等构成。收入作为购买力的主要来源,无疑是决定消费者购买行为的关键因素。一般来说,需求与收入呈正方向变动关系。当收入相对较少时,人们往往只能控制自己的消费欲望并减弱消费需求;相反,收入高时,人们的消费也会增加。

(2) 可任意支配收入。

可任意支配收入是指个人可支配收入减去维持生活所必需的支出和其他固定支出所剩余的部分收入。这部分收入是消费者可以任意使用的收入,可以用于旅游、休闲、娱乐等,也可以用于储蓄,是影响消费构成的最活跃因素,也是企业营销争夺的主要对象。

(3) 预期收入。

预期收入也会影响消费者的消费。如果消费者认为他们的未来收入会上升,就会刺激消费支出的增长;如果认为未来收入会下降,就会导致消费支出的下降。

2. 财产对消费者行为的影响

财产既包括住房、土地等不动产,也包括股票、债券、银行存款、汽车、古董及其他收藏品。财产或净财产是反映一个人富裕程度的重要指标,从长远来看,它与收入存在高度的相关性。然而,两者绝不能画等号。具体到个体,高收入并不意味着一定拥有大量的财产。同样,人们拥有的大量财产,也可能是通过继承或过去投资获得的,其现在的收入不一定很高。即使其他条件不变,完全处于同一收入水平的两个人或两个家庭,所拥有的财产也可能存在非常大的差别,原因是这两个人或两个家庭在消费和储蓄方面可能会有不同的选择。

3. 支出对消费者行为的影响

未来支出预期包括医疗支出、子女求学、购买住房、意外事故等。当人们未来收入增长与消费支出的不确定性上升时,人们会捂紧自己的"钱袋子"。即使当前的收入并未减少甚至还在增长,但只要人们认为未来住房、医疗、教育、养老等存在种种不确定的巨额消费支出,自己可能失去现有的职位,或者收入难以继续增长,消费信心就会不足,于是人们会压缩不必要的消费去增加储蓄,而这一过程往往最先抑制的就是奢侈品和旅游、服务等方面的消费。

(五) 受教育程度

受教育程度不仅影响着劳动者的收入水平,而且影响着消费者对产品的鉴赏力、消费心理、购买的理性程度以及消费结构,也就是说,教育决定着人们是否会消费、消费什么、怎样消费等问题。一般人们的教育水平越高,职位和收入也越高,其获取消费信息的途径也就越多,越容易接受新事物,消费态度越超前,而旅游则慢慢成为受教育程度较高群体的一种生活方式。

(六) 时间

时间作为一种资源,像收入和财富一样制约着消费者对产品和服务的购买。消费者是否购买旅游产品和服务,很大程度上取决于他们是否拥有可自由支配的时间。

其他影响酒店消费者购买行为的因素还包括旅游者的个性、自我概念、生活方式、动机、感受、学习、记忆、信念、态度、兴趣、自我概念等。

二、环境因素

消费者的购买行为会受到家庭、参照群体、文化环境、流行、情境等环境因素的影响。

（一）家庭

人的一生大都是在家庭中度过的，一个人在其一生中一般要经历两个家庭。第一个是父母的家庭，一个人在父母的养育下逐渐长大成人，然后又组成自己的家庭，即第二个家庭。当消费者做购买决策时，必然要受到这两个家庭的影响。

（二）参照群体

群体或社会群体是指将一定的社会关系结合起来进行共同活动而产生相互作用的集体。一般来说，其一，群体成员在接触和互动的过程中，通过心理和行为的相互影响与学习，会产生一些共同的信念、态度和规范，它们将对消费者的行为产生潜移默化的影响。其二，群体规范和压力会促使消费者自觉或不自觉地与群体的期待保持一致，即使是那些个人主义色彩很重、独立性很强的人，也无法摆脱群体的影响，这是因为，当消费者在消费群体中与占主流的群体意识形态不相符时，其可能会因受到嘲讽、讥笑或者议论等而产生心理压力。

参照群体是指对消费者的看法和行为有直接或间接影响的个人或群体。参照群体通常包括成员群体和非成员群体。成员群体指个人是其成员的参照群体。非成员群体指个人不是其成员的参照群体。

通过群体的影响，个人会产生从众心理。

（三）文化环境

文化是一个复合体，包括为某一社会或某一群体所共同拥有并代代相传的价值观、信念、道德、规范、习俗等。文化渗透社会群体每个成员的意识之中，左右着人们对事物和活动的态度，从不同方面影响着人们对事物的认识与判断，影响社会成员的行为模式，使生活在同一文化圈内的社会成员的消费行为具有相同的倾向。每个消费者都是在一定的社会文化环境中成长的，文化对消费者的行为具有最广泛和最深远的影响。中国是礼仪之邦，具有好客的传统，这样的文化对于酒店服务文化，有着独特的影响。

 知识链接

> **宾至如归**
>
> 《左传·襄公三十一年》写道："宾至如归，无宁灾患，不畏寇盗，而亦不患燥湿。"后人从这句话中提炼出"宾至如归"这则成语。
>
> 宾至如归，体现的是中国传统的"有朋自远方来，不亦乐乎"的文明待客之道。文明待客之道，既要热情有礼，也要提供便利；既要内提素质，又要外树形象。

（四）流行

流行是指在一个时期内社会上流传较广、盛行一时的现象和行为。流行,在一定程度上可以促进消费者在某些产品消费上的共同偏好。

尽管不同阶层、不同社会文化和经济背景的人群,在产品和服务的消费上会呈现很大的差异性,然而流行可以打破等级和社会分层的界限,使不同层次、不同背景的消费者在流行产品的选择上表现出同一性。流行促进了人们在产品购买上的从众行为。

（五）情境

情境是指消费或购买活动发生时个体所面临的短暂的环境因素,如购物时的气候、购物场所的拥挤程度等。

情境由一些暂时性的事件和状态所构成,贝克认为,情境由五个变量或因素构成,它们是物质环境、社会环境、时间环境、任务环境和先行状态。

第四节　消费者购买决策的过程

一、消费者购买行为的类型

一般来说,消费者在不同场合、不同目标或购买不同类型产品时有着不同的行为。市场学家阿萨尔(Assael)根据消费者购买的参与程度(购买的谨慎程度以及花费时间和精力的多少)和产品品牌的差异程度,将消费者购买行为分为复杂型购买行为、协调型购买行为、变换型购买行为、习惯型购买行为四种类型。

（一）复杂型购买行为

复杂型购买行为是指当消费者选购价格昂贵、购买次数较少、冒风险的和高度自我表现的产品时,由于对这些产品的性能缺乏了解,慎重起见,消费者往往需要广泛地收集有关信息,并经过认真学习对这一产品产生信心,最后慎重地做出购买决策。

（二）协调型购买行为

协调型购买行为是指当消费者购买品牌差异性不大的产品时,他们一般不会花很多精力去收集不同品牌的信息并进行比较,而是会把注意力更多地集中在品牌价格是否优惠、购买时间是否合适、购买地点是否便利上,从产生购买动机到决定购买的时间较短。

（三）变换型购买行为

变换型购买行为是指对于品牌间差异很大、可供选择的品牌很多的产品,消费者通常不会花太多的时间去选择,而且也不会专注于某一品牌,而是会经常变换品牌。

（四）习惯型购买行为

习惯型购买行为指消费者购买价格低廉、品牌差别很小的产品时的低参与行为，消费者大多根据习惯或经验购买这类产品。

二、消费者购买决策的参与者

消费者的购买决策在许多情况下并不是由一个人单独做出的，而是有其他成员的参与和影响的，这是一个群体决策的过程。因为个人在选择和决定购买某种个人消费品时，常常会同他人商量或者听取他人的意见。因此了解哪些人参与了购买决策，他们各自在购买决策过程中扮演怎样的角色，对于企业的营销活动是很重要的。

一般来说，消费者购买决策的参与者大体可分成五种主要角色。

（一）发起者

发起者即首先想到或提议购买某种产品或劳务的人。

（二）影响者

影响者即其看法或意见对最终决策具有直接或间接影响的人。

（三）决定者

决定者即能够对买不买、买什么、买多少、何时买、何处买等问题做出全部或部分最后决定的人。

（四）购买者

购买者即实际采购的人，会对产品的价格、购买地点等内容进行选择，并同卖方进行谈判，最终达成交易。

（五）使用者

使用者即直接消费或使用所购产品或服务的人，会对产品进行满意与否的评价，并影响再次购买决策。

有时候，五种角色可能由消费者一人担任，而有时候五种角色往往由家庭中不同成员担任。

三、消费者购买决策的过程

消费者在购买产品时，都会有一个决策过程，图 3-1 所示为消费者购买决策过程的"五阶段模型"。

图 3-1　消费者购买决策过程的"五阶段模型"

（一）引起需要

当消费者感觉到一种需要并准备购买某种产品以满足这种需要时，购买决策过程就开始了。

酒店营销人员在这一阶段的主要任务如下：

首先，了解引起与本企业产品有关的现实需求和潜在需求的驱使力，即是什么原因引发消费者购买本企业产品的行为。

然后，设计引起需求的诱因，增强对消费者的刺激，唤起和强化消费者的需要，引发消费者的购买行为。

（二）收集信息

当消费者产生了购买动机之后，消费者便会把这种需求存入记忆中，并注意收集与需求相关的信息，以便进行决策。

酒店营销人员在这一阶段的主要任务有以下几个方面。

1. 了解消费者信息来源

消费者的信息来源主要有经验来源、个人来源、公共来源和商业来源四个方面。经验来源是从直接使用产品中获得的信息；个人来源是指家庭成员、朋友、邻居和其他熟人提供的信息；公共来源是从电视、网络等大众传播媒体、社会组织中获取的信息；商业来源是指从企业营销中获取的信息，如从广告、推销员、展览会等处获得的信息。

2. 了解不同信息来源对消费者购买行为的影响程度

从消费者对信息的信任程度看，经验来源和个人来源对消费者购买行为的影响程度较高，其次是公共来源，最后是商业来源。

3. 设计信息传播策略

营销人员除利用商业来源传播信息外，还要设法利用和刺激公共来源、个人来源和经验来源，也可多种渠道同时使用，以加强信息的影响力。

（三）评估方案

消费者在获取足够的信息之后，就会根据这些信息和一定的评价方法对同类产品的不同品牌加以评估并决定是否选择。消费者对产品进行评估主要涉及产品属性、属性权重、品牌信念、效用要求等问题。

1. 产品属性

产品属性是指产品能够满足消费者需求的特征，它涉及产品功能、价格、质量、服务等。

2. 属性权重

属性权重是消费者对产品有关属性所赋予的不同重要性权数，如商务型酒店普遍舒适豪华，若酒店消费者注重它的价格，他就会购买价格较低的客房。

3. 品牌信念

品牌信念是消费者对某种品牌产品的看法。它带有个人主观因素，受选择性注意、选择性扭曲、选择性记忆的影响，消费者的品牌信念与产品的真实属性可能并不一致。

4. 效用要求

效用要求是消费者对某种品牌产品的各种属性的效用功能应当达到何种水准的要求。如果满足消费者的效用需求,消费者就愿意购买。

酒店营销人员在这一阶段的主要任务是增加产品功能,改变消费者对产品属性的认识。通过广告宣传努力消除消费者不符合实际的偏见,改变消费者心目中的品牌信念,让消费者对其重新进行心理定位。

(四)购买决策

消费者经过产品评估后会形成一种购买意向,但是不一定引发实际购买,从购买意向到实际购买,还有以下一些干扰因素介入其中。

1. 他人态度

他人态度的影响力取决于以下两个因素。

(1)他人态度的强度。他人态度越强烈,其对消费者的影响力越大。

(2)消费者对遵从他人态度的强度。一般来说,他人与消费者的关系越密切,他人态度对消费者的影响越大。

2. 意外因素

消费者的购买意向是以一些预期条件为基础形成的,如预期收入、预期价格、预期质量、预期服务等。如果这些预期条件受到一些意外因素的影响而发生变化,购买意向就可能改变。例如,预期的奖金收入没有得到,原定产品价格突然提高,购买时销售人员态度恶劣等都有可能改变消费者的购买意向。

消费者购买意向的改变、延迟或取消除了受他人态度和意外因素的影响外,还在很大程度上与感知风险有关。一般来说,消费者在一个不确定的情况下购买产品,有可能存在以下风险。

(1)预期风险。

预期风险,即当消费者的预期与现实不相符时,消费者就会有失落感,从而产生不满。

(2)安全风险。

安全风险,即产品对消费者的安全和健康造成危害,如某些比较偏僻的酒店可能隐含一定的风险。

(3)财务风险。

财务风险,即购买的酒店产品是否物有所值,是否符合相关报销规定等。

(4)形象风险。

形象风险,即产品导致消费者在大众面前难堪,如入住的酒店太普通而被人取笑,或入住酒店档次太高、太豪华而被人指责显摆等。

(5)心理风险。

心理风险,即产品使消费者心里感到内疚或是产生不负责任感。

这些可能存在的风险,都会导致消费者精神压力的增加。营销人员在这一阶段的主要任务是必须了解可能引起消费者感知风险的因素,尽量消除或减少引起感知风险的因素,并且向消费者提供真实可靠的产品信息,以增强其购买的自信心。

(五)购后行为

产品在被购买之后,就进入购买后阶段。这时,营销人员的工作并没有结束,他们必须监测消费者的购后使用情况和满意度情况。

说明消费者购后评价行为的基本理论有两种:预期满意理论和认识差距理论。

(1) 预期满意理论。

预期满意理论认为,满意是一个人通过对产品的可感知的效果与其期望值相比较以后,所形成的愉悦或失望的感觉状态。一般来说,消费者满意是指消费者在消费了特定的商品或服务后反映满足程度的一种心理感受。可用函数式表示为:

$$S = f(E, P)$$

式中:S——消费者满意程度;

E——消费者对产品的期望;

P——产品可觉察性能。

根据上式,如果 $P=E$,则消费者会感到满意;如果 $P>E$,则消费者会很满意;如果 $P<E$,则消费者会不满意,P 与 E 之间差距越大就越不满意。

(2) 认识差距理论。

消费者在购买和使用产品之后对产品的主观评价和产品的客观实际之间总会存在一定的差距,这种差距可分为正差距和负差距两种。正差距指消费者对产品的评价高于产品实际和生产者的预期,对产品产生超常的满意感;负差距指消费者对产品的评价低于产品实际和生产者原先的预期,对产品产生不满意感。

消费者对产品满意与否直接决定着其之后的行为。如果消费者感到满意,则有很大的可能性再次购买该产品,甚至带动他人购买该产品;如果消费者感到不满意,则会尽量降低或消除失调感。

消费者降低或消除失调感的方式有以下几种:

第一种方式是寻找能够表明该产品具有高价值的信息或回避能够表明该产品具有低价值的信息,证实自己原先的选择是正确的。

第二种方式是讨回损失或补偿损失,如要求酒店调换、补偿其在购买和消费过程产生的物质、精神方面的损失等。

第三种方式是可能向法院、消费者组织和舆论界投诉。

第四种方式是可能采取各种抵制活动,如自己不再购买或带动他人拒买等。

酒店营销人员在这一阶段的营销任务应当是采取有效措施降低或消除消费者的购后失调感,及时处理消费者的意见,给消费者提供多种消除不满情绪的渠道;建立与消费者长期沟通的机制,在有条件的情况下进行回访。事实证明,酒店与消费者进行购后良好沟通可以降低消费者的不满意感,如果让消费者的不满发展到投诉的程度,酒店将会遭受更大的损失。

四、消费者购买决策模式

研究消费者购买决策模式,对于更好地满足消费者的需求和提高企业市场营销工作效果具有重要的意义。国内外许多的学者、专家对消费者购买决策模式进行了大量的研究,并且总结了一些典型模式。

(一) 消费者购买决策的一般模式

人类行为的一般模式是 S-O-R 模式,即"刺激-个体生理心理-反应"。该模式表明消费者的购买行为是由刺激所引起的,这种刺激来自消费者身体内部的生理、心理和外部的环境。消费者在各种因素的刺激下,产生动机,在动机的驱使下,做出购买商品的决策,实施购买行为,购后还会对购买的商品及其相关渠道和厂家做出评价,这样就完成了一次完整的购买决策过程。

消费者购买决策的一般模式如图 3-2 所示。

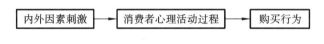

图 3-2 消费者购买决策的一般模式

(二) 科特勒行为选择模式

菲利普·科特勒提出强调社会两方面的消费行为的简单模式。该模式说明消费者购买行为的反应不仅要受到营销的影响,还有受到外部因素影响。而不同特征的消费者会产生不同的心理活动的过程。消费者的决策过程,促使了购买决定的产生,最终形成了消费者对产品、品牌、经销商、购买时机、购买数量的选择。

科特勒行为选择模式如图 3-3 所示。

图 3-3 科特勒行为选择模式

(三) 尼科西亚模式

尼科西亚于 1966 年在《消费者决策程序》一书中提出这一决策模式。尼科西亚模式由以下四大部分组成:

第一部分,从信息源到消费者态度,包括企业和消费者两个方面的态度。

第二部分,消费者对商品进行调查和评价,产生购买动机并且输出。

第三部分,消费者采取有效的决策行为。

第四部分,消费者购买行动的结果被大脑记忆、储存起来,给消费者的后续购买提供参考或反馈给企业。

尼科西亚模式如图 3-4 所示。

(四) 霍华德-谢思模式

该模式是在由霍华德与谢思于 20 世纪 60 年代末合作编写的《购买行为理论》一书

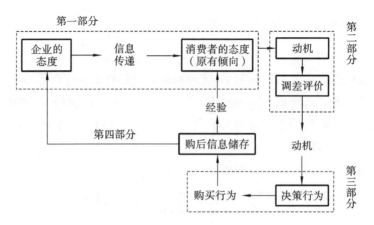

图 3-4　尼科西亚模式

中提出的。霍华德-谢思模式的重点是从四大因素去考虑消费者购买行为：

（1）刺激或投入因素（输入变量）。

（2）外在因素。

（3）内在因素（内在过程）。

（4）反映或者产出因素。

霍华德-谢思模式认为投入因素和外界因素是购买行为的刺激物，它通过唤起和形成动机，提供各种选择方案信息，影响购买者的心理活动（内在因素）。消费者受刺激物和以往购买经验的影响，开始接受信息并产生各种动机，对可选择产品产生一系列反应，形成一系列购买决策的中介因素，如选择评价标准、意向等，在动机、购买方案和中介因素的相互作用下，便产生某种倾向和态度。这种倾向或者态度又与其他因素，如购买行为的限制因素结合后，便产生购买结果。购买结果形成的感受信息也会反馈给消费者，影响消费者的心理和下一次的购买行为。

霍华德-谢思模式如图 3-5 所示。

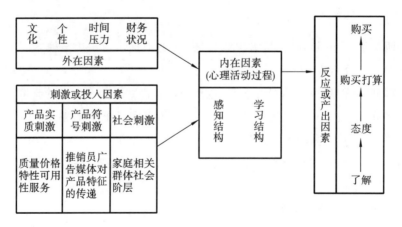

图 3-5　霍华德-谢思模式

本章小结

本章主要介绍了消费者的概念和内涵;消费者购买行为的影响因素;消费者的购买决策过程;消费者的购买决策模式。

在线答题

阅读与分析 ▼

复习思考

1. 简述消费者的概念、消费者与生产者的区别。
2. 简述消费者购买行为的影响因素。
3. 简述消费者购买决策的过程。
4. 论述消费者购买决策模式及其应用。

第四章
酒店组织市场购买行为

学习导引

企业的市场营销对象不仅包括广大消费者,也包括各类组织,这些组织构成了原材料、零部件、生产设备、办公设备和企业服务的庞大市场。同样是购买行为,组织与消费者在购买动机、购买特点、购买方式和购买决策过程上都存在着一定的差异。为此,企业应当充分了解组织市场的特点和购买行为,为制定正确的营销决策提供依据。

学习目标

(一)知识目标
1. 了解组织市场的含义和特点。
2. 掌握产业市场的特点。
3. 掌握酒店产业市场的购买行为。
4. 熟悉影响产业市场购买行为的因素。
5. 理解酒店产业市场购买的决策过程。
6. 理解分销商、政府和非营利性组织的购买行为。

(二)能力目标
通过学习掌握酒店组织市场概念和内涵,理解各种酒店组织市场的购买行为,学会挖掘和发展组织客户。

(三)德育目标
培养遵守营销道德,以及为政府服务的意识和能力。

第一节 酒店组织市场

一、组织市场

组织市场是指一切为了自身生产、转售、转租或用于组织消费而采购的一切组织构成的市场。组织市场主要包括生产者市场、中间商市场、政府市场与非营利性组织。

1. 生产者市场

生产者市场也叫产业市场,是指为了再生产而采购的组织形成的市场。

2. 中间商市场

中间商市场则是指为了转售而采购的组织形成的市场,中间商市场主要包括批发商、零售商、代理商和经销商。

3. 政府市场

政府市场是指因为政府采购而形成的市场。

4. 非营利组织

非营利性组织,是一类不以市场化的营利目的作为自己宗旨的组织。大致可分为:公益性的团体组织,如基金会、社会志愿者协会、慈善机构等;宗教类团体组织,如宗教协会、民间宗教机构等;文教类的团体单位,如学校、研究所、教育部门、文艺团体等;环保类团体组织,如绿色组织、动物保护者协会等机构;消费者权益保护类团体组织,如消费者协会、法律援助中心、社区业主管委会等。

非营利性组织要运用传播手段将组织的宗旨、目标以及其他相关信息告知社会公众,不断提升社会组织的影响力,获得较高的知名度和美誉度,为组织的发展创造一个"天时、地利、人和"的良好的社会环境。

酒店组织市场主要由旅行社、旅游代理商、旅游经销商(批发商和零售商)、会议组织者、在线旅游中间组织、政府、非营利性组织等构成。

二、组织市场的特点

1. 购买者比较少

一般来说,组织营销人员面对的顾客比消费品营销人员面对的顾客要少得多。

2. 购买量较大

许多组织市场的特点是高的购买比例。

3. 需求波动大

人们对业务用品和服务的需求要比对消费品及服务的需求更为多变,对新工厂和新设备的需求更是如此。

4. 专业采购

业务的采购是由受过专门训练的采购代理商来执行的,它们必须遵守组织的采购政策、结构和要求。

5. 影响购买的人多

业务购买中影响决策的人比消费者购买决策的人多得多。

6. 直接采购

业务购买者常直接从生产厂商那里购买产品,而非经过中间商环节,那些技术复杂和贵重的项目更是如此(例如大型计算机或飞机)。

7. 互购

业务购买者经常选择那些从他们那儿购物的供应商。

8. 租赁

许多业务购买者日益转向设备租赁,以取代直接购买。

第二节 产业市场购买行为

酒店业、旅行社、旅游交通运输业是旅游业的三大行业,三个行业围绕旅游者的吃、住、行、游、购、娱等旅游活动,共同构成了旅游产业,形成了旅游产业市场,同时,这些行业与其他产业之间相互联系,构成了其他关联产业市场。

一、产业市场的特点

(一)产业市场的需求是派生需求

派生需求是指对某产品的需求源于对另一种产品的需求。在产业市场上,购买者属非最终消费者,其购买目的是生产或组合出新产品销售给最终用户,比如,旅行社、旅游公司、客运公司或客运系统等。很显然,产业购买者对产业用品的需求,是从消费者对消费品的需求中派生出来的。从这个意义上来说,影响消费者市场的各种因素,同样也制约着产业市场的规模和发展。

产业市场派生需求的特点要求供应者不仅要了解产业市场的需求水平、竞争态势及用户的特点,也要了解消费者市场的需求态势及需求特点。当然,供应者也可以通过对最终消费者进行促销来带动自己产品的销售。

(二)产业市场的需求波动性较大

产业购买者对产品的需求比消费者对产品的需求更容易发生变化。消费者的需求增加一定百分比,企业为追加产出相应产品的购买需求将上升更大的百分比。经济学家把这种现象称为"加速效应"。有时消费者需求仅上升10%,就能使下一期产业购买者需求上升200%之多;而当消费者需求下降10%,可能会导致企业产品需求的彻底崩溃。

(三)产业市场的需求缺乏价格弹性

在产业市场上,产业购买者对产品和服务的需求受价格变动的影响不大,其原因主要有以下几个方面。

首先,生产资料是生产的必备要素,为保证生产过程的连续性,生产者必须按计划购买生产资料,在一般情况下,其需求量受价格波动因素影响较小。

其次,假如生产资料价格在短时期内变动,由于用户不可能立刻对生产工艺、技术、产品结构进行调整以适应价格变化,这也使得需求缺乏弹性。

最后,由于生产者市场需求是派生的,因此,只要最终消费者需求量不变,则生产该产品所需的生产资料价格即使上涨,也不会导致需求量迅速下降。同理,如果生产资料价格下降,而最终消费者对产品的需求并未上升,购买者对生产资料的需求量也不会增加。

(四)产业市场供需双方关系密切

产业市场的购买者较少,而单个购买者的购买数量较大,购买者需要供应稳定的货源,供应商需要有长期稳定的销路,也就是说,一方对另一方都有重要的意义,此外,供应商通常需要为单一购买商量身定做产品。因此供需双方往往保持密切的关系,供需双方在供应链中形成命运共同体,从买卖关系到长期的、互利的战略合作关系。

二、酒店产业市场购买行为

(一)购买者地理分布相对集中,购买者多属专业人员

自然资源的分布和生产力布局等因素决定了产业市场购买者往往密布于一定地理区域内,所以这些购买者在地理位置上相对集中。比如:我国绝大部分的酒店都分布在一二线城市和省会、副省会城市。产业市场的购买者多为专业人员,负责实际采购的人员一般都经过专业培训,对所采购产品有充分了解。

(二)直接采购

酒店产业市场购买者往往向生产者直接采购所需品,而不通过分销商采购,这样不仅能够降低成本,而且生产商提供的产品和服务会更好。

(三)分散采购

产业市场的购买者一般都同时选择几家供应商,以掌握多条供货来源,并努力形成一个供应商自动竞争的环境,从而节省采购成本,降低采购风险,但是也可能导致供货的质量参差不齐。

(四)招标采购

招标采购即购买商通过招投标的形式,对供应商的相互比价和牵制,并且引入竞争机制,科学地选择物美价廉、性价比最优、最符合自身成本和利益需求的供应商,从而使购买商在谈判中处于有利的地位。

(五)集中采购

企业通过集中采购来提高议价能力,降低单位采购成本,不仅可以提高采购服务的标准化,而且可以减少后期管理的工作量。

集中采购的优点是能够取得规模效益、提高效率、降低成本;能够稳定与供应商的关系,实现长期合作;公开采购、集体决策,能够有效防止腐败。

(六)互购与租赁

其一,买卖双方经常互换角色,即互为买方和卖方。

其二，租赁也是产业市场上的另一个重要交易方式。比如，酒店经常会将餐饮、商务中心、康乐中心等出租，购买者采用租赁的方式取得一定时期内设备的使用权，这样既可以缓和资金短缺的压力，在不追加投资的情况下实现设备技术更新，也可以避免设备折旧的风险。

三、影响产业市场购买行为的因素

影响生产者购买行为的各种因素可以划分为四大类，即环境因素、组织因素、人际因素和个人因素。

（一）环境因素

环境因素是企业不可控的因素。现行的或预期的环境因素（市场需求水平、经济前景、利率等）对生产资料购买者的影响很大。例如，《2022年中国酒店业发展报告》指出：自新冠疫情发生以来，酒店行业正在发生剧烈变革，旅游市场大幅收缩，酒店业可持续发展面临巨大挑战，同时也蕴含着新的商业机会。报告称，疫情前，随着我国经济的增长，居民、生活品质的提升等，人们的旅游消费越来越高，消费升级带动需求增加，刺激着酒店业需求的增长。但是受疫情影响，2022年中国大陆地区拥有住宿设施总数为36.1万家，较2020年减少了8.6万家，其中酒店住宿业较2020年减少了2.7万家，其他住宿业较2020年减少了5.9万家，疫情对酒店业造成了巨大影响。国家发改委、文化和旅游部等14个部门联合出台《关于促进服务业领域困难行业恢复发展的若干政策》，提出三个方面43条具体措施，力度空前，也显示出政府纾困的决心。同样，技术创新因素、政治法律因素、竞争因素等也会对生产资料的购买决策产生重要影响。

（二）组织因素

每一采购组织都有其经营的目标、采购政策、组织结构、管理制度和工作程序，这些因素对购买行为起约束作用。

（三）人际因素

产业产品的购买决策一般由不同职位、身份的人所组成的"采购中心"做出。而这些参与者由于其地位、职权、个人志趣和拥有的说服力不同，对购买决策会产生不同的影响。

（四）个人因素

个人因素包括各个购买参与者的年龄、受教育程度、职务、个性以及他们对风险的态度等。这些因素会影响参与者对要采购品及其供应商的感觉和看法，从而影响购买决策和行为。

四、产业市场购买的决策过程

在全新采购这种最复杂的情况下，产业市场购买过程要经过以下阶段。

(一) 认识需要

认识需要是指购买商认识到需要购买某种产品来满足自己新的需要。它是产业购买决策过程的起点。

(二) 确定需要

确定需要是指购买商确定所需品种的特征和数量。简单的采购由采购人员直接决定,而复杂的采购则须由购买商内部的使用者和工程技术人员共同决定。由于产业用品在技术、性能、成分、使用方向等方面要求高,购买商必须具体确定产品规格、成分、性能、使用方向等,并做出详细的技术说明——既作为采购产品的依据,也便于供应商进行生产、投标和推销活动。

(三) 发布需要

发布需要指购买商将采购说明书通知给市场或者相关供应商。

(四) 选择供应商

购买商在明确采购目标之后对外发布采购信息,并通过查询互联网、专业期刊、产品目录,以及供应商的主动介绍等途径对采购品进行市场调查,评估该采购品的供需状况,然后联系可能符合采购目标的供应商,并请有意向的供应商提供营业执照、银行信用证明、行业资质证;注册资金、生产场地、生产或经营范围及主要产品的目录、生产设备及技术和管理人员状况、生产能力与信誉及服务状况;主要客户、上一年度和近期的财务报告等材料,购买商依据这些材料对供应商进行初步筛选,在此基础上建立起备选供应商数据库。

重点采购品的供应商须经质检、物料、财务等部门联合考核后才能进入,如有可能,采购商要对其进行实地考核,一般由生产人员、技术人员和财务人员共同参与,对供应商的管理体系及合约执行能力、设计开发与工艺水平、生产运作及质量控制的稳定性与可靠性,以及员工的素质等方面进行现场评审和评分,剔除明显不合适的供应商后,就能够形成一个基本供应商名录。接下来,采购商可对这些供应商发出询价文件,一般包括图纸、规格、样品、数量,以及大致采购周期和交付日期等,并要求供应商在指定的日期内完成报价。在最后确定入围供应商前,购买商还要考察其产品质量、价格、交货与服务四个方面。

1. 质量

其一,要确认供应商是否建立了一套稳定有效的质量保证体系,产品质量是否达到ISO9000标准及国际公认的行业质量标准。

其二,要确认供应商是否建立了一套持续可靠的测试系统,以便对配套产品随时进行检测,这是从产品设计之初就保证质量的关键。

2. 价格

一般要求采购品价格要合理、折扣要大,能够允许推迟付款等,以降低成本,实现获利最大化。

3. 交货

在交货方面，主要是评估供应商是否拥有足够的生产能力，生产设备、人力资源是否充足，有没有扩大产能的潜力；是否有快速的市场反应能力、一次性大批量供货的能力。

4. 服务

服务包括供应商的售前、售中、售后服务记录是否良好。

（五）签订合约

签订合约是指购买商根据所购产品技术说明书、价格、需求量、付货时间、退货条件、担保书等要求与供应商签订合约。

（六）绩效评估

为了维系最好的供应商，购买商应建立供应商数据库和绩效考核指标体系来反映供应商的基本情况、质量检测报告、品质评级、历次付款记录、付款条款、交货条款、交货期限等，所有评价指标尽可能量化，以减少主观干扰因素。

五、产业市场购买的类型

产业市场购买者的行为大致分为以下三种类型。

（一）重购

重购指购买商的采购部门按常规继续向原有的供应商购买产品，是一种最简单的购买方式。现在，重购大部分采用自动化再订购系统，从而减少采购时间，降低采购成本。重购要求供应商与购买商保持良好的关系，供应商能保质、保量、准时供应产品。

（二）修正重购

修正重购是指基于某些原因购买商采购部门适当修改采购产品的规格、价格等交易条件的购买行为，是一种较为复杂的购买行为，其目的是寻找价格低、服务好、交易条件优惠的产品。这会对现有供应商造成威胁，给新供应商提供市场机会。

（三）全新采购

全新采购指购买商第一次购买某种产品，它是最复杂的购买类型，其采购的成本或风险大，参与购买决策的人多，所需收集的信息量大，做出购买决策的时间长。

六、产业市场购买决策的参与者

（一）使用者

使用者是具体使用并欲购买产品的人员。在很多情况下，都是由使用者首先提出购买需求并协助采购产品。

(二)影响者

影响者即在外部或内部、直接或间接影响购买决策的人员,如技术人员,他们通常协助确定产品规格,并为评估方案提供情报信息。

(三)采购者

采购者是被购买商正式授权具体执行采购任务的人。在较复杂的采购过程中,采购者可能会包括高层管理人员。

(四)决定者

决定者是在购买商中有权批准购买产品的人,在较复杂的采购中,公司领导往往是决定者。

(五)信息控制者

信息控制者是能阻止卖方销售人员与购买商采购中心人员接触的人员,如采购代理人、接待员、电话员、秘书等。

第三节 分销商购买行为

一、分销商概述

(一)分销商

分销商即为中间商。中间商是指在生产者与消费者之间参与商品交易业务,促使买卖行为发生和实现的、具有法人资格的经济组织或个人。它联结生产者与消费者。

中间商从不同的角度划分,可以分为许多类型。

1. 按是否拥有商品所有权分

按是否拥有商品所有权,可将中间商分为经销商和代理商。

(1)经销商。

经销商,就是在某一区域和领域只拥有销售或服务的单位或个人。经销商具有独立的经营机构,拥有商品的所有权(买断制造商的产品/服务),获得经营利润,进行多品种经营。在经营活动过程,经销商不受或很少受供货商限制,与供货商责权对等。

(2)代理商。

代理商又称商务代理,是在其行业管理范围内接受他人委托,为他人促成或缔结交易的一般代理人。代理商是代企业打理生意,是厂家给予商家佣金额度的一种经营行为。代理商所代理货物的所有权属于厂家,而不是商家。因为商家不是售卖自己的产品,而是代企业转手卖出去。所以"代理商",一般是指赚取企业代理佣金的商业单位。

2. 按其在流通过程中所起的作用分

按中间商在流通过程中所起的作用,可将其分为批发商和零售商,前者是不直接服务于消费者的中间商。

（1）批发商。

批发商就是批量采购上一级供应商(如工厂/代理/经销)的货,然后再批量卖给下一级需求者(如零售商)的经济实体。

（2）零售商。

零售商是指将商品直接销售给最终消费者的中间商,处于商品流通的最终阶段。

此外,广义的中间商还包括银行、保险公司、运输公司、进出口商人、一切经纪人等。但是,就主要的中间商类型来看,只有代理商、批发商和零售商三种。

（二）中间商的功能

中间商的功能主要包括如下几个方面。

1. 提高销售活动的效率

如今是跨国公司和全球经济迅速发展的时代,如果没有中间商,商品由生产制造厂家直接销售给消费者,工作将非常复杂,而且工作量特别大。对消费者来说,购买的时间大大增加。

2. 储存和分销产品

中间商从不同的生产厂家购买产品,再将产品分销到消费者手中,在这个过程中,中间商要储存、保护和运输产品。

3. 监督检查产品

中间商在订购商品时就考察了厂家产品方面包括设计、工艺、生产、服务等环节的质量保证体系,或者根据生产厂家的信誉、产品的名牌效应来选择产品;进货时,将按有关标准严格检查产品;销售产品时,一般会将产品划分成若干等级。这一系列的工作起到了监督检查产品的作用。

4. 传递信息

中间商在从生产厂家购买产品和向消费者销售产品中,向厂家介绍消费者的需求、市场的信息、同类产品各厂家的情况;也会向消费者介绍各厂家的特点。无形中传递了信息,促进了竞争,有利于产品质量的提高。

二、分销商购买行为的特点

分销商购买行为的特点主要有以下几个方面。

首先,分销市场的需求也是派生的,不过,由于离最终消费者更近,这种派生需求反映较直接。

其次,分销商的职能主要是买进卖出,基本上不对产品做再加工,故它对购买价格更敏感。

再次,分销商只赚取销售利润,单位产品增值率低,故必须大量买进和大量售出。

然后,交货期对分销商特别重要,他们一旦提出订单,就要求尽快到货,以抓住市场机会,满足消费者的购买需求,而对销售没有把握的订货则往往推迟到最后一刻,以避免库存过多而产生风险。

最后,分销商一般不擅长技术等方面的事务,所以需要供货方提供退货服务、技术服务或返修服务。另外,往往需要生产厂商做广告,以扩大影响。

第四节 政府与非营利组织购买行为

一、政府购买行为

政府采购市场是组织购买者中比较特殊的市场,也是十分重要的市场。目前世界各国政府采购的金额一般要占各国GDP的10%以上,美国高达25%。

(一) 影响政府购买行为的因素

影响政府购买行为的因素除了环境因素、组织因素、人际因素和个人因素之外,还有国内外政治、经济形势以及自然因素。

首先,受国内外政治形势影响。如果国家处于战争时期或感到安全受到威胁时,军费开支增大;如果国与国经贸往来增多,援助项目增加,就会扩大政府采购力度;在和平时期,基础建设投资和社会福利投资加大。

其次,受国内外经济形势影响。在经济繁荣期,政府投资加大,政府购买力增强,促进经济发展;在经济萧条时期,政府开支减少,政府购买力减少;政府为刺激经济增长,会增加政府投资,从事基础设施建设。

最后,受自然因素影响。各种自然灾害会增加政府救灾资金和物品的投入。

(二) 政府采购的特点

政府采购的特点有:采购的规模大,采购资金具有公共性、政策性,采购行为公开、公平、公正,采购流程规范等。

(三) 政府采购的方式

政府采购的方式有:公开招标、邀请招标、竞争性谈判、单一来源采购、询价等。

二、非营利组织购买行为

非营利组织是不以营利为目的的组织,是指在政府部门和以营利为目的的企业之外的一切志愿团体、社会组织或民间协会,是介于政府与营利性企业之间的"第三部门"。非营利组织的收入和支出都是受到限制的。

非营利组织的购买行为具有以下几个特点。

（一）限定总额

非营利组织设立的目的是推进社会公益，而不是创造利润，其正常运转的活动经费主要来自政府拨款或社会捐助，其经费的预算与支出都会受到严格的控制。因此，非营利组织的采购必须量入为出，不能随意突破预算总额。

（二）价格低廉

由于非营利组织受到经费预算的限制，因此，其在采购时要仔细计算，争取选择产品价格低廉的供应商，以便用较少的钱办较多的事。

（三）保证质量

非营利组织采购产品不是为了转售，也不是使成本最小化，而是为了维持组织的正常运行和履行基本职能，所购产品的质量和性能必须有保证。

（四）受到控制

为了使有限的资金发挥更大的效用，非营利组织的采购人员受到较大的制约，只能按照规定的条件进行购买，缺乏自主性。

（五）程序复杂

非营利组织的采购过程要经过许多部门的审核，参与者众多，程序相对复杂。

> **本章小结**　本章主要介绍了组织市场的概念、组织市场的特点；产业市场的购买行为、分销商市场购买行为、政府和非营利性市场的购买行为。

复习思考

1. 简述什么是组织市场，组织市场的主要有哪几类。
2. 简述影响产业市场购买行为的因素。
3. 简述消费者购买决策的过程。
4. 简述分销商的购买特点。
5. 简述政府市场的购买特点。
6. 简述非营利性组织市场的购买特点。
7. 论述酒店企业是如何开发组织市场的。

第五章
酒店市场营销调研

学习导引

在竞争越来越激烈的今天,谁能及时掌握信息,谁就会在竞争中处于有利地位。酒店要在市场经济的波动中站稳脚跟,就必须以市场为中心,以市场营销为前导,收集各种有利信息,并及时对自己的营销策略进行调整。如果酒店不了解消费者的需求而盲目地推出产品,可能会因为产品没有市场而影响酒店的生存,因此,酒店想要获得更大的市场,就必须进行市场营销调研,并积极运用新时期背景下的网络营销调研工具。

学习目标

(一)知识目标
1. 了解酒店市场营销调研的定义。
2. 理解并掌握酒店市场营销调研的特点及重要性。
3. 掌握酒店市场营销调研的内容、设计和方法。
4. 了解新时期网络市场营销调研的主要方法和过程。
5. 了解我国酒店市场营销调研存在的问题。

(二)能力目标
通过本章的学习,学会对企业运营环境进行科学合理的调研分析,会制定具体的调研分析方案。

(三)德育目标
培养在企业运营中必须具备科学的研究态度和行为。

第一节 酒店市场营销调研

一、酒店市场营销调研的定义

根据营销调研的概念,结合酒店经营管理的特点,酒店市场营销调研,是指根据市场营销的需要,运用科学的方法,有计划、有目的、系统地收集、整理、分析酒店营销活动的有关信息和资料,撰写调查报告,为酒店营销管理者正确决策提供科学依据的活动。

二、酒店市场营销调研的特点及重要性

市场营销调研只有了解酒店的现实市场和潜在市场,才能发现营销机会并最终形成报告,从而帮助酒店了解市场供求变动趋势,解决酒店面临特定问题的信息活动。

1. 酒店市场营销调研的特点

酒店市场营销调研有以下三个特点。

(1) 科学性。

酒店在进行市场营销时,必须以科学的方法为指导,即在调研设计中必须按照科学的程序进行;必须排除主观偏见,以科学的态度为决策人员提供研究报告。

(2) 系统性。

市场是一个有机的系统,在市场营销调研过程中,一定要系统地进行市场营销调研。

(3) 针对性。

市场营销调研中的应用性调研是用于解决酒店所面临的特定问题的,因此,调研项目的选择、调研工作的安排等方面,必然具有针对性。

2. 酒店市场营销调研的重要性

酒店市场营销调研的重要性表现在下述五个方面。

(1) 了解市场,发现营销机会。

通过调研,营销人员可以把消费者和酒店进一步联系起来。酒店可以了解消费者的消费需求倾向,以及市场中未被满足的需求,以此为依据制定自己的营销策略,改善市场营销方案。如我国西部大开发战略的实施,基础设施改造的大规模投入就为旅游业发展创造了诸多发展机会。

(2) 有助于酒店开发新产品,开拓新市场。

任何酒店产品都不会在市场上永远畅销,酒店要想为自己的产品或服务推广、创造更多的机会,要想生存和发展就需不断开发新产品,而这就必须对市场有一定的了解,需要对消费者进行调研。通过调研,营销人员可以了解和掌握消费者的消费倾向及对产品的期望等,然后设计出满足这些需求的产品,制订出营销计划,使酒店的营销再次出现新的高潮。如希尔顿酒店集团每年向市场推出大量的新型组合产品,以迎合消费市场的变化,每一次都会对市场进行深入的调研,从而制定合理的竞争策略。

(3) 有利于提高酒店的竞争能力。

现代酒店的竞争,归根到底是信息的竞争,而信息具有时效性,谁能及时掌握有用的信息,谁就会在竞争中处于有利地位。对于流动性不太强的信息资源,酒店要想获得,就必须进行调研,所以,很多酒店都设立了自己的营销调研机构,配备了优秀的营销调研人员。丽思卡尔顿酒店(Ritz-Carlton Hotel)有着非常成功的营销经验,其座右铭是"我们以绅士淑女的态度为绅士淑女服务"。该座右铭紧扣客户对服务的需求,以整齐的格式体现出了员工和客户之间的关系,并暗示两者都是值得尊敬的,这也为该酒店赢得了良好的口碑。

（4）市场营销调研是做好酒店产品销售的前提条件。

酒店在开展经营业务之前，首先要具备两个条件——市场和渠道。

其一，要确定目标市场，否则，优秀的酒店产品也会因为在宣传中投放场所不对而造成销量不理想的后果。

其二，要选择合适的促销渠道，即选一批信誉好、具备出色推广能力的合作平台，而调研会帮助酒店充分了解这些平台的资信、活动能力等。

（5）以市场营销调研测试酒店产品的适用性。

酒店产品测试的内容包括核心产品、形式产品、附加产品、产品概念测试等诸多方面，目的是检验目标消费群体的满意度。酒店对菜品测试的技术方法有很多种，诸如品尝法、观察法，这是菜品正式列入菜单之前的一道流程。单就酒店研发的菜品来说，各地消费习惯、饮食习惯、消费能力等都不尽相同，通过营销调研能够确定是否要针对当地饮食习惯和饮食偏好等改良菜品，是否要针对当地消费能力改变定价以及做出其他调整。

三、酒店市场营销调研的内容

酒店做市场调研的目的是把握市场的发展方向，了解自身产品和同行业竞争者相比较的优势和劣势，因此，市场调研的内容应该包括关于酒店产品（尤其是新产品）的市场支持程度、有关该产品的市场价格、竞争者的产品的优势等。

酒店市场调研既然是酒店经营决策的前提和基础，它涉及的范围自然就不能局限于酒店市场，而必须贯穿于营销管理的全过程。也就是说，从发现、判断市场机会，到计划、执行、控制以及信息反馈，都是酒店市场营销调研的范畴，酒店市场营销调研一般关注以下五个方面的内容。

1. 酒店市场需求和变化趋势

酒店应收集客源地信息资料，如国家经济政策、人口构成、收入水平等，测定市场的潜在需求和现实需求的总量，预测市场变化趋势。这类研究主要使用定量分析方法，力求准确地判明市场的前景，为调整经营结构和营销策略指明方向。

2. 酒店竞争情况

竞争情况是直接影响酒店营销的不可控因素，需要认真研究。酒店应收集的信息包括以下几个方面。

第一，市场占有率。这方面的信息可以使酒店经营管理人员了解本酒店在竞争中的进展情况，通过比较本酒店的销售量和所有竞争对手的总销售量，计算本酒店的市场占有率。

第二，竞争对手的营销策略和实际做法。了解竞争对手的营销方案，有助于制定本酒店的营销策略。连续从各种平台收集竞争对手的广告，是获得这方面信息的最好、最简便的方法。

此外，酒店还应设法了解竞争对手的电台和电视台广告、户外和机场广告、直邮广告，以及公共关系、营业推广等方面的营销活动情况。在收集这方面信息时，市场营销人员应着重了解本酒店的竞争对手吸引了哪些细分市场，采用什么策略来树立市场声誉，使用哪些广告媒体和营销方法，竞争对手的营销方案是否成功等情况。

此外，还需要分析各竞争对手酒店的特点，通过分析各竞争对手酒店的有形特点和无形特点，营销管理人员应编制各竞争对手酒店比较表。

有时候虽然很难获得各主要竞争对手酒店的客房出租率数据，但酒店的市场营销人员仍应做好已收集到资料的汇编工作，以便对客房出租率及发展形势做比较分析。

3. 可控因素的影响

在营销调研中，酒店应针对产品、价格、渠道、促销等可控因素对销售的影响，分别进行调查研究，并结合销售成本分析和利润分析，对酒店的战略、策略和未来的业务活动做出规划。

4. 其他不可控因素的影响

一般来说，酒店很少直接对政治、经济、文化、科技等不可控因素进行调查。大多数情况下，主要是通过报刊等资料搜集情报，也有专门的调研公司会提供有关方面的资料。对于酒店不可控因素的调研就是对酒店市场营销环境的调研，包括宏观环境的调研和微观环境的调研。

5. 动机调研

在酒店业，动机调研广泛应用于分析顾客选择某一酒店而不选择别的酒店的原因。换句话说，要研究顾客对各个酒店所提供的产品和服务的看法，分析顾客到某一酒店而不到其他酒店住宿的原因。这种分析是"质"的分析，有助于判断酒店的哪些特征对顾客选择酒店会产生决定性的影响，本酒店选择的目标市场是否正确，是否提供了目标市场需要的产品和服务，是否满足了顾客的需求。

第二节　酒店市场营销调研的设计

一、酒店市场营销调研的方法

在进行市场调研的过程中，调研人员通常会制定足够详细的调研步骤，并选择合适的调研方法，否则，在调研的过程中出现一些突发的问题和现象，会导致酒店此次调研失去真实性，甚至导致调研结果失败，因此，对市场调研的周密计划和安排也是重要的。一般在进行市场调研的过程中，会采取以下几种方式进行调研。

1. 查阅文献

查阅文献是指专门负责酒店市场调研的人员通过在图书馆查阅书籍或者电子阅览的方式对以前的酒店营销的内容进行摘要、分析、综合，从而得出对现在酒店营销管理有帮助的内容。查阅文献可以获得前人的经验，但它也有自身的缺点就是不能及时地对现在的数据进行有效的把握。

2. 填写问卷

填写问卷是指酒店将自身产品或者近期的发展目标和发展方向通过向消费者发放问卷的方式来对市场的需求进行实时的把握。通过这种方式做出来的调查问卷能够清晰、直观地了解消费者的要求以及消费倾向，也可以对一些潜在的风险进行合理的预估。问卷调查在市场调研中应用较广。

上海迪士尼度假区酒店市场营销调查问卷如表 5-1 所示。

表 5-1　上海迪士尼度假区酒店市场营销调查问卷

尊敬的女士、先生：
您好！感谢您百忙之中抽出时间填写这份调查问卷，此次问卷调查的目的主要是想了解您对上海迪士尼度假区酒店的建设有什么看法，为酒店招标会提供参考。请您根据实际情况填写问卷，此次问卷属于匿名调查，仅供研究之用，请您放心答题，对于您的配合我们万分感谢。
＊1.您的性别： A.男　　　　　　　B.女 ＊2.您的年龄： A.20 岁及以下　　　B.21—40 岁　　　　C.41—60 岁　　　　D.60 岁以上 ＊3.您是否有子女？ A.是　　　　　　　B.否 ＊4.子女的年龄： A.0—10 岁　　　　B.11—18 岁　　　　C.18 岁以上 ＊5.您的月收入是多少？ A.1500 元以下　　　B.1500—3000 元　　C.3001—5000 元 D.5001—10000 元　E.10000 元以上 ＊6.您是否听说过上海迪士尼乐园？ A.是　　　　　　　B.否 ＊7.如果条件允许，您是否愿意前往游玩？ A.是　　　　　　　B.否 ＊8.假如您去迪士尼游玩，您会选择住在哪里？ A.度假村里　　　　B.周边地区　　　　C.上海市内　　　　D.其他 ＊9.您会选择哪种类型的酒店？ A.经济型　　　　　B.豪华型 ＊10.您喜欢什么风格的酒店设计？（可多选） A.简约　　　　　　B.奢华　　　　　　C.复古 D.艺术感强　　　　E.概念型　　　　　F.其他 ＊11.您觉得一家酒店的哪些因素是您优先考虑的？（可多选） A.品牌　　　　　　B.价格　　　　　　C.服务　　　　　　D.环境 E.卫生状况　　　　F.地理位置　　　　G.安全系数　　　　H.其他 ＊12.您入住酒店能接受的每日价格是多少？ A.200 元以下　　　B.200—400 元　　　C.401—800 元　　　D.800 元以上 ＊13.您希望酒店有哪些服务？（可多选） A.托儿服务　　　　B.温泉　　　　　　C.酒吧、咖啡厅 D.商务票务服务中心　E.自助烹饪设施　　F.娱乐和健身设施 G.保险箱　　　　　H.自助洗衣服务　　I.其他 ＊14.如果您对酒店建设有什么建议，请填写在下方： 　　_____

3. 试验对比

酒店想要知道或者了解一些影响因素的作用,则会选择两个对比组进行实验对比。其中一个组不使用这些因素,另一个组是使用这些因素的,过一段时间以后,将两组的分析数据放在一起进行有效的对比,并将这些对比得到的数据进行科学有效的分析。通过这种试验方法得出的结果具有科学的依据,能够在酒店的市场营销决策和管理中提供相应支持。

4. 询问访谈

酒店通过问卷调查的方式做完数据分析以后,会得到一些数据,可以进行直观的分析,但有时候也会因群体不同而得出不同的数据,因此,还需要通过询问访谈的方式进行辅助的市场调研。在进行询问访谈之前,应当做好相应的访谈提纲,做好预备方案,在访谈受限时也可以更换一些访谈的内容,这样得出的市场调研的数据才是全面的。

5. 实地调查法

为了解决文献调研法不能解决的问题以及克服文献调研的局限性,酒店营销调研人员有必要对酒店市场现象进行实地观察,通过采用一系列调研方法和技术,得出第一手资料,整理分析后得出调研结果,即采用实地调研法来获得原始资料。实地调研法主要有观察法、访谈法和实验法三种,可根据实际的调研条件,选择适合的方法进行信息搜集工作。

二、新时期网络市场营销调研方法

目前,网络市场调研的方法有很多,从大体上看来主要分为直接调研法与间接调研法。

在网络化的市场营销调研中,可以借鉴传统市场的调研方法,或者将其作为辅助的方法来进行网络调查,这样做的效果将会事半功倍。在网络调研中,样本的选择是很重要的,样本选择的方法包括随机抽样与非随机抽样两种。其中,随机抽样包括简单随机抽样、分层抽样、系统抽样以及整群抽样;非随机抽样包括任意抽样与判断抽样。只要严格按照这些抽样方法来进行网络市场营销调研,就会取得十分显著的效果。

新时期网络市场营销调研有以下几种主要方法。

1. 搜索法

由于市场调研人员具有一定的专业能力,因此可以利用强大的搜索引擎来找到自己需要的资料,可以通过谷歌、百度、360等网络搜索进行查询,以提高调查人员的信息搜集效率,既可以用于调查前针对调查对象的基础信息的搜集,也可以用于调查阶段的查缺补漏,因此,搜索法获取的信息量也是最大的。

2. 实时跟踪法

虽然搜索引擎很方便,但是有时即使利用搜索引擎也不能搜到全部的信息,并且有的信息可能会需要访问权限,并不是所有的人都可以查看到,这就需要每一个市场调研人员都能及时地更新信息,将这些信息汇总然后再对其进行分类。

3. 邮件列表收集法

邮件列表通常是让人们来发布信息的,也可以利用这一方式进行网上的互动与交流。调研人员通过电子邮箱将用户的信息进行传达,有的酒店为了维护与客户之间的关系,会定期地将一些酒店的促销信息、积分信息等发送给客户,并对这些信息做收集与整理,以获取客户反馈。

4. 电子问卷调查法

酒店可以利用电子邮件、链接推送等形式发送用户电子调查问卷,这其实与普通的调查问卷法是相同的,只是调研的工具有所不同。负责收集调研数据的人员将问卷发到客户的邮箱或者直接给客户发送链接,通过这种方法,酒店可以与调查对象保持紧密的联系,极大地节省了调查时间和调查成本。

5. 对访问网络的用户进行抽样调查

在酒店门户网站上引入智能化的 AI 跟踪软件,然后就可以针对调查对象展开调查(例如,在特定时间段内可以对浏览酒店门户网站的用户弹出一个调查表选项,用户可以自愿选择是否填写),同时,利用网络技术将用户的 IP 地址进行记录,确保不同的用户不会出现重复的填写操作,以免影响数据分析的结果。

三、网络市场营销调研的过程

1. 确定调研的提纲

确定调研提纲要明确以下信息:

首先,确认将要调研的对象。要充分了解这样的群体有着怎样的爱好(例如,如果是女性客户就可以从消费倾向等方面进行分析,抓取偏好特点),至于调研的方式通常有门户网站站点调研、视频调研、QQ 调研等几种。

其次,要明确为什么要开展调研活动。要明确开展调研活动的目的,即要明确通过调研活动主要是想得到哪些方面的信息。

最后,调研所需的经费问题,如果是网络调研的话通常需要的经费比较少,但是调研的效率有时并不高,所以就需要留出一部分经费用来对被调研者进行奖励(比如,采用"问卷星"的方式调研的话,可在作答后设置抽奖环节,这样可以调动问卷填写人的积极性),让人们更加认真地对待这份调研问卷。

调研方案主要包括内容与方法等多个方面,调研方案就能够在调研者与被调研者之间建立起良好的沟通渠道,这就能有效地避免可能会产生的误会。

2. 确定调研的对象

调研的对象十分重要,没有调研对象,这项工作就无法进行,确定的调研对象要符合调研的标准和要求,这样得到的调查结果才更有意义。

3. 制定方案

制定方案要结合之前做的调研工作,充分了解政府的相关政策,找到合适的调研对象,资金投入也要到位,那么就可以选择相应的调研工具进行调研,之后就是对信息的搜集工作,将调查问卷发放给调研对象时需要注意充分保证问卷的有效性,如果问卷无效,则没有任何意义。

4. 分析信息

将调查问卷全部收回后,就要开始进行信息的整理工作。将收集到的信息整理后进行汇总,然后利用专业工具和技术对结果进行分析,还要注意的一点就是一定要将调研的结果进行事后的追踪与调查,确保网络营销调研的完整性和准确性。

5．撰写调研报告

调查报告的最后一个部分就是要撰写调研报告,在撰写时,报告的层次和逻辑要清晰、合理,例如在介绍调研对象的时候可以采用相应的手段以及调研的方法。在写作的过程中还要注意语言表达,要使用书面语,用词严谨规范,在调研报告中要附上相应的数据分析,最后加上图表,这样更加直观。

6．调研反馈

酒店营销调研反馈阶段,是在调研结束后,对相关调研结论与建议进行追踪、总结、修正的阶段。营销调研反馈旨在积累经验,改进调研方法,提高调研质量,进一步提高决策的准确性。相关调研结论与建议、调研反馈的内容,主要包括是否引起相关部门管理者的重视,是否被采纳,采纳的程度如何,采纳后的实际效果如何,调研结论是否经得起时间和实践的检验,调研过程是否需要改进,等等。

第三节　我国酒店市场营销调研存在的问题及相关建议

重视市场调查既是酒店走向成熟的标志,也是市场对酒店提出的客观要求。我国本土酒店在与国外跨国经营的酒店集团的交锋中逐步走向成熟,在竞争中逐渐意识到了解消费者需求、掌握市场动态对于酒店生存的重要性,认识到市场调研是酒店市场营销环节中不可或缺的环节。

我国市场调查业的迅猛发展充分说明市场调查正日益受到我国包括酒店行业在内的各个行业的重视。我国的酒店市场调研还存在着许多问题,这些问题影响了酒店制定正确的营销决策,制约了我国酒店业的迅猛发展。

一、我国酒店市场营销调研存在的问题

1．缺乏市场营销的调研理念

国外酒店每做一次营销决策前都要进行市场调研,对其而言,市场调研是常规性的,它们在新产品设计、生产、投放的每一环节都会做市场调研。例如,20世纪80年代,国外许多大型的酒店管理集团都瞄准了具备潜力的中国市场,它们都是基于对中国酒店市场进行了大量市场调研后才决定到中国拓展业务。那时候,我国一些酒店在做重大决策时大都会仅凭经验对市场做直观、感性的判断,与"有备而战"的国外酒店的运作模式相比,我国许多酒店仍处于盲目跟进、追逐热点的状态,结果往往是酒店产品出来了,但是主题和营销手段大量雷同,真实的消费市场已成为明日黄花。

2．缺乏市场营销调研的专业机构

我国除少数大型酒店设有专门的市场调查部外,大多数酒店都把市场调查部门与宣传部门混为一体,没有专门的调查机构。

市场调查业在我国起步较晚,在技术和研究能力上与发达国家存在不小的差距,营

业规模上也无法比拟。20世纪90年代末,我国内地市场调查业的总营业额约为11亿元,仅占世界市场的1％,市场营销调研专业机构市场需求量较大,市场调研业的发展任重而道远。

3. 市场营销调研经费投入不足

国内酒店没有固定的市场调查预算,大多是临时从酒店的广告费、宣传费中抽取的,而国外酒店每年有相对固定的市场调查预算或比例。在美国,企业市场调查费占其销售额的1％—3.5％,投资企业更是用5％左右的投资额做前期调查。

4. 地区分布呈现非均衡状态

我国市场调研公司存在着地区分布严重不均衡的现象,它反映了各地区对市场调研信息的需求状况。有资料显示,北京、广东、上海三地拥有全国一半以上的市场调研公司,其他地区则分布较少,酒店的市场调查信息服务无法满足经济发展的需要。

5. 数据搜集方法、分析方法传统落后

我国做市场调研的公司主要是通过杂志报纸资料、历史资料、入户访问、实地调查、街头访问、电话调查、邮寄调查、固定样本跟踪、市场观察及记录、消费者座谈会、专业人士座谈会、专家访谈、消费者家访等一些传统的方法和途径获取所需数据。

目前,一些酒店由于没有设立专业的市场营销调研部门,大多数酒店会通过委托一些市场调研公司来进行数据采集,这些市场调研公司的数据分析方法仍是传统方法,如相关分析、回归分析、聚类分析、判别分析、列联表分析、因子分析。而一些先进的数据分析方法如正交分析法等还没有被广泛采用。

6. 专业人才比较匮乏

市场调研行业的工作较为专业,一个典型的入户调查项目,就包括抽样、问卷设计、访员培训、实地督导、复核、编码录入、统计分析、报告撰写等多个专业性较强的环节,没有经过专门的训练则难以进入。因此,需要大量的专业人才作为支撑。目前,本土的市场调查与研究机构人才队伍多是由统计、经济、计算机等相关专业的人才构成的,大部分公司都缺乏专业的、有经验的人才,这成为制约该行业发展的重要因素。

从酒店制定营销决策的角度出发,无论是产品决策、价格决策、渠道决策还是促销决策,以上这些问题的存在都可能使调查的结果出现偏差,从而影响酒店制定正确的营销决策。

二、我国酒店市场营销调研的相关建议

从酒店制定正确的营销决策出发,为了使市场调查的结果客观真实,真正为制定产品决策、价格决策、渠道决策和促销决策起所用,我国的酒店市场调研应该努力做到以下几点。

1. 建立市场营销信息系统

市场竞争日趋激烈,酒店为了在竞争中获胜,对信息的依赖性不断增强。信息时代的到来使信息量激增,酒店依靠简单的手工操作已难满足需求,而且很不经济,造成劳动的极大浪费。营销信息系统建立后,可大大提高信息的使用效率,也可避免重复操作带来的时间浪费及信息失真,最主要的是可以提高市场信息的使用价值,提高信息工作者的效率。

2. 设立专门的市场营销调研部门及安排专职的市场调研人员，将自己的调研与专业公司的调研相结合

要在酒店内部设立专门的市场营销调研部门及安排专职的市场调研人员，要把酒店自身开展的市场调研与市场调研公司进行的市场调查有机结合起来。同时，酒店要安排并加大市场调查的预算，为酒店进行科学决策提供必要的物质保障。

3. 必须建立酒店自己的门户网站，把酒店的信息充分地展示在其中

酒店通过门户网站向被调研者提供免费信箱、有价值的免费信息服务等办法，调动他们接受调研的积极性。借鉴国外先进做法，借助网络手段，调研人员以客户走访、在线问询等方式开展工作，借助信息化处理手段，提高调研质量和调研效率。信息化电子技术在市场调查中的应用是市场调研咨询业迅速发展、趋向成熟的关键。

4. 随时跟踪国际酒店市场调查与研究的最新研究成果

随时跟踪国际酒店市场调查与研究的最新研究成果。在对数据进行分析和处理时，应该选择先进的分析方法，派生、优化、筛选出分析研究中所需的一些有价值的分组资料，得出预测、预警发展趋势性的分组资料。

5. 推动我国市场调查公司向规模化方向发展

由全国市场调查协会等民间机构组织各地区的同行形成战略联盟协同工作，从而在空间上和业务领域上拓宽业务范围，使它们满足酒店客户全方位的服务要求，在竞争中不致处于劣势地位，地方政府也应采取优惠政策来支持本地市场调研公司的发展壮大。

6. 根据酒店对专业人才的需求情况，高等院校要加快市场营销调研人才的培养

现阶段，酒店可聘请国内外有市场营销调研经验的专家，对酒店内部负责市场调研的员工进行全面培训，或是通过校企合作的手段，建立"高校—酒店"的人才输送渠道，既满足了酒店专业学生的实践需求，又进一步夯实了酒店员工的理论基础，增强了其调研能力。同时，一些具备资质的专业市场调研公司也必须规范其行为，提高其整体素质，做好经济信息的咨询服务，树立良好的社会形象，这样才能赢得酒店的信任。

> **本章小结**
>
> 本章主要介绍了酒店营销市场调研的概念、特点及重要性；酒店市场调研的主要内容；酒店市场营销调研的设计；我国酒店市场营销调研的存在的问题及建议等。

复习思考

1. 设计一份酒店市场营销调查问卷。
2. 举例谈一谈酒店网络市场营销调研方法的具体运用。

第三篇

酒店市场营销战略

"战略"一词最早应用于军事领域,"战"指战争,"略"指谋略。

战略用在企业管理当中,也有一个释义,为"企业战略",即当一个公司成功地制定和执行价值创造的战略时,能够获得战略竞争力(Strategic Competitiveness)。

与策略相比较,战略从宏观、整体和长远着眼,策略从微观、局部和短期着眼。

营销战略包括目标市场营销战略、市场竞争战略。

第二章

第六章
酒店目标市场营销战略

学习导引

酒店企业或组织在经营活动过程中,应明确酒店在市场中的定位,明确酒店服务发展的细分市场,扬长避短,取得最佳经济效益。在这一过程中,需要经过市场细分、目标市场选择、市场定位三个步骤,所以又被称为STP战略。本章分别从含义、实施原则、程序方法等方面依次展开论述,为学习者提供一个条理清晰、通俗易懂的脉络,为自己以后的实际运用提供可靠的理论基础。

学习目标

(一)知识目标

1. 了解酒店市场细分的方法和评价标准。

2. 理解市场细分及酒店市场细分、目标市场选择和市场定位的概念及其在酒店营销活动中的重要意义。

3. 掌握酒店目标市场选择的策略及条件;掌握酒店市场定位的方法和具体策略。

(二)能力目标

1. 能运用酒店目标市场选择的策略,从专业的视角为酒店决策提供依据。

2. 能掌握酒店市场定位的方法和具体策略并运用于实践中。

(三)德育目标

1. 掌握科学的分类方法,严谨的工作态度和实事求是的辩证唯物主义思想。

2. 增加学生的文化自信,注重本土酒店的市场细分及定位,树立民族文化自信心和爱国情怀。

企业要试图"征服"所有的市场是不现实的,也是不明智的,所以企业应当选择适合自己的目标市场。

目标市场营销战略是指企业在细分市场的基础上,结合自身的资源与优势,选择其中最有吸引力和最有把握的细分市场作为目标市场,并且设计与目标市场需求特点相匹配的营销战略。

目标市场营销战略主要包含三个步骤:市场细分(Segmenting)、目标市场选择(Targeting)、市场定位(Positioning),所以又被称为STP战略。

第一节 市场细分

一、市场细分的概念

美国市场营销学家温德尔·史密斯(Wendell R. Smith)在20世纪50年代提出了"市场细分"(Market Segmentation)概念。

市场细分是根据消费者的消费需求和购买习惯的差异,将整体市场划分为若干子市场群。被划分的子市场便称为细分市场,每个细分市场内的消费者具有相对类同的消费需求。

以此类推,酒店市场细分是指酒店根据顾客的需求特征、购买动机、购买习惯、购买行为等方面的明显差异性,把整个酒店市场划分为若干个子市场的过程。

二、市场细分的作用

首先,市场细分能够帮助企业认识市场,更好地理解和界定竞争对手,挖掘市场机会,扬长避短,获得比较优势。

其次,市场细分能够帮助企业发现和深入分析各细分市场的不同需求,掌握细分市场的变化及趋势,从而帮助企业选择合适的目标市场。

最后,市场细分能够帮助企业增强市场调研的针对性,为企业制定正确的营销战略和策略提供依据。

三、市场细分的原则

(一)可衡量性

可衡量性是指细分出来的市场不仅范围明确,而且企业对其规模、购买力和基本情况能做出大致判断。

(二)可获得性

可获得性是指企业能有效地进入和满足细分市场。

(三)可收益性

可收益性是指细分的市场不但要有一定的市场容量和发展潜力,而且能够使企业有利可图。

（四）可区分性

可区分性是指不同的细分市场的特征可以清楚地加以区分。

四、市场细分的方法

（一）单一变量因素法

根据影响消费者需求的某一个重要因素进行市场细分。

例如，华住旗下酒店根据消费者需求按档次分为：高端型、经济型、舒适型，重要因素是消费者档次。

（二）多个变量因素组合法

根据影响消费者需求的两种或两种以上的因素进行市场细分。
例如，亲子酒店中的儿童森林房间就涉及两个变量，即"年龄＋特色元素"。

（三）主导因素排列法

当一个细分市场在选择时存在诸多因素，可以从消费者的特征中寻找和确定主导因素，然后与其他因素有机结合，再确定细分目标市场。

例如，民宿按主导因素划分为自然风光、历史文化、艺术特色等不同类型，以自然风光为核心吸引物，就形成了自然风光民宿类型。

（四）系列变量因素法

细分市场所涉及的因素有多项，但各项因素之间先后有序。企业可以按照影响消费者需求的诸多因素，由粗到细地进行市场细分。

五、消费者市场细分的标准

消费者市场可根据地理、人口、心理和行为进行细分。

（一）地理细分

地理细分是根据国家、地区、城市的位置、气候等方面的差异把市场细分为不同的地理单位。

地理特征之所以作为市场细分的依据，首先是因为处在不同地理环境下的消费者对于同一类产品往往有不同的需求与偏好，他们对企业采取的营销策略也会有不同的反应；其次，地理特征易于识别，是企业进行市场细分时应考虑的重要因素。

但是，处于同一地理位置的消费者的需求仍会有很大差异。所以，企业不能简单地以某一地理特征区分市场，还需结合其他细分变量予以综合考虑。

（二）人口细分

人口细分是根据人口的各种变量，如年龄、性别、收入、职业、宗教、种族、国籍、教育程度等把市场分割成若干群体。

人口变量是细分消费者群体最常用的基本要素,同时,人口统计变量比较容易衡量,有关数据相对容易获取,因此企业经常以它为市场细分的依据。

(三)心理细分

心理细分是根据消费者心理、个性特点等,把消费者分成不同的群体。

(四)行为细分

行为细分是指按照消费者对产品的了解程度、态度、购买及使用情况、反映等将他们划分成不同的群体。

万豪酒店的市场细分

万豪酒店(Marriott)是与希尔顿、香格里拉等齐名的酒店巨子之一,总部位于美国。现在,其业务已经遍及世界各地。在广州,中国大酒店等已委托万豪进行经营。

在高端市场上,Ritz-Carlton(丽思卡尔顿)酒店为高档顾客提供服务方面,赢得了很高的赞誉并备受赞赏;Renaissance(新生)作为间接商务和休闲品牌与Marriott(万豪)在价格上基本相同,但它面对的是不同消费心态的顾客群体;Marriott吸引的是已经成家立业的人士,而"新生"的目标顾客则是那些年轻人;在低端酒店市场上,万豪酒店由Fairfield Inn衍生出Fairfield Suite(公平套房),从而丰富了自己的产品线;位于高端和低端之间的酒店品牌是Town Place Suites(城镇套房)、Courtyard(庭院)和Residence Inn(居民客栈)等,他们分别代表着不同的价格水准,并在各自的娱乐和风格上进行了有效区分。

伴随着市场细分的持续进行,万豪又推出了Springfield Suites(弹性套房),比Fairfield Inn(公平客栈)的档次稍高一点,主要面对一晚75至95美元的顾客市场。为了获取较高的价格和收益,酒店使Fairfield Suite(公平套房)品牌逐步向Spring Field(弹性套房)品牌转化。

万豪会在什么样的情况下推出新品牌或新产品线呢?答案是当其通过调查发现在旅馆市场上有足够的、尚未填补的"需求空白"或存在没有被充分满足的顾客需求时,公司就会推出针对这些需求的新产品或新服务。通过分析可以发现,万豪的核心能力在于它的顾客调查和顾客知识,万豪将这一切都应用到了从公平旅馆到卡尔顿所有的旅馆品牌上。从某种意义上说,万豪的专长并不是旅馆管理,而是对顾客知识的获取、处理和管理。

万豪一直致力于寻找其不同品牌间的空白地带。如果调查显示某细分市场上有足够的目标顾客需要一些新的产品或服务特色,那么万豪就会将产品或服务进行提升以满足顾客新的需求;如果调查表明在某一细分目标顾客群中,许多人对一系列不同的产品特性存在需求,万豪将会把这些人作为一个新的"顾客群"并开发出一个新的品牌。

万豪公司宣布开发"弹性套房"这一品牌的做法是一个很好的案例。当时,万豪将"弹性套房"的价格定在75—95美元,并计划到1999年3月1日时建成14家,在随后的两年内再增加55家。"弹性套房"源自"公平套房",而"公平套房"原来是"公平旅馆"的一部分。"公平"始创于1997年,当时,《华尔街日报》是这样描绘"公平套房"的:宽敞但缺乏装饰,厕所没有门,客厅里铺的是油毡,它的定价是75美元。实际上,对价格敏感的人来讲,这些套房是公平旅馆中比较宽敞的样本房。现在的问题是"公平套房"的顾客可能不喜欢油毡,并愿意为了"装饰得好一点"的房间而多花一点钱。于是,万豪通过增加烫衣板和其他令人愉快的东西等来改变"公平套房"的形象,并通过铺设地毯、加装壁炉和早点房来改善客厅条件。通过这些方面的提升,万豪酒店吸引到了一批新的目标顾客——注重价值的购买者,但后来,万豪发现对"公平套房"所做的提升并不总是有效——价格敏感型顾客不想要,而注重价值的顾客对其又不屑一顾。于是,万豪考虑将"公平套房"转换成"弹性套房",并重新细分了其顾客市场。通过测算,万豪得到了这样的数据:相对于价格敏感型顾客为"公平套房"所带来的收入,那些注重价值的顾客可以为"弹性套房"至少增加5美元的收入。

资料来源 http://www.doc88.com/p-3337921526176.html。

第二节 目标市场选择

目标市场选择是指企业从潜在的目标市场中,根据一定的要求和标准,选择其中某个或某几个市场作为经营目标的决策过程。目标市场选择的目的在于找准你的客户。

一、为什么要选择目标市场

(一) 并非所有的细分市场都有吸引力

由于并非所有的细分市场都有吸引力,有的细分市场购买者不足,有的细分市场购买力不足,有的细分市场购买欲望不足,有的细分市场盈利不足,有的细分市场竞争过于激烈……所以,企业必须根据自身的人、财、物、产、供、销的条件,选择有吸引力的目标市场。

(二) 没有任何一家企业可以满足市场上的所有需求

一家企业,不论它的规模有多大,它所拥有的资源,无论是人力、财力、物力,还是生产能力、时间都是相对有限的,这就决定了没有哪家企业能提供市场上需要的所有产品,而只能满足市场中一部分特定的需求。此外,由于竞争者的客观存在,也决定了任何一家企业不可能"通吃"所有的购买者,不可能为所有购买者提供产品。

因此,企业必须选择属于自己的目标市场,主动选择市场实际上是企业化被动为主动的思维方式,体现了企业的个性,也体现了企业的尊严,更决定了企业的命运。

例如,2013年成立的亚朵酒店在中档酒店市场遥遥领先,作为中国首家人文酒店,品牌在短时间建立且表现不俗,其品牌营销策划、酒店品牌设计在酒店圈中口碑颇佳。2020年,成立不到八年时间,亚朵酒店如何一举成名,一跃成为新兴中产最爱的酒店新贵?竞争突围的关键就在于,它在敏锐的市场洞察的基础上,抓住了新中产的两个抓手——读书和摄影。

二、选择什么样的目标市场

(一) 选择与企业定位一致的细分市场

企业要根据自身的定位来选择目标市场。

例如,五星级酒店在为高消费的市场提供高档服务的同时,也为低消费的市场提供廉价的服务,就可能令人对这样的五星级酒店产生怀疑。

(二) 选择需求足够大的细分市场

目标市场必须具有一定规模才能保证企业获得利润。也就是说,企业要选择具有足够吸引力、较高综合价值的细分市场,因为这样的市场才能为企业带来大的收益。

例如,我国酒店业"两头大、中间小"的不合理状态,即质好价高的高星级酒店和质次价低的社会旅馆的数量大,质量与价格较适中的相对少,这给经济型酒店的发展提供了难得的机遇和巨大的市场空间。如家把目标顾客定位为中小企业商务人群和休闲游客,酒店的财源在于流动的人群。根据文化和旅游部的统计,休闲旅游和商务活动占到了城镇居民出行目的绝大部分比例。中小企业的蓬勃发展使如家看到了其中的广大市场,商务人士占到了如家客源的75%。需求足够大的细分市场使如家酒店集团从2002年创立到2006年在美国纳斯达克上市仅用了四年的时间。

(三) 选择有潜力的细分市场

企业选择目标市场不仅要考虑细分市场当前对企业赢利的贡献,而且要考虑细分市场的成长性及未来对企业的贡献。对于当前利润贡献低但有潜力的小市场,尽管满足这些小市场的需求可能会降低企业的当前利润,甚至可能为企业带来损失,但是企业应该而且必须接受眼前的暂时亏损,因为这是一只能够长成"大象"的"蚂蚁"!

例如,华住集团瞄准了中高端酒店市场的无限可能。2014年以来,华住集团在中高端领域逐步扎根,接连收购了桔子水晶、花间堂、德意志酒店集团等酒店。2021年,华住在中高端酒店领域做了更多尝试:将德意志酒店集团旗下品牌施柏阁、Intercity(城际酒店)等引入中国;完成了桔子水晶等酒店品牌的升级改造;花间堂发布全新子品牌"花间系列";同时旗下宋品、美仑美奂等高端酒店品牌均迎来首店开业。华住集团2022年第二季度的财政报告显示,截至6月末,中高档品牌在中国的在营酒店达445家、管道酒店229家,中高档品牌目前逐步进入收获期。

(四) 选择具有竞争优势的细分市场

再好的市场,如果企业没有能力满足市场需求,那么企业也应当放弃这个细分市场。此外，某些细分市场尽管有相当规模也不应引起企业的兴趣，因为它们已经被竞争对手牢固地控制了，企业在该市场不存在竞争优势。

为此，企业可运用SWOT分析法来发现自身的优势(Strength)、劣势(Weakness)、机会(Opportunity)、威胁(Threat)，优势和劣势主要是指企业相对于竞争对手而言存在的长处和短处，机会是指营销环境中对企业有利的因素，威胁是指营销环境中对企业营销不利的因素，企业以此选择自身具有竞争优势的细分市场，选择自身拥有获得成功所需的技术、财力、物力、实力、管理能力的细分市场。

例如，洲际酒店集团的前身六洲集团于1991年推出快捷假日酒店，这一举动成为酒店业史上最成功的事件之一。该集团通过创造这一品牌，迅速地划分出一类中档酒店市场，这类酒店只提供有限的酒店服务而不包含餐饮设施。在不到十年的时间里，快捷假日酒店品牌在世界各地的酒店数目已增至1000多家。清新、简洁是快捷假日饭店的特色，它为商务及休闲旅客提供的收费价格也极具竞争力。至于快捷假日饭店推出的 Guest Stay Smart SM 优惠计划，除可让宾客免费享用包括新鲜水果、麦片及糕点在内的早餐外，还可免费使用当地的电话服务(只限美国)。此外，宾客还可在美国及加拿大的各间快捷假日酒店阅读曾获奖的酒店专有杂志 *Navigator*。

三、目标市场选择模式

（一）完全市场覆盖

完全市场覆盖即指企业不加选择地以所有的细分市场作为目标市场，力图用各种产品满足全市场用户的需求。一般来说，只有实力强大的大企业才能采用这种策略。

例如，万豪国际酒店集团公司，即万豪国际集团，是全球首屈一指的国际酒店管理公司，万豪拥有遍布全球130个国家和地区的超过6500家酒店，包括奢华、高级、精选和长住四种类型。

（二）市场多元化

市场多元化即指企业同时选择几个细分市场作为目标市场，这种策略能分散企业经营风险，即使其中某个细分市场失去了吸引力，企业还能在其他细分市场赢利。

（三）市场专门化

市场专门化即指企业选择一个细分市场，集中力量为之服务。市场专门化有两种情形：一是产品专门化，二是用户专门化。

1. 产品专门化

产品专门化即指企业专门生产一种产品，并向所有顾客销售这种产品。其优点是企业专注于某种产品的生产，有利于形成和发展生产和技术上的优势，树立形象。但是当该领域被新技术或产品所代替时，企业原有的专一优势则不复存在。

例如，V8酒店是汽车爱好者的天堂，酒店里有10间汽车主题房间，包括汽车洗车、66路、V8营地等。

2. 用户专门化

用户专门化即指企业专门为一个细分群体提供产品,并尽力满足他们的各种需求。例如,酒店专门为老年消费者提供各种不同结婚纪念宴,如金婚、银婚、钻石婚;又如,酒店为儿童消费者提供水上乐园、主题房间、玩具城等不同产品。

应当注意的是,实施市场专门化的酒店可能会面临"孤注一掷"的经营风险。

(四)产品—市场集中化

产品—市场集中化即指企业为单一细分市场提供单一产品,是一种专业化模式,可以帮助企业树立专家形象,同时,企业通过生产、销售的专业化可以实现规模效益。例如男性酒店或女性酒店。

但是,由于企业专做一个细分市场,专做一种产品,因而企业风险比较大。

 知识链接

目标市场选择中应注意的问题

酒店企业选择目标市场时也应该符合社会市场营销观念的要求,即兼顾企业、市场和社会三者的利益,以求长期发展。

如果酒店企业目标市场选择不当,将弱势群体,包括儿童、残障以及贫困阶层群体作为目标市场,并对具有潜在不利因素和危险的产品或服务进行营销和宣传,则会引起公众争议,甚至违反社会基本的道德规范,失去公信力和市场信誉。酒店企业的社会形象是其长期稳定发展的重要因素。

另外,酒店企业目标市场的选择是营销战略计划具体实施的重要组成部分,也是随市场需求、竞争格局的变化而不断修正的过程,因此,酒店企业应该在做好市场调研工作的基础上,跟踪市场需求及其影响因素的变化,及时调整和更新细分市场的划分标准,制订长期的目标市场进入计划,保证市场的持续竞争力。

第三节 市场定位

一、市场定位的概念

市场定位是企业根据竞争者现有产品在市场上所处的位置,以及顾客对该类产品某些特征或属性的重视程度,为本企业的产品塑造与众不同的形象,并将这种形象生动地传递给顾客,从而使该产品在市场上占有强有力的竞争地位的过程。市场定位的目的在于在目标市场中形成"不一样的我"。

以此类推,酒店市场定位是以定位理论为基础,结合目标市场上消费者的偏好、竞争状态以及资源优势,塑造产品和服务的特色、差异的形象,并通过适当的营销组合策略实现酒店企业的战略目标。

如家推"小镇"瞄准乡村旅游市场

近日,如家酒店集团发布新品牌——"如家小镇"。与此同时,和"如家小镇"相匹配的定制客房产品——"如家魔盒"——也同步亮相。中国社科院发布的2016年《中国乡村旅游发展指数报告》显示,2015年我国乡村旅游人次达13.6亿,是增长最快的领域。乡村旅游正逐渐成为人们新的生活方式,并呈现出了较大的开发潜力,特别是为乡村民宿、客栈等非标住宿市场提供了需求空间。如家酒店集团正是瞄准这一契机,计划综合露营地、农庄、特色村落、景点驿站等乡野度假业态,用不同于以往的住宿产品吸引消费者。

如家酒店集团的此次新品牌发布会在位于该集团吴江新总部的"如家小镇"研发中心召开,以户外实景的形式亮相的"如家小镇",内部包含了集装箱、帐篷、房车及小木屋等多种非标准住宿形态。"小镇"的餐饮区除了配备了小型农贸市场,入驻如家酒店集团的CafeMall还为客人提供了创意茶点。

此外,"小镇"里设有亲子区,客人可以在这里与孩子们一起种植、采摘,收获亲近大自然的乐趣。据介绍,"如家小镇"是如家酒店集团以住宿为入口,延伸周边配套产品而打造的休闲度假目的地。"小镇"涵盖了住宿、餐饮、游乐、农贸、便利店、电动车租赁等综合服务设施,是一座驻扎在乡村的"镇子"。

此外,如家为了更好地与乡村度假的特点相适应,推出了品牌化的定制客房产品——"如家魔盒"客房。据悉,"如家魔盒"客房未来将会设立在某一旅游目的地附近或沿途,由乡村酒店、民宿、客栈或模块化的移动客房组成,构成度假型住宿产品。"'如家魔盒'将会给越来越多在旅途中的自驾游游客带来别样的住宿体验,也将成为更多自驾游游客旅游途中的宿营地。"如家酒店集团相关负责人说。

资料来源 王玮《如家推"小镇"瞄准乡村旅游市场》。

二、市场定位的方法

市场定位的关键在于形成差异化,使自己的产品有特色、有个性、有独特的元素,至少在某些方面与众不同。企业开展市场定位的主要思维方式和常用的定位方法有以下四种。

(一) 初次定位

当新成立的企业初入市场、企业新产品投入市场或产品进入新市场时,企业必须从零开始,运用所有的市场营销组合,使产品特色符合所选择的目标市场。

例如:上海和平饭店主要接待金融界、商贸界和各国社会名流。上海和平饭店的南楼于 1908 年建成,文艺复兴建筑风格。1929 年,犹太商人 Victor Sassoon 构思并创建了名为华懋饭店,属芝加哥学派哥特式建筑,饭店落成以后,名噪上海,以豪华著称,鲁迅、宋庆龄曾来饭店会见外国友人卓别林、萧伯纳等。

(二) 重新定位

重新定位是指企业改变产品特色,使目标市场对其产品新形象有一个重新的认识的过程。市场重新定位对于企业适应市场环境、调整市场营销战略是必不可少的。企业产品在市场上的定位即使很恰当,但在出现下列情况时也需重新定位其市场:竞争者推出的产品市场定位与本企业产品的定位接近;消费者偏好发生变化。

例如,近年来,众多的老酒店在重新设计定位上做了大量创新,很多老酒店在焕活品牌,重新装修后的酒店环境和焕然一新的运营管理模式得到了市场和顾客的一致好评。

上海宾馆作为深圳坐标原点的老品牌酒店代表,于 1985 年开业,伴随深圳一起成长,随着时代的发展,周边出现了大量新酒店,最后上海宾馆不得不以低端定位、低价路线立足市场。为了找回老上海宾馆的真正神韵,2020 年,上海宾馆的复兴之路紧锣密鼓地开始了。重生之后的上海宾馆突破了酒店在消费者惯性心理中的"保守"印象,将 20 世纪的辉煌延续并转变为现代时尚;从旧形象转变为具有浓郁时尚气息的新的视觉美感;重新定义了上海宾馆这个深圳的坐标原点。

(三) 对峙定位

对峙定位也称迎头定位,即与市场上最强有力的竞争对手"对着干"的定位方式,这是竞争性最强的定位方式,虽有一定的市场风险,但是也可以激励自己奋发向上。对峙定位中的企业不一定要压垮对方,只要能够平分秋色就是巨大的成功,而如果能够战胜对手就可以获得巨大的市场优势。例如,百事可乐与可口可乐、如家与华住等。

(四) 回避定位

回避定位也称避强定位,指企业回避与目标市场上的竞争者直接对抗,将其定位在市场的"空白点"上,开发并销售目标市场上还没有的某种特色产品。其优点是能迅速立足于市场,在目标市场人群心目中树立良好的形象。由于其风险较小,成功率较高,很多中小企业乐意采用。

例如,民宿避开星级酒店市场,专注为让消费者体验当地自然、文化与生产生活方式,进而获得成功。

三、市场定位的策略

(一) 质量/价格定位

质量和价格通常是消费者关注的要素,消费者都希望买到质量好、价格适中或便宜的物品。因而这种定位往往表现为宣传产品的价廉物美和物有所值。

（二）功效定位

消费者购买产品主要是为了获得产品的使用价值，希望产品具有所期望的功能、效果和效益，因而强调产品的功效是定位的常见形式。

例如，温泉疗养酒店、大健康管理酒店等。

（三）特点定位

有些同类产品质量相当，针对此情况，企业要突出自己产品的与众不同之处。

例如，西班牙是世界旅游胜地，阳光、海水、沙滩是其最丰富的旅游资源，因而其宣传口号是"阳光普照西班牙"，并且用著名画家米罗的抽象画《太阳》作为旅游标志，使世界各国的游客一见到太阳就想到西班牙。

（四）档次定位

不同的产品档次定位会带给消费者不同的心理感受和体验。

如华住集团旗下酒店，从高端到低端排序，大致如下：美爵、VUE、禧玥、诺富特、美居、漫心、全季、桔子水晶、桔子精选、CitiGo、星程、宜必思尚品、宜必思、汉庭优佳、汉庭、怡莱、海友。

（五）产地定位

某些产品的质量和特点与产地有密切的关系，消费者相信原产地盛产此种优质原料，因此其生产出来的产品自然就品质不凡。例如，重庆悦榕庄民宿、上海悦榕庄民宿、三亚悦榕庄民宿等。

（六）类别定位

该定位是企业为了使自己的产品与某些知名而又属司空见惯类型的产品做出明显的区别，或给自己的产品定位为与之不同的类别。

例如，非物质文化遗产民宿与一般的民宿有着显著差异。

（七）概念定位

概念定位就是使产品在消费者心智中占据一个新的位置，形成一个新的概念，甚至造成一种思维定式，以获得消费者的认同，使其产生购买欲望。

例如，音乐艺术酒店给音乐爱好者搭建了一个可以畅聊音乐的平台。

（八）对比定位

对比定位是指通过与竞争对手的客观比较来确定自己的定位，也可被称为排挤竞争对手的定位。在该定位中，企业设法改变竞争者在消费者心目中的现有形象，而是找出其缺点或弱点，并用自己的品牌进行对比，从而确立自己的地位。

例如，低碳环保酒店与一般酒店。

第四节　酒店目标市场营销战略的类型

目标市场营销战略的类型有三种,即无差异性营销战略、差异性营销战略、集中性营销战略。

一、无差异性营销战略

无差异性营销战略是市场全覆盖战略,指酒店企业以旧的营销观念(生产、产品和推销观念)为导向,把整个市场看作无差异的同质市场,不做市场细分,试图以一种产品和服务来满足整个市场需求的一种目标市场选择战略。该战略的理论依据是产品成本的经济性。例如,早期的可口可乐公司在相当长的时间里一直利用无差异营销战略面向整体市场,只生产一种同一包装、同一口味以及同一宣传的碳酸饮料。

（一）无差异性营销战略的优缺点

采用无差异性营销战略可以通过规模经营降低产品成本,增加市场覆盖面,为企业获得特定时间内的短期收益,但是随着市场需求的变化和同类产品竞争的加剧,该战略不能充分满足市场需求,尤其是顾客的个性化需求,若不及时改变战略,酒店企业将很快失去市场。

（二）无差异性营销战略的适用性

这种营销战略的应用条件包括：特定时间内相对同质的市场需求,如处于产品生命周期投入期的新产品、新服务;酒店企业拥有垄断性、竞争优势明显且难以模仿的新产品或新服务;具有规模经营条件的酒店企业等。

二、差异性营销战略

差异性营销战略也是市场全覆盖战略,与无差异性营销战略的区别表现在:以市场需求为导向,将整体市场看作有需求差异的异质市场,在市场细分的基础上,为每个细分市场提供不同的产品及相应的营销组合战略。例如,洲际饭店集团为不同细分市场的消费者提供不同类型的住宿设施和服务,满足各类消费者的需求,赢得了市场的认同和较高的声誉。

（一）差异性营销战略的优缺点

差异化营销战略可以为企业赢得更高的市场满意度和忠诚度,获得较高的市场份额和稳定的收益,但是由于不同细分市场的需求差异较大,企业在产品开发、渠道设计以及促销宣传方面的营销投入较高,因此会使企业资源分散,经营风险较大。

（二）差异性营销战略的适用性

差异性营销战略的应用条件包括：具有较强的技术和研发能力、较高的营销管理能力、较高的酒店品牌知晓度，以及雄厚的资金条件的大酒店或酒店连锁企业集团。

洲际酒店集团多品牌的差异化营销战略

英国洲际酒店集团是最具全球化且客房数最多的酒店管理集团，其旗下主要品牌有洲际酒店及度假村、皇冠酒店及度假村、假日酒店、假日快捷酒店、蜡木酒店式公寓等。

洲际酒店集团的品牌化战略是针对顾客需求进行市场细分，开拓出多层次、多档次的酒店品牌，并使各个品牌有机结合、相互支持，正像洲际酒店集团宣传的那样——我们要服务于不同的对象，管理不同档次的酒店，建立起一个品牌大军，为更多的顾客提供他们所需要的服务。

在高端市场上，洲际酒店及度假村满足国际商务客人和休闲旅游者的需要，将国际化的服务与当地特色结合起来；皇冠酒店及度假村则是以完善的会议设施，以及专业的人员提供完善的会议服务吸引商务客人。在中档市场上，假日酒店作为洲际酒店集团的核心品牌，其目标市场定位是根据中产阶级的经济情况和需求，提供洁净舒适的环境、温暖的服务以及安全的食品等高性价比产品。在低端市场上，假日快捷酒店主要针对对价格非常敏感的顾客，为他们提供简约卫生的产品和服务；蜡木酒店式公寓是为长期在外工作和生活的客人准备的，包括单人公寓房和双人公寓房。

除此之外，洲际酒店集团根据顾客的不同需求，还开发了假日花园庭院、假日精选酒店、假日阳光度假村、尼克家庭套房、假日套房酒店等副线品牌。

资料来源　根据相关资料整理。

三、集中性营销战略

集中性营销战略是酒店企业选择一个或少数几个细分市场作为目标市场，并只开发一种或少数几种产品和服务的营销组合战略，也被称为利基营销战略，例如近几年发展起来的满足特定市场需求的主题酒店。

（一）集中性营销战略的优缺点

集中性营销战略主要体现了酒店企业"小中求大"的战略思想，避免在竞争激烈的细分市场与实力强大的竞争者正面较量，集中企业优势条件满足利基市场的特殊需求，以此提高企业形象，从而获得发展机会。尽管该战略可以充分发挥企业的优势，并且有针对性地进行市场开发，但是由于其经营范围较窄，所以风险也较大。

（二）集中性营销战略的适用性

集中性营销战略适用于资源有限、能力不足的中小酒店企业，也适用于那些在某些领域有特殊经营优势的酒店企业，可以独树一帜，特色经营。

四、目标市场营销战略选择的影响因素

（一）企业资源

如果企业在人力、物力、财力及信息方面资源不足，能力有限，无力把整个市场作为目标市场，可用市场集中模式，实行集中性营销战略。

（二）市场差异程度

如果所有消费者爱好相似，对市场营销刺激的反应也相同，那么企业可以采用无差异性营销战略；反之，如果各消费群体的需求、偏好相差甚远，则企业必须采用差异性营销战略和集中性营销战略，使不同消费群体的需求得到更好的满足。

（三）产品差异性

如果是标准化的产品，那么企业可以采取无差异性营销战略；如果产品之间的差异程度很高或者很难做到标准化，那么企业可以采取集中性营销战略或者差异性营销战略。

（四）产品生命周期

新产品上市，往往以较单一的产品探测市场需求，产品价格和销售渠道基本上单一化，因此，在新产品引入阶段，企业可采取无差异性营销战略；而待产品进入成长期或成熟期，市场竞争加剧，同类产品增加时，再采用无差异性营销战略就难以奏效，所以，企业在产品成长阶段选用差异性营销战略或集中性营销战略效果更好。

（五）竞争对手的营销战略

如果竞争对手采用的是无差异性营销战略，那么无论企业本身的实力大于对方还是小于对方，采用差异性营销战略，或者采用集中性营销战略都是可以的。

> **本章小结**　本章主要学习了酒店市场细分的方法和评价标准；市场细分及酒店市场细分、目标市场选择和市场定位的概念及其在酒店营销活动中的重要意义；酒店目标市场选择的策略及条件；酒店市场定位的方法和具体策略。

复习思考

1. 什么是目标市场营销战略？
2. 市场细分的作用、原则与方法是什么？
3. 消费者市场细分的标准有哪些？生产者市场细分的标准有哪些？
4. 企业为什么要选择目标市场？应当选择什么样的目标市场？
5. 目标市场选择模式有哪些？
6. 什么是市场定位？市场定位的方法与策略是什么？
7. 目标市场营销战略有哪几种类型？
8. 无差异性营销战略的优缺点及适用性是什么？
9. 差异性营销战略的优缺点及适用性是什么？
10. 集中性营销战略的优缺点及适用性是什么？
11. 影响目标市场营销战略选择的因素有哪些？
12. 选取一家酒店企业，分析一下如何开展市场细分调研。

在线答题

阅读与分析

第七章
酒店市场竞争战略

学习导引

竞争战略被认为是企业战略的一部分,是在企业总体战略的制约下,指导和管理具体战略经营单位的计划和行动。企业竞争战略要解决的核心问题是,如何通过确定顾客需求、竞争者产品及该企业产品这三者之间的关系,来奠定该企业产品在市场上的特定地位并保持这一地位。本章分别从竞争层次、类型、路线等方面展开论述,为学习者提供一个条理清晰的脉络,并学会运用不同的竞争战略分析酒店面临的竞争情况,从而选择适合自己的竞争战略,提高市场竞争力。

学习目标

(一)知识目标
1. 了解市场竞争的层次及市场竞争战略的类型。
2. 掌握不同市场地位的竞争战略。
(二)能力目标
学会运用不同的竞争战略分析酒店面临的竞争情况,从而选择适合自己的竞争战略,提高市场竞争力。
(三)德育目标
1. 养成良好的职业素养和职业道德。
2. 学生能竖立大局意识,坚守有道德底线的竞争。

法国市场营销学家雅克·朗德维说:"赢得顾客要比建造一座工厂更耗时也更艰难,因为建造一座工厂无须同任何人竞争,而赢得一个市场却要与行业中所有的厂商竞争。"

竞争(Competition)是个体或群体间力图胜过或压倒对方的心理需要和行为活动。

竞争是市场经济的基本特征,优胜劣汰是市场竞争的生存法则。企业在进行营销活动时,不可避免地会遇到竞争对手的挑战,同时其自身也可能因试图改变市场地位而展开竞争攻势。如何参与竞争并使自己在市场竞争中获胜,对企业的营销活动和效果具有决定性的影响。

第一节　市场竞争的层次

任何一家企业都会面临以下不同层次的竞争。

一、行业间的竞争

满足消费者的不同需要，提供不同品种产品的企业被称为行业间的竞争者。

例如，消费者收入水平提高后，可以把钱用于旅游，也可用于购买汽车，或购置房产，那么旅游业、汽车业、房地产业之间就存在相互争夺消费者的竞争关系。

行业间的竞争，是不同行业之间的竞争，是争夺消费倾向的竞争。为此，同一行业的企业在自己的产品没有成为消费时尚之前，应该同心同德、团结协作、一致对外，争取消费者对本行业的消费青睐。

二、行业内的竞争

满足消费者的相同需要，提供不同形式的产品的企业被称为行业内的竞争者。

从中国酒店行业整体市场竞争格局来看，行业集中度有所增加，CR3 酒店集团占比超 4 成，但仍有提升空间。根据中国饭店协会发布的《2023 中国酒店集团 TOP50 报告》，锦江国际、华住集团、首旅如家等行业龙头企业已经处于一定行业垄断竞争地位。

2022 年中国酒店行业市场整体竞争格局情况见图 7-1。

图 7-1　2022 年中国酒店行业市场整体竞争格局情况

（资料来源：中国饭店协会、华经产业研究院整理。）

可见，酒店间的竞争日趋激烈，同星级、档次的酒店间的竞争更加激烈。

三、产品间的竞争

满足消费者的相同需要,提供类似的产品,但产品规格、等级、型号、质量、款式等不同的企业之间的竞争被称为产品间的竞争。

如经济型酒店、商务型酒店、星级酒店之间的竞争,以及经济型酒店、商务酒店、星级酒店中同类型酒店间的竞争。

四、品牌间的竞争

满足消费者的相同需要,提供相同产品但品牌不同的企业之间的竞争被称为品牌间的竞争。

经济型酒店如锦江之星、如家、速8、汉庭、7天连锁等酒店之间的竞争;中端酒店如维也纳、亚朵 ATOUR、全季、丽枫、希尔顿欢朋等酒店间的竞争;高端如洲际(Intercontinental)、卓美亚(Jumeirah)、瑰丽(Rosewood)、安缦(Aman)、瑞吉(St. Regis)、文华东方(Mandarin Oriental)、悦榕庄(Banyan Tree)、半岛(The Peninsula)、丽思卡尔顿(Ritz-Carlton)、四季(Four Seasons)等酒店之间的竞争。

 知识链接

CNPP品牌榜中榜大数据研究院和CN10排行榜技术研究院进行资料收集整理,并基于大数据统计及人为根据市场和参数条件变化的分析研究专业测评得出2022年中国十大酒店品牌榜。

2022年中国十大酒店品牌榜

排名	酒店名称	品牌指数
1	维也纳酒店	91.3
2	首旅如家	90.7
3	汉庭酒店	90.0
4	锦江之星	89.5
5	亚朵ATOUR	88.1
6	全季酒店	87.9
7	7天连锁酒店	86.9
8	丽枫酒店	85.7
9	速8酒店	84.9
10	格林豪泰	84.6

资料来源 根据网络资料整理。

在以上四个层次的竞争中,行业间的竞争是不同行业的竞争,其余三者是同行业竞争,竞争主体的相似点越多竞争越激烈。由于品牌间的产品相互替代性较强,因而品牌之间的竞争最严峻、最激烈,而大多数企业终将面对这一竞争。

知识链接

竞争的五种力量

波特五力模型是迈克尔·波特(Michael Porter)于20世纪80年代初提出的。他认为,行业中存在着决定竞争规模和程度的五种力量,这五种力量综合起来影响着产业的吸引力以及现有企业的竞争战略决策。五种力量分别为同行业内现有竞争者的竞争能力、潜在竞争者进入的能力、替代品的替代能力、供应商的讨价还价能力、购买者的讨价还价能力。

第二节　市场竞争战略的类型

波特在1980年出版的《竞争战略》一书中,提出三种基本竞争战略,即成本领先战略、差异化竞争战略和集中性竞争战略。

一、成本领先战略

成本领先战略又称低成本战略,是指企业通过努力使企业的全部成本低于竞争对手的成本,甚至成为同行业中最低的成本,从而获得竞争优势的一种战略。这一战略要求企业在提供相同的产品时,加强成本控制,在研发、生产、营销等领域使成本最小化,从而赢得竞争优势,争取最大的市场份额。

（一）成本领先战略的优点

首先,企业处于低成本地位,可以抵挡现有竞争对手的对抗,也可使欲加入该行业的新进入者望而却步,形成进入障碍。

其次,能以低于竞争对手的价格进行市场销售,从而赢得较大的市场份额,还可给顾客优惠,进行促销。

再次,面对市场要求降低价格的压力,处于低成本地位的企业在进行交易时握有更大的主动权。

最后,当供应商抬高企业所需资源的价格时,处于低成本地位的企业可以有更大的灵活性来脱离困境。

（二）成本领先战略的缺点

其一,竞争者通过模仿、总结经验或购买更先进的生产设备,可以更低的成本参与竞争,这时企业就会丧失成本领先地位。

其二,企业由于关注于如何降低产品成本,可能丧失了预见市场变化的能力——虽然产品价格低廉,却不为顾客所欣赏和需要,这是成本领先战略的最危险之处。

成本领先战略要求企业面向市场,以成本为竞争导向,使企业成为产业中的低成本厂商。如果经济型酒店所有价值活动的累计成本低于竞争者,就具有成本优势。如果这种企业成本优势来源于竞争者难以复制或模仿的因素,这种成本优势就可以成为竞争优势。企业的成本领先地位源于其价值活动的成本行为,成本行为取决于影响成本的一些结构性动因。这些结构性动因结合起来决定一种既定活动的成本,因此保持对成本起决定作用的基本因素的长期优势,就可能实现成本领先战略。

如家通过掌控成本驱动因素和优化价值链成功实现了其成本领先战略,成为我国经济型酒店业的一个鲜明旗帜,为我国其他经济型酒店业实施成本领先战略提供了标杆。但是,竞争优势能不能持久保持取决于其核心竞争力的形成,对于如家,应在保持成本优势的基础上,进一步实施差异化战略,为其竞争优势的保持提供双重保障。

二、差异化竞争战略

我们知道,竞争主体相似点越多竞争越激烈。差异化竞争战略就是企业通过在质量、性能、服务、款式、技术等方面中的一方面或几方面向顾客提供的产品与其他竞争者相比别具一格,从而使企业在某些方面更胜竞争对手一筹的一种战略。

(一)差异化竞争战略的优点

其一,企业通过差异化竞争战略可以不与对手发生正面冲突。
其二,可使购买者无法"货比三家",从而降低购买者对价格的敏感度。

(二)差异化竞争战略的缺点

一是成本可能很高,因为差异化可能要增加设计和研发的费用,或者需要替换成高档原材料等。
二是可能被对手模仿而不得不持续推出新的差异化产品。

(三)差异化竞争战略的路径

一般来说,企业可从产品、服务、渠道、价格、推广、人员、形象、速度等方面实现差异化竞争战略。

1. 产品差异化

产品的差异化可以体现在设计、工艺、款式、性能、特色、质量、风格、耐用性等方面,相比竞争对手有明显的自身特点。例如,质量差异化向市场提供的产品在质量上优于竞争对手;创新差异化能够根据市场需求不断开发出适销对路的新产品,走在竞争对手的前面。

以客房为主要销售产品的酒店,应在房间舒适度和确保顾客的睡眠质量上展现优势,有条件的情况下可适当地增加客房的棋牌娱乐和会客功能。这类酒店的餐饮功能主要是为客房配套,重点应放在早餐和送餐服务上,不必追求正餐的档次和规模,否则酒店的整体赢利能力会受到影响。

以餐饮为主要实现目标的酒店应在人员配备，包括厨师团队与楼面服务人员，用餐环境、菜品创新、上菜速度和接待的热情度上下功夫，通常需要修建较大规模的厨房、冻库和食品酒水库房，包房的设施配备也要相当完善。

以会议吸引客源的酒店则应配备类型齐全的大、中、小型会议室，有先进的音响和投影设备，有强大的宴会接待设施和专业服务人员，有各种档次的会议用餐标准供顾客选择，房间以标准间为主，交通方面要能为大型巴士提供出入路径和停泊场所。

以休闲、娱乐、度假为主体的酒店应将重心放在打造主题特色上，如温泉、海滩、风景区等，能将酒店的住宿与餐饮设施与主题特色很好地结合起来。

综合性酒店必须注意住店客人与餐饮客人、娱乐客人的分流，减少相互的干扰。

2. 服务差异化

竞争的激烈和技术的进步，使实体产品建立和保持差异化越来越难，于是，竞争的关键点逐渐向服务转移，服务差异化日益重要。企业可以提供比竞争者更完善的售前、售中和售后服务，如体现在订货方便、交货及时和安全、安装以及提供培训与咨询、维修养护等方面。

酒店业作为服务业的代表行业，服务是核心。服务差异化决定一家酒店能否在激烈的市场竞争中得以生存和发展。因此，服务差异化战略就显得尤为重要。服务差异化的关键不是提供同样的服务，而是以不同的方式提供服务。

为达到这一目标，首先须做好服务控制的差异化，服务控制的差异化之所以重要，是体现在当客户突然遇到困难时，酒店是否能够通过自己的服务控制系统及时、灵活地帮助客户解决问题，包括事前、事中和事后，这也将直接关系到客户对酒店服务的评价和满意度。华住集团构建了全无线智能非人工点餐系统和实时服务满意度反馈系统，用户使用后，经由管理核心反馈给服务一线，从而改善服务的综合质量。其次是服务定位的差异化，服务定位囊括很多方面，如对服务对象、时间、内容、手段的定位等。而服务定位的差异化就体现在各种不同类型、不同风格的酒店的定位方向上。华住集团可以限定服务时间，而不同的服务时间也会有不同的价格，还可以推行一对一的特殊服务项目，即为每一位入住的客户提供一位专职"管家"，以此，更加及时、周到地为客户提供个性化的服务，以满足客户的潜在需求等。

3. 渠道差异化

企业拥有实力雄厚、辐射力强的分销网络，并且分销商的销售能力、服务能力都比竞争对手的分销网络强。

例如，汉庭酒店集团采取与航空公司、与银行合作推出联名卡等联合营销的战略方式，收到了意想不到的效果。

4. 价格差异化

同类同档次产品的价格比竞争对手更便宜。

5. 推广差异化

企业运用广告、公共关系、人员推销和销售促进等不同于竞争对手的方式大力宣传企业和品牌，提高知名度。

6. 人员差异化

例如，迪士尼乐园的雇员都精神饱满，麦当劳的员工彬彬有礼，IBM的员工都很专业。

7. 形象差异化

形象差异化要求企业的形象比竞争对手的好。形象差异化可以对目标市场产生强大的吸引力和感染力,促使消费者对企业形成独特的感受。

8. 速度差异化

企业以比竞争对手更快的速度推出新产品或新的营销策略。

三、集中性竞争战略

集中性竞争战略是指企业集中所有的资源和力量服务于一个特殊的市场,从而在这一特殊市场里比竞争对手更具有优势。

集中性竞争战略常见的形式有产品集中、服务集中、顾客集中、市场(区域)集中。

(一)集中性竞争战略的优点

其一,集中性竞争战略对于实力不很强大、资源有限的企业有着特别重要的意义——它能使这些企业避开强大竞争对手的冲击,而集中资源于自己最具优势或竞争对手最薄弱的部分,或竞争对手忽视的细分市场,从而营造自己的竞争优势。

其二,集中性竞争战略是企业集中了自己的优势力量来攻击对手弱点的策略,以强攻弱,成功的可能性更大。

(二)集中性竞争战略的缺点

由于企业将全部力量和资源"孤注一掷",投入到一种产品或一个特定的市场上,当顾客偏好发生变化,或者有新的替代品出现时,企业就可能受到很大的冲击。

汉庭酒店集团通过将目标顾客集中在特定的消费群体打造概念主题店,以满足个性时代的消费者的个性化需求。汉庭酒店集团旗下拥有"汉庭酒店""汉庭快捷""汉庭客栈"三个成熟品牌,这三个品牌,已经囊括了经济型酒店市场细分之后的高、中、低三大领域。

第三节 不同市场地位的竞争战略

一般来说,市场上的竞争主体会分别处在不同的市场地位,即市场领导者、市场挑战者、市场追随者、市场补缺者。

不同的竞争地位,对应的是不同的企业实力、资源整合能力、市场操控能力,由此对应的是不同的竞争对手。所以,不同市场地位的主体应当采用不同的竞争战略。酒店亦是如此。

一、市场领导者的竞争战略

市场领导者是指占有最大的市场份额,在新产品开发、价格变化、分销渠道建设和促销策略等方面对本行业起着领导作用的酒店。

（一）市场领导者的优点

首先，市场领导者由于占据了市场的主导，形成了"规模经济"，在生产、传播、分销方面能够节约成本，成本往往较低。

其次，市场领导者在消费者、推荐者和经销商那里有着比竞争者更高的名望和更强大的形象。

再次，市场领导者面对供应商、公共权力，尤其是分销商的谈判能力更强——分销商显然很难拒绝销售一个领先的品牌，并因此相对二流品牌，对领先品牌给予更多的关注。

最后，市场领导者往往是整个行业技术革新的引导者和行业标准的制定者。

（二）市场领导者的缺点

首先，"木秀于林，风必摧之"，处于市场领导者地位的企业往往树大招风，常常成为众矢之的，会面临着众多对手的围攻。

其次，市场领导者不仅在竞争者中，而且在公共权力甚至分销商中也可能会引发妒忌，破坏彼此间的感情。

最后，市场领导者可能会有墨守成规、固步自封、沾沾自喜的危险。

因此，市场领导者必须保持高度警惕，居安思危，并且采取适当的竞争战略，击退其他公司的挑战，以保持领导者地位。

（三）市场领导者竞争战略的要点

1. 保护现有市场份额

市场领导者可以通过以下两个途径达到保护市场份额的目的。

1）防御

首先，市场领导者要不断努力在产品质量、性能、成本、分销渠道和顾客服务等方面争取能始终保持行业领先地位。

其次，市场领导者要勇于挑战自己、突破自己，抢先推出新产品，不断地通过引领技术革新、推出新产品、提高服务水平等途径来确保自己竞争的制高点。

再次，市场领导者要根据竞争的实际情况，在酒店现有阵地周围建立不同防线，如建立技术壁垒、强化对渠道的控制、提升品牌形象等以确保市场份额。

最后，市场领导者不要锋芒太露，可实行比较温和的防御策略，以避免其主要竞争对手联合中小酒店群起而攻之。

2）进攻

最好的防御是有效的进攻，市场领导者要针对竞争对手的薄弱环节主动出击，以确保市场份额。

比如：酒店的早餐，一般酒店早餐时间为 7 点到 9 点 30 分，如果你的酒店客人吃早餐比较早或者比较晚，那么，早餐的时间可以调整为 6 点 30 分到 10 点 30 分，这样从早餐这个角度就与你竞争对手不同了。如果酒店都会赠送 2 瓶矿泉水，那么，你的酒店就可以赠送4瓶,因为如果客人觉得矿泉水不够,向服务人员要,服务人员一般也会给的。这点可以向美豪酒店学习,美豪酒店的做法是客房矿泉水至少4瓶,在电梯公区位置也一定会摆放很多瓶,这样如果客人需要就可以自己拿,也减少了楼层服务员工作服务的频次。

从竞争对手盲点入手,多研究酒店本区域竞争对手的营销政策、产品现状、服务水平,不要也没有必要研究整个行业的现状,因为只有你的酒店所在的商圈酒店才是你直接的竞争对手,也是市场分流客人的直接竞争者。

2. 扩大市场份额

市场领导者在巩固自己的市场份额的基础上还要想办法稳中求进。一般来说,如果单位产品价格不降低且经营成本不增加,酒店利润会随着市场份额的扩大而提高,所以进一步扩大市场份额是其应当努力实现的目标。

酒店可通过不断开发新产品,改进生产技术,更新设备,降低经营成本,拓展新市场,进一步扩大自己的市场份额。

3. 扩大总需求

市场领导者占有的市场份额最大,当产品的市场总需求是在扩大时,受益最大的往往是处于领导者地位的酒店。所以市场领导者应该努力促进产品总需求量不断增长,扩大整个市场的容量,把"蛋糕"做大,这样自己将占得最大的好处。

市场领导者可以通过以下三个途径达到扩大市场总需求的目的。

1) 开发新客户

每类产品都有吸引新客户的潜能,这些潜在购买者可能因为目前不知道此种产品,或因产品的价格不当或因产品无法提供某种性能、型号而拒绝购买。

酒店开发新客户时可以根据不同情况采取不同的措施:

(1) 说服那些尚未使用产品的消费者开始使用,从而把潜在顾客转变为现实顾客。

(2) 进入新的细分市场,如商务酒店可通过宣传说服普通游客消费入住,从而增加销售量。

(3) 地理扩展,寻找尚未使用本产品的地区或尚未饱和的市场,如国际连锁酒店洲际酒店集团等进入发展中国家市场,我国连锁酒店如家酒店集团进入发达国家市场等。

2) 开发产品的新用途

开发产品的新用途即指发现并推广现有产品的新用途,设法找出产品的新用法和新用途,以增加销售量。

例如,西双版纳洲际度假酒店把酒店内的部分区域开发成水稻田,让住客体验农耕文化,受到游客的欢迎。

3) 增加顾客入住频率

(1) 从客人的需要出发,多用客人搜索的热词、联系景点、交通枢纽、设备设施、价位等,提高被搜索到的概率。研究客人的心理诉求,优化产品服务。

(2) 可通过高像素、高清晰度、突出酒店特色的照片和一些周边旅游资源的照片进行宣传。

(3) 坚持价格一致性,防止价格倒挂。显然,如果酒店直销渠道(官网、电话、微信等)价格比OTA高,客人肯定流失到OTA预订,并对OTA产生忠诚,酒店将损失差价和佣金。

二、市场挑战者的竞争战略

市场挑战者是指在行业中占据第二位方阵,有能力对市场领导者采取攻击行动,希望夺取市场领导者地位的企业。市场挑战者的目的就是要对市场领导者发起挑战、颠覆传统的竞争秩序,改变原有的竞争规则。

(一)正面进攻

正面进攻是指市场挑战者经过精心准备、寻找到突破口后向处于领导者地位的企业发动进攻,而不是盲目的进攻。正面进攻的对象是对手的强项而不是弱项,当然,挑战者要有"自知之明",要有一定的取胜把握,而不能"以卵击石"。

(二)迂回进攻

首先,市场挑战者一般都具有相当的规模和实力,然而,作为市场挑战者,盲目的进攻是愚蠢的,要使自己的挑战获得成功,必须选择恰当的进攻策略,如避实就虚、敌进我退、敌退我进,瞄准领先者的薄弱环节,集中优势力量,奋起而攻之,以己之长攻其之短,夺取局部胜利。

卡拉斯比酒店(适合商务旅客与观光客的经济型饭店)对天天饭店(中级饭店市场的全球领导者)也采用了迂回进攻的策略,而天天饭店本身对假日酒店(一般靠近商业中心和机场的高档商务型酒店)采用的也是一种迂回进攻战略。这是因为,这三家酒店属于价格等级完全不同的旅店行业,这一特点正符合迂回进攻战略的特征。在任何行业中,每一个类别的公司与其最为接近的对手在价格竞争上采用的都是迂回进攻战略。

其次,市场挑战者要扬长避短,采取差异化的思路,避开市场领导者的现有业务领域或现有市场,进攻其尚未涉足的业务领域和市场,或通过准确的市场细分进入到尚未产生竞争的领域或市场领导者无暇顾及的市场,在进攻方式上要做到多元化,以有效分散市场领导者的注意力。

最后,如果市场领导者的实力很强,市场挑战者一方面可以进攻力量薄弱的小企业或进行兼并,以夺取其市场份额,扩充自身实力;另一方面可以向与自己实力相当的企业挑战,扩展自身的市场份额。积小胜为大胜,发展壮大自己。

(三)游击进攻

如果市场挑战者目前规模还较小,力量还较弱的话,可以采用游击进攻的策略——对竞争对手进行小规模的、时断时续的进攻。

在实施游击战的方式上,市场挑战者同样要注重多条腿走路,可以选择地理游击战、行业游击战、人口游击战、产品游击战、渠道游击战等多种方式,发挥其短、频、快的优势。

在进攻的线路上要机动、灵活,例如,市场挑战者要进行有选择的降价、促销,以及与分销商联合行动等;当无法取得成功或遇到太大困难时,要做好时刻"望风而逃"的准备。

在实施游击战略时,企业要量力而行,无论已经取得了多大的成功,都不要试图像市场领导者那样去大规模、明目张胆地行动，也不要向自己没有实力战胜的竞争对手过早地展示自己的成果和实力。

三、市场追随者的竞争战略

市场追随者是指那些在产品、技术、价格、渠道和促销等方面模仿、跟随市场领导者或市场挑战者的企业。

对于相当一部分中小酒店而言，在产品创新上所需的大量人力、财力、物力以及相应的市场风险，它们都无力承担，因此，中小酒店往往扮演市场追随者的角色。在多数情况下，市场追随者可让市场领导者和挑战者承担新产品开发、信息收集和市场开发所需要的大量经费，自己坐享其成，避免了开发风险、节省了开发费用。也正因为如此，许多酒店采用追随者战略，进行产品仿造或改良，在投资少、风险小的基础上，获取较高的利润。

市场追随者可采取紧密追随、距离追随、选择追随三种追随战略。

（一）紧密追随

市场追随者尽可能仿效市场领导者，以借助先行者的优势打开市场，并跟着获得一定的市场份额。但是要注意，如果直接侵犯市场领导者，市场追随者可能会遭到市场领导者的凶狠报复。

（二）距离追随

市场追随者在主要方面，如选择同样的目标市场、提供类似的产品、紧随其价格水平、模仿其分销渠道等方面紧跟市场领导者，但其他方面则发展自身特色，争取和市场领导者保持一定的差异。

（三）选择追随

市场追随者根据自身的具体条件，部分地仿效市场领导者，同时在其他方面自行其是，坚持独创，在别的企业想不到或者做不到的地方去争取一席之地。

四、市场补缺者的竞争战略

市场补缺者是指不与主要的酒店竞争，而精心服务于市场的某些细小部分，通过专业经营来占据有利的市场位置的酒店。

市场补缺者竞争的关键是实现专业化。

（一）最终用户专业化

最终用户专业化即专门为某一类型的最终用户提供服务，如专为儿童、女性、商务人士、情侣或特殊人群等提供服务。

（二）特殊顾客专业化

特殊顾客专业化即专门向一种或几种大消费者(政府单位、学校等)销售产品。

(三)产品专业化

产品专业化即专门经营某一种类型的产品。

例如,世茂酒店餐饮部的创新产品——"古菜今做"。这一产品源于 2020 年开业的世茂御榕·武夷度假酒店,以宋代理学家朱熹笔下的《九曲棹歌》为设计灵感,结合武夷山水自然景观以轻舟入画设计酒店进入动线,缔造全国首例宋代美学"舟行谧境"的酒店体验。

(四)服务专业化

服务专业化即向大众提供一种或数种市场上没有的服务。例如,某家庭服务公司专门提供疏通管道的服务。

(五)销售渠道专业化

销售渠道专业化即只为某类销售渠道提供服务。例如,饮料公司只生产大容器包装的饮料,并且只在加油站的超市出售饮料。

(六)地理市场专业化

地理市场专业化即公司只在某一地点、地区或范围内经营业务。

总之,市场补缺者的作用是拾遗补缺、见缝插针。一般来说,市场细分程度越高,超级企业垄断市场的可能性就越小,小企业可以在某一细分市场里成为"市场的领导者",它们信奉不以利小而不为,只要有机会,就乘虚而入大公司不感兴趣的细分市场。

当然,市场补缺者战略也要冒较大的风险。例如,补缺市场可能萎缩,或者成长到了能吸引更大竞争者的规模。对此,企业可以通过发展两个或更多的补缺市场,以确保企业的生存和发展。

第四节 提高市场竞争力的战略路线

一、一体化战略

如果企业所在行业有发展前途,可考虑采用一体化战略。

(一)后向一体化

后向一体化即企业收购、兼并原材料供应商,目的是拥有或控制其市场供应系统。

后向一体化战略一方面可避免原材料供应短缺、成本受制于供应商;另一方面可以争取更多的收益。

（二）前向一体化

前向一体化即企业收购或兼并批发商、零售商或自办商业贸易公司，或将自己的产品向前延伸。

前向一体化战略一方面可避免企业受制于销售商的危险，另一方面可争取更多的收益。

（三）水平一体化

水平一体化即企业兼并同类企业或实行联合经营，扩大经营规模和实力，以争取更多的收益。

 知识链接

孙二娘的酒店该怎么做一体化发展战略？

本节主题一直是在讲战略，今天想把战略的类型和大家说一说。以孙二娘的生态大酒店为例，从战略发展的类型来看，如果说是向上一体化应该怎么做？向下一体化怎么做呢？

如果孙二娘的生态大酒店，可以做上门的酒席，派出厨师做家宴，可以做成快餐公司卖快餐，成立美团上门送餐，还可以到各个机关衙门里面承包餐厅，这可以把酒店的核心竞争力进一步释放，我们想一想可以怎么做呢？可以再把酒店的招牌菜做成浓缩的快餐便餐食品，就相当于南京的鸭血粉丝汤，用水一冲就成为一碗，虽然比现场做的差一点，但是毕竟还是有一个鸭血粉丝汤的风味。这就是前向一体化发展了。

那如果说后向一体化呢，就往产业链上游做，酒店需要的原料是什么？蔬菜、粮食、鸡鸭鱼肉，等等，那可以做养猪场、养鱼场、承包螃蟹塘，做有机农场等，这就是把产业链的上端也切下来了。

所以，孙二娘的6个儿子都有事做，这就是上游的后向一体化和下游的前向一体化，还有一个同向的一体化，就可以把它的生态酒店，做成一个总公司，可以到其他风景名胜的景区里面开分店，开连锁到州府衙门旁边，开同样的分号，集中配送，还可以集中培训厨师，集中培训服务员，把生态酒店的经验集中复制，做成宋朝的海底捞，等等，这就是同向一体化。

前向一体化、后向一体化、同向一体化，一体化发展战略就是由这么三类所组成。

资料来源：https://www.jianshu.com/p/a1207529904a。

二、多角化战略

企业如果在原来的市场框架内发展受到一定的限制，可考虑多角化战略，即同时生产经营两种以上基本经济用途不同的产品,多角化战略可细分为以下四种。

(一) 同心多角化战略

同心多角化战略即企业以原有技术、特长和经验为基础增加新业务。

例如,汽车厂在原有生产汽车的基础上,又增加生产拖拉机、起重机等。

又如,拖拉机厂生产小货车,电视机厂生产其他家用电器。

同心多角化战略的特点:新产品与原产品的基本用途不同,销售的关联性弱,但技术关联性强,因此,同心多角化战略可使企业发挥原有的优势,风险较小。

(二) 水平多角化战略

水平多角化战略指企业生产新用途的产品销售给老顾客,以满足原市场的新需求。

例如,某厂原来生产插秧机,卖给农民,后来增加生产农药、化肥等,仍然卖给农民。

水平多角化战略的特点:原产品与新产品的基本用途不同,技术关联性弱,但销售的关联性强。由于跨行业进入新的领域,水平多角化战略风险较大。

(三) 纵向多角化战略

纵向多角化战略也称垂直多角化战略,是企业以现有产品为基础,沿着产品的加工工艺方向或产销方向扩大经营领域。

例如,炼钢厂或是投资于铁矿石采掘业,或是向机器设备的生产、销售方向扩展经营。

纵向多角化战略的特点:原产品与新产品的基本用途不同,但产品的技术或生产或流通的关联性较强。

(四) 横向多角化战略

横向多角化战略是指企业向着跨行业的经营范围扩展,如制药厂扩展经营旅馆业、零售业等。

多角化战略有其可取之处,但当企业的资源有限、管理不善时,盲目地多角化扩展经营范围,就会使企业的经营战线拉得过长,造成企业的资源紧张,其重点产品或重点项目得不到应有的保护,如此企业会陷入更大的风险之中。

三、集团化战略

集团化战略是大企业以自己的经济优势为引力,吸引多种类型的企业(包括大、中、小企业)共同组建企业集团的经营战略。

对于大企业而言,集团化战略具有以下三个方面的作用。

(一) 增强大企业的整体经营实力

不同行业的企业联合在一起,可打破地区间、部门间、行业间的封锁和垄断,使分散在众多企业中的资源、技术、经营能力集中起来,并通过优化组合获得整体经营实力的巨大提高。

例如，某化学工业公司先后兼并承包40多家企业，做到了原材料生产、深加工、销售能力的优势互补，使原来分散在中、小企业低效运转的资产得到充分利用，这不仅节省了新项目的投资，而且提高了综合利用能力。

（二）增强大企业的竞争能力

在市场竞争日益激烈的今天，单个企业的力量往往有限，企业要在竞争中取胜，必须具有较强的综合竞争能力，组建集团可以发挥群体优势。

（三）增强大企业的应变能力

在宏观经济、政府政策、产业结构、市场需求、产品销售、原材料供应等方面发生不利变化时，即使再强大的单个企业也难以应对困难的局面。组建集团可以发挥多企业联合的威力，从而分散单个企业的风险。

当然，企业在实施集团化战略时应注意以下几点问题：

首先，作为集团核心层的大企业要根据自身的经济实力，确定企业集团的规模。

其次，要按经济技术联系的不同特点，组建类似的企业集团。

最后，要有名优系列产品，具有不断开发新产品的能力。

> **本章小结**　本章主要学习了市场竞争的层次及市场竞争战略的类型；不同市场地位的竞争战略；学会运用不同的竞争战略分析酒店面临的竞争情况，从而选择适合自己的竞争战略，提高市场竞争力。

复习思考

1. 市场竞争有哪几个层次？
2. 市场竞争战略有哪几种类型？
3. 成本领先战略的优缺点是什么？
4. 差异化竞争战略的优缺点是什么？
5. 集中化竞争战略的优缺点是什么？
6. 市场领导者的竞争战略是什么？
7. 市场挑战者的竞争战略是什么？
8. 市场追随者的竞争战略是什么？
9. 市场补缺者的竞争战略是什么？
10. 提高企业市场竞争力的战略路线有哪些？

第四篇

酒店营销组合策略

　　策略即为计策、谋略。一般是指可以实现目标的方案集合或根据形势发展而制定的行动方针和斗争方法。

　　酒店营销组合策略是酒店对自己可控制的各种营销因素进行分析,本着扬长避短的原则进行优化组合和综合运用,使各个因素协调配合,发挥整体功效,最终实现营销目标。

　　营销战略制定后就必须通过营销策略加以贯彻落实。营销策略由产品策略、价格策略、销售渠道策略和促销策略组成,它们相互影响、相互制约,因此营销策略往往是营销组合策略。

第八章
酒店产品策略

学习导引

产品策略是企业市场营销组合策略最基础的部分,因为只有决定了产品,才可能进一步决定产品的价格,才可能进一步决定产品通过什么渠道销售,才可能进一步决定用什么方法去进行推广,所以产品策略是最基本的决策。本章分别从产品定义、层次、周期以及新产品开发等几个方面展开论述,旨在帮助学生学会酒店生产、销售产品时所运用的一系列措施和手段,为酒店在激烈的市场竞争中获得优势。

学习目标

(一) 知识目标
1. 掌握产品及产品整体概念的五个层次。
2. 了解产品生命周期概念及各阶段的营销策略。
3. 掌握新产品的概念和开发程序。

(二) 能力目标
1. 能够运用产品整体概念的五个层次打造有竞争力的产品。
2. 能够为产品生命周期的各阶段制定相应的营销策略。
3. 学会运用新产品开发程序,优化酒店产品供给。

(三) 德育目标
具备与时俱进、开拓创新的精神。

第一节 酒店产品概论

一、产品的定义

(一) 狭义的产品

产品是指由劳动创造,具有使用价值和用途的有形物品。

从功能、用途、性能、外观、包装的角度来理解产品是狭隘的,是行销短视的表现。

(二) 广义的产品

从市场营销的角度出发,产品是一个整体概念,是指能够满足消费者需求和欲望的任何东西,包括实体产品,也包括非实体的服务、体验、时间、人物、地点、组织、资产、信息、创意、构思等。

实际上,消费者的购买行为是为了获得所需的解决方案。产品本身并不会使任何人感兴趣,它不过是满足、创造或引导市场消费需要的一种载体。

正如菲利普·科特勒所说,旅馆实际上卖给顾客的是"休息与睡眠";对于唇膏,妇女们实际上购买的是"希望";对于钻头,购买者实际上购买的是"孔"等。

二、酒店产品

(一) 酒店产品的定义

酒店产品是指顾客或社会大众所感受到的,酒店提供的能够满足其需要的场所、设施、有形产品和无形服务的使用价值的总和。

(二) 产品概念的层次

若把以上观念应用于酒店业,则一种完整的酒店产品应由核心产品、形式产品、期望产品、延伸产品和潜在产品等五个层面构成。

产品概念的层次如图 8-1 所示。

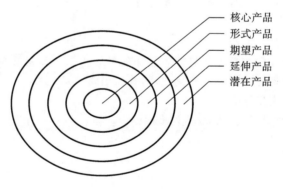

图 8-1　产品概念的层次

1. 核心产品

核心产品是指消费者购买一种酒店产品时所获得的利益或基本效用。这是酒店整体产品概念中最基本、最主要的部分。例如,顾客在一家酒店下榻,租住客房是为了得到休息,安于睡眠,购买餐饮产品是为了满足其饥渴需求。

2. 形式产品

形式产品是核心产品借以实现的形式,即产品实体和服务的形象。例如,酒店的建筑特色、地点位置、客房、餐厅、会议室、各种服务项目及其服务质量等。酒店产品的基本效用必须通过某些具体的形式才得以实现,酒店形式产品的设计必须以酒店核心产品为指向。

3. 期望产品

期望产品是指顾客在购买某一酒店产品时随之产生的种种期望。例如，酒店干净的客房和床上用品、安静的环境、安全感，以及得到关心、受人尊重、优质服务等。

4. 延伸产品

延伸产品是指顾客购买酒店产品时所获得的全部附加服务和利益，也称作附加产品。延伸产品是一个酒店能同其他酒店区别开来、形成特色、保持竞争优势的重心所在。酒店的商务中心、娱乐设施、免费停车场等均属于此范畴。

5. 潜在产品

潜在产品是指包括现有酒店产品的所有延伸和演进部分，可能发展成为未来产品的潜在状态的产品，也可指为个别客人提供的个性化服务。

酒店产品在上述五个层面相互独立、各具特点，又紧密相连，共同构成整体产品的全部内容。在五个层面上，确保核心产品、形式产品和期望产品的质量，是使客人满意的前提条件。延伸产品和潜在产品是产品灵活性的具体表现，同时也是该产品在现有价值之外的附加价值，它们能提高客人满意程度。酒店整体产品的五个层次，十分清晰地体现了以客人为中心的酒店现代营销观念，它说明没有客人的需求就没酒店产品，酒店产品就是满足客人需求的载体。

三、酒店产品组合

一般情况下，酒店顾客购买的并不都是全部服务，也不是各个分类服务，而是分类服务的组合。随着市场需求不断个性化和多样化发展，酒店产品已不再是单一的住宿和餐饮，酒店为满足不同需求的顾客群体，应该整合现有服务资源，提供特色的、个性化的、差异化的产品组合，通过物有所值甚至是物超所值形成竞争优势。

酒店产品组合是酒店提供给顾客的各种不同功能产品和服务的搭配。参与功能搭配包括有形产品，如不同类型的客房、餐饮类型、康体娱乐项目，也包括酒店文化、特色体验等无形服务。例如，酒店餐饮产品组合会因不同需求而适当搭配，针对住店客人只提供常规餐食服务，而针对宴会客人则采取特殊程序服务等。

一般来说，酒店产品组合的衡量标准包括广度、长度、深度和相关度。

广度是指酒店能提供多少项分类服务，如餐厅、客房、商务中心、康体娱乐、旅游服务等。

长度是指每一类的产品可以提供多少种不同的服务项目，如客房可以分成标准间、豪华间、单人间、三人间以及套房等，餐厅可以分为中餐厅、西餐厅、日式餐厅、韩式餐厅等。

深度是指每一项服务中又能提供多少品种，如酒店套房又可以分为总统套房、豪华套房和一般商务套房等，酒店中餐厅能提供多少种不同菜系的菜肴、多少种酒水饮料。

相关度是指企业各产品线在使用功能、生产条件、销售渠道或其他方面的关联程度，相关度越高，企业优势资源可以得到更充分的利用，也能更有效地提高企业的专业能力及市场声誉。

对酒店来说，有些产品线（如客房和餐饮）在生产条件上不存在相关性，却可以通过相同的渠道进行分销。因此，就产品的最终使用和分销渠道而言，产品组合的相关性会更强。

可以看出，组合广度、长度和深度涉及内容越多，产品组合种类就越细、越多，成本也就越高，可能会影响酒店的经济利益。因此，酒店组合策略必须以市场需求和经济效益并重，结合企业目标、资源状况进行科学的组合决策。

知识链接

酒店服务包

服务是顾客参与生产的体验过程，服务产品则是体验过程中所有相互作用的要素的集合，如酒店产品包括舒适客房、安全卫生、环境和氛围、可口饭菜、热情服务的员工以及其他硬件辅助条件等。因此，服务产品是以要素组合的形式提供给顾客的，这个组合也被称为服务包（Service Package）。所谓服务包，就是在特定环境下企业提供的一系列有形产品和无形服务的体验组合。服务包中一般包括五个要素，分别是支持性设施、辅助物品、信息、显性服务和隐性服务。

酒店产品由多种服务要素组成，包括客房、餐饮、娱乐、商务、会议及其他服务，每项服务及其组合都涉及服务包的五个要素，各有侧重。酒店产品服务包的主要表现包括：酒店建筑及硬件环境是支持性设施；客房内一次性用品、毛巾、电水壶等是辅助物品；顾客基本情况、服务导引指示等是信息要素；餐食质量、服务人员态度和形象、卫生安全情况以及温湿度等可感知的服务内容是显性服务；酒店个性化服务及顾客愉悦经历是隐性服务。

四、酒店服务质量管理

质量是企业获得与竞争对手相比的差异性地位和竞争优势，是获得高额收益的来源和基础。酒店服务质量是指为客人提供的服务在适合和满足客人需要方面的水平，是顾客感知的服务质量。适合和满足需要的程度越高，其质量水平也越高，反之亦然。

酒店服务质量的核心有两点：

一是看这种服务是否"适合"客人需要，只有适合的才谈得上质量。

二是看这种服务是否"满足"客人需要，以满足程度的高低来衡量质量水平的高低。

适合与否是衡量质量水平高低的前提，而满足与否是衡量质量水平高低的条件。

北美学派以市场营销学家帕拉休拉曼等学者为代表提出了著名的 SERVQUALC（Service Quality 的缩写，服务质量）模型（1985），即适用于一般服务情境的服务质量五个维度，分别是可靠性、响应性、保证性、移情性和有形性。

可靠性是准确可靠地执行所承诺服务的能力，是顾客感知质量的重要决定因素。

响应性是强调在处理顾客要求、询问、投诉和问题时的专注性和快捷性，反映服务的反应能力。

保证性是企业服务赢得顾客信任和互动的能力，包括员工的专业能力、综合素质和谦恭态度等。

移情性是通过个性和定制化服务获得顾客信赖和忠诚的能力。

有形性是所有可以有效传递无形服务的实体物品、人员形象、物质环境以及环境氛围等。

这五个维度代表了顾客评价服务质量的信息和标准。

该理论模型被酒店业广泛应用,并得到进一步完善。不同文化背景、不同需求特点的顾客对五个维度的关注程度存在差异。如休闲俱乐部的顾客认为产品的有形性包括卫生、资源适度性,可靠性包括预订、设备设施和营业时间等。

第二节　产品生命周期及营销策略

一、产品生命周期的概念

产品生命周期是指一种产品从进入市场到被淘汰、退出市场的过程。

任何一种产品都不可能无止境地在市场上延续下去,因为消费者对产品的态度和需求都会发生变化,产品所处的行业技术也会发生变化。

产品生命周期实际上就是产品的市场寿命,是某种产品在市场上存在的时间,其长短受消费者需求变化、产品更新换代速度等多种市场因素的影响,它与产品的使用寿命(自然寿命)是不同的。

以此类推,酒店产品的生命周期又叫酒店产品的寿命周期,它是就酒店产品的销售量和边际收益而言的,而不是指产品的使用寿命。酒店产品的生命周期即酒店产品在市场经营活动中的市场寿命,即酒店产品从开始构思设计、开发上市直至被市场淘汰为止的整个时期,这一时期反映在酒店产品的销售量和收益上,也是由弱到强,又由盛转衰的过程。它大体上经历了一个类似人类生命模式的周期性规律。

一般来说,一个完整的酒店产品生命周期可分为四个阶段,即导入期、成长期、成熟期和衰退期,但并非所有的产品都要经历这四个阶段。

二、产品生命周期各阶段的主要特征及相应的营销策略

产品生命周期的每一阶段都有各自的市场特征,企业应根据这些特征来制定相适应的营销策略。

(一) 导入期

1. 导入期产品的主要特征

导入期产品的主要特征有以下几个方面。

(1) 生产批量小,制造成本高,销量少而销售成本高。

(2) 产品的知名度和认知度低,经销商缺乏信心导致分销渠道不畅通,消费者对产

品缺乏信心导致需求增长缓慢。

2. 导入期产品的营销策略

导入期产品的营销策略主要有以下几个方面。

(1) 快速撇脂策略。

这种策略也称为快速掠取策略,是采用高价格和高促销的方式推出新产品,以求迅速扩大销售量,获得较高的市场占有率。高促销费用可以快速引起目标市场的注意,加快市场渗透,这样可以使企业赚取较多的利润,尽快收回新产品的开发费用。

实施该策略的市场条件:市场有较大的需求,潜在消费者具有求新心理,急于购买新产品,并乐于支付高价;企业面临潜在竞争者的威胁,需要及早建立品牌。

(2) 缓慢撇脂策略。

这种策略是以高价格和低促销方式推出新产品,实行高价格是为了抓住时机,尽量从每单位销售中获取更多的毛利,而低促销是为了降低营销费用,两方面相结合期望能够从市场上获取更大利润。

实施该策略的市场条件:市场规模较小,竞争威胁不大,市场上大多数用户对该产品没有过多的疑虑;适当提高价格可以为市场所接受。

(3) 快速渗透策略。

这种策略是以低价格、高促销的方式推出新产品,以期迅速打入市场并取得最高的市场份额。

实施该策略的市场条件:产品市场容量很大;潜在消费者对产品不了解,并且对价格敏感;潜在竞争比较激烈;产品的制造成本可以随产量的增加而快速下降。

(4) 缓慢渗透策略。

企业用低价格和低促销费用推出新产品。低价格有利于市场迅速接受新产品,低促销费用可以实现更多的净利。

实施该策略的市场条件:产品市场容量较大;潜在消费者容易或者已经了解该新产品,并且对价格十分敏感;有相当的潜在竞争者准备加入竞争。

(二) 成长期

1. 成长期产品的主要特征

成长期产品的主要特征有以下几个方面。

(1) 经过市场导入期,消费者对新产品逐渐熟悉,销售量迅速增长,企业开始批量生产,生产规模扩大导致产品成本降低,产品价格维持不变或略有下降。

(2) 为维持市场的继续成长,企业需保持或稍微增加促销费用,但因销量大增,促销费用相对销售额的比率不断下降。

(3) 销量激增和单位生产成本及促销费用的下降,使利润迅速增长。

(4) 市场竞争日益加剧,新的产品特性出现,市场开始细分。

2. 成长期产品的营销策略

成长期产品的营销策略主要有以下几个方面。

(1) 改进产品。

企业要对产品进行改进,提高产品质量,增加新的功能,丰富产品式样,适当扩大产品组合,强化产品特色,努力树立起名牌产品形象,提高产品的竞争能力,满足消费者更高更广泛的需求,这样既扩大了销量又限制了竞争者加入。

(2) 拓宽渠道。

企业要通过市场细分,找到新的尚未被满足的细分市场并迅速占领这一市场;还要开辟新的分销渠道,增加销售网点,方便消费者购买。

(3) 适时降价。

企业在适当的时候,可以采取降价策略,以激发那些对价格比较敏感的潜在消费者产生购买欲望并实施购买;同时,低价格还能抑制竞争者的加入。

(4) 促销重心的转移。

以广告策略为例,企业要把广告宣传的重心从介绍产品、建立产品知名度转移到说服消费者接受产品和实施购买上来,以促进企业销售的增长。

(三) 成熟期

1. 成熟期产品的主要特征

成熟期产品的主要特征有以下几个方面。

(1) 产品的销售量增长缓慢,逐步达到最高峰,然后缓慢下降。

(2) 生产批量很大,生产成本降到最低程度,价格开始有所下降。

(3) 产品的服务、广告和推销工作十分重要,销售费用不断提高。

(4) 利润已达到最高点,并开始下降。

(5) 大多数消费者都加入购买队伍,包括理智型、经济型的购买者。

(6) 同类产品逐步趋于同质化,竞争十分激烈,并出现价格竞争。

2. 成熟期产品的营销策略

在这一阶段,企业的营销目标是延长成熟期,巩固原有市场并使其进一步扩大,充分挖掘老产品的潜力,以便获取尽可能高的利润,为此企业要致力于改进产品、调整营销组合、改进市场,并且不可畏惧竞争,不能轻易放弃成熟产品。

1) 改进产品

(1) 改善产品的功能特性,如耐用性、可靠性、速度等。例如,汽车制造商通过增强汽车的安全性能(如安装安全气囊),或者降低油耗,或者提供自动驾驶功能等来延长产品的生命周期。

(2) 增加产品的新特点,如扩大产品的多功能性、安全性或便利性。

(3) 改变产品款式、颜色、配料、包装等,以增强美感或者增加时尚特性。

2) 调整营销组合

例如,增加产品概念和特征、降价或者设计特价、拓展营销渠道、改变广告媒体组合、变化广告时间和频率、增加人员推销、强化公共关系等,争取获得更多的消费者。

3) 改进市场

这种策略是在不改变产品本身的情况下,通过以下方式去扩大市场,增加销售。

(1) 挖掘产品的新用途。例如,酒店在客房新产品开发方面,不断完善客房结构,在原有标准间的基础上增加商务套间、总统套房等。

(2) 找新的细分市场。例如,从城市到农村,从国内到国外;或者反过来,从农村到城市,从国外到国内。

(3)创造新的消费群体。例如,有一种巧克力饮料,原来其主要消费者是中老年消费者,后来以青少年为主要促销对象和目标进行广告宣传,从而进入了青少年市场。

(4)通过将非用户转变为用户,争取竞争对手的用户,以及鼓励用户更频繁地、更大量地使用产品。

(四)衰退期

导致产品衰退的原因有很多,如技术进步、消费者需求变化、竞争加剧、政策影响等。

1. 衰退期产品的主要特征

衰退期产品的主要特征有以下几个方面。

(1)产品销售量急剧下降,甚至出现积压。

(2)新产品开始进入市场,正逐渐替代老产品。

(3)市场竞争不激烈,许多竞争者已经退出,竞争突出表现为价格竞争,产品价格不断下降,消费者数量日益减少。

(4)企业利润日益下降甚至为零。

(5)消费者是落后于市场变化的保守型消费者,他们实行习惯性购买,而大多数消费者态度已发生转变。

2. 衰退期产品的营销策略

衰退期产品的营销策略主要有以下几个方面。

(1)维持策略。

维持策略即继续沿用原有的策略,仍按照原来的细分市场,使用相同的分销渠道、定价及促销方式,直到这种产品完全退出市场为止。

(2)集中策略。

集中策略即把企业能力和资源集中在最有利的细分市场和分销渠道上,从而为企业创造更多的利润,同时又有利于缩短产品退出市场的时间。

(3)收缩策略。

收缩策略即企业抛弃无希望的消费群体,大幅度降低促销水平,尽量减少销售和推销费用,以增加目前的利润。这样可能加速产品的衰亡,但也可能使企业从忠实的消费者那里获取利润。

(4)放弃策略。

尽管在某一市场上坚持到底的企业可能因其他竞争者的退出而获利,但对于大多数企业来说,只能够当机立断地放弃经营疲软产品。

企业在淘汰疲软产品时,到底是采取立即放弃策略、逐步放弃策略、完全抛弃策略还是转让抛弃策略,要妥善抉择,力争将企业损失控制到最低限度。但是,不管怎样,企业要避免与市场潮流做无效的对抗。

知识链接

酒店产品的生命周期

酒店产品的生命周期即酒店产品在市场经营活动中的市场寿命,即酒店产品从开始构思设计、开发上市直至被市场淘汰为止的整个时期,这一时期反映在酒店产品的销售量和收益上,也是由弱到强,又由盛转衰的过程。它大体上经历了一个类似人类生命模式的周期性规律。一般来说,一个完整的酒店产品生命周期可分为四个阶段,即导入期、成长期、成熟期和衰退期。

产品导入阶段也称产品介绍期,是指在市场上推出该产品,产品呈缓慢增长状态的阶段。在此阶段,新产品的研制、开发和推销费用很高,而销售量又十分有限,所以这一阶段的赢利比较低。

市场成长阶段也称产品成长期,是指由于消费者开始接受该产品,产品的销售量呈大幅增长的阶段。在这一阶段,由于产品销售量增加,成本降低,所以,产品的赢利状况明显改善。

市场成熟阶段也称产品成熟期,是指产品销售量由快速上升到缓慢上升乃至缓慢下降的阶段。在这一阶段,消费者已经接受了该产品,但是,由于生产竞争状况加剧,产品的赢利能力停止增长甚至略有下降。

市场衰退阶段也称产品衰退期,是指产品的销售额以及赢利能力迅速下降的阶段。在这个阶段,由于竞争过于激烈,加上新的替代产品的出现,产品的销售额迅速下降直至退出市场。

酒店产品的生命周期,较之其他产品来说,变化要缓慢一些。但酒店市场营销和经营管理人员仍然需要不断研究其产品的生命周期,其目的在于使自己的产品尽快、尽早地被市场所接受,缩短产品在市场中的投入期,尽可能延长产品的成熟阶段,使产品的生命周期延长,推迟酒店产品衰退期的到来。针对市场需求及时更新换代,尽量做到人无我有、人有我特、人特我多、人多我好、人好我转,在市场竞争中处于有利地位。研究每一款产品的需求情况,使产品适销对路。酒店研究产品的生命周期,采取相应的营销策略,以促使企业达到收益最大化的经营目标。

资料来源 http://wap.szjm666.com/jiudian/news/41581_1.htm。

第三节 酒店产品设计与开发

一、新产品开发的重要性

首先,任何产品都有生命周期,今天,你的产品满足消费者的需要,而明天可能出现更能够满足消费者需要的其他产品,那么你的产品就过时了,你的产品就有可能被淘汰，消费者就会"移情别恋""另觅新欢"。因此，为了满足消费者的要求，企业要不断提供新产品，站在消费者的立场去研究和设计产品。

其次，通过科技开发的新产品，不仅可以更好地满足消费者的需要，而且可以构筑竞争者进入的壁垒，有效地阻止竞争对手的进攻。

再次，新产品能够恢复利润——维持老产品的市场份额所花费的防卫性营销费用往往很高，但是这仍然难以改变老产品利润持续下降的现状，因为防卫性营销策略基本上是采取促销让利、降低价格等手段；而开发新产品虽然成本高，但是初始利润一般也会很高。

最后，开发新产品还能够维护企业的声誉，树立企业不断进取的良好形象。

二、新产品的分类及来源

(一) 新产品的分类

营销学里的新产品不一定是新发明的产品，产品中任何一部分的创新和变革，而使产品有了新的功能，或者增加了新的品种，或者增加了新的内容、新的形态，并且能够为消费者带来新的利益，就是新产品。因此，新产品可分为全新的新产品、换代的新产品、改进的新产品、仿制的新产品四种。

1. 全新的新产品

全新的新产品即应用新原理、新技术、新材料和新结构等研制成功的前所未有的创新产品。这些产品的出现需要创意，还需要用技术来实现，相当不容易。谁率先把产品推向市场，谁就理所应当地成为新品类的开拓者和首席代表。

2. 换代的新产品

这种新产品是指在原有产品的基础上，采用或部分采用新技术、新材料、新结构制造出来的产品。

3. 改进的新产品

在原有产品的基础上加以适当改进，使得产品在质量、性能、结构、造型等方面有所改善，或者配合更新后重新定位的新的细分市场，或者开发出原有产品线增补产品。

(1) 改进质量。

改进质量即在产品的使用性能、耐用程度、可靠性、方便性、功能等方面进行改进。例如，许多企业向市场推出的"改进型""第二代"等改进产品，并加上"更佳""更强""更大"等说法予以促销。

(2) 改进特性。

考虑在产品的大小、重量、材料或附加物等方面增加新的特性，以扩大产品多方面的适用性。

(3) 改进款式。

改进款式即通过改变产品款式，增加美感来提高产品的竞争力。

(4) 改进服务。

对于许多耐用消费品和工业用品来说，服务是产品构成很重要的内容之一，提供新的服务方式、增加新的服务内容，对扩大企业产品销量、延长成熟期有较大促进作用。

4. 仿制的新产品

仿制的新产品即通过模仿其他企业的产品使企业获得新产品。但这种新产品只是对企业自己来说的"新",对市场来说并不"新"。仿制的好处是研制周期缩短,研制费用降低。

企业开发新产品的途径首先来源于企业内部,其次来源于企业外部。例如,2016年万豪国际完成对喜达屋酒店集团的收购,喜来登成为万豪旗下的优质酒店品牌,这属于从企业外部来源的新产品。

三、新产品开发的程序

(一)识别机会:从企业角度定义产品概念

该阶段是新产品开发的开始,主要分为产生创意和评估创意两个方面。

1. 产生创意

新产品的开发过程是从寻求创意开始的,在该阶段企业主要的目标是提出各种创意,并明确阐述与这些创意相关的市场机会,也就是明确新产品所能提供的核心利益。虽然并不是所有的设想或创意都可以变成产品,但寻求尽可能多的创意却可以为开发新产品提供较多的机会。

新产品创意的主要来源有:消费者、科学家、竞争对手、市场营销研究公司、广告代理商,以及企业的推销员、经销商、高层管理人员等。

2. 评估创意

产生足够创意后,企业要对这些创意加以评估,研究其可行性,并挑选出可行性较高的创意,这就是评估创意。评估创意的目的在于淘汰那些不可行或可行性较低的创意,使公司将有限的资源集中于成功机会较大的创意上。

企业在评估创意时,一般会考虑两个方面的准则因素:

(1)企业目标准则。

企业目标准则,也就是该创意是否与企业的利润目标、销售目标、销售增长目标、形象目标等方面相适应。

(2)企业实力准则。

企业实力准则,也就是企业有无足够的能力实现这种创意,这些能力表现为资金能力、技术能力、销售能力和协同作用能力等。

(二)形成概念:从消费者角度定义产品概念

该阶段的主要任务可以归纳为以下三个点。

1. 产品设计

产品设计也就是企业通过赋予某种创意以形式、属性和意义,将创意更好地转化为物质实体或概念实体。其最重要的目标是找出符合消费者偏好及使用习惯的产品形态、属性、水平,如高性能化、多功能化、微型化、转型化、方便化、简便化、节能化、多样化、系列化、知识化、智慧化。

2. 探究市场细分与定位

探究新产品的市场细分及定位就是为了验证消费者是否认同新产品带来的核心利益,哪些消费者对新产品提供的核心利益有最强的需求,以及如何进行市场定位才能更好地吸引消费者。

3. 销售预测分析

在这一阶段还要完成对新产品市场销售的初步预测,销售预测可以帮助企业更好地理解市场,了解目标市场的规模、结构、行为及可能的利润情况。

(三) 开发测试:实物产品测试和定型生产

1. 产品开发

通过企业及消费者两方面的筛选后,研究与开发部门及工程部门就可以把这种新产品的概念转变为实物产品,进入试制阶段。只有在这一阶段,用文字、图标及模型等描述的产品设计才能转变为实体产品。

2. 市场测试

如果实体产品能顺利开发出来,企业下一步就应着手制定营销组合策略,把产品试验性地推向小范围的市场,其目的在于了解消费者和经销商对于购买、经营这种新产品的实际状况以及真实市场的大小。此外,测试还能为企业提供一些诊断信息,例如,对产品或营销策略进行怎样的改动才能提高新产品成功的可能性。如果测试表明产品是成功的,企业就有理由将产品引入市场。

(四) 市场导入:新产品商业化运作

产品的市场导入也就是产品的商业化过程,企业管理层仍需要进行许多决策,如协调生产计划和营销计划,对产品设计进行微调以适合大规模生产及分销渠道管理等。此外,引入新产品还要求企业对市场业绩进行持续监测以制定、改进新产品的营销策略。

第四节 酒店品牌建设与营销

世界著名酒店集团凭借强有力的品牌开发能力不断孕育新的品牌,近几年来,我国酒店及大住宿业已步入品牌争雄、IP并起的阶段。在国内中端酒店市场,大量新生品牌兴起,维也纳、雅斯特在短短几年发展到几百家。铂涛集团在中国酒店业首倡"品牌先行",基于消费者的价值诉求、内心喜好来打造及运营品牌,2015年铂涛与锦江强强组合,跻身全球第五大酒店集团,成为首家全球前五的中国酒店集团。再加上黑马OYO以及携程主导的OTA系品牌丽呈等,都在进行"品牌化"建设。酒店品牌化建设和发展已经成为酒店业发展的重要路径。

一、品牌和酒店品牌

(一) 品牌的定义

目前,理论界对于品牌的定义有多种,现列举如下:

(1) 品牌是指组织及其提供的产品或服务的有形和无形的综合表现,其目的是借以辨认组织产品或服务,并使之同竞争对手的产品或服务相区别。

(2) 品牌是用来识别一种(一系列)产品或服务的名称、术语、标记、符号或图案,或是他们的相互组合,使之与竞争对手的产品或服务相区别。

(3) 品牌是企业或品牌主体(包括城市、个人等)一切无形资产总和的全息浓缩,而"这一浓缩"又可以以特定的"符号"来识别;它是主体与客体、主体与社会、企业与消费者相互作用的产物。

竞争的加剧使品牌的问题凸显了出来。

一般认为,品牌是一种名称、术语、标记、符号或图案,或是它们的相互组合,用以识别某个销售者或某群销售者的产品或服务,并使之与竞争对手的产品和服务相区别。

与品牌紧密联系的有如下一些概念。

品牌名:品牌中可以读出的部分——词语、字母、数字或词组等的组合。

品牌标志:品牌中不可以发声的部分——包括符号、图案或明显的色彩或字体。

品牌角色:是用人或拟人化的标识来代表品牌的方式。

商标:受到法律保护的整个品牌、品牌标志、品牌角色或者各要素的组合。当商标使用时,要用"R"或"注"明示,意指注册商标。

知识链接

地理标志商标

根据商标法相关规定,地理标志是指标示某商品来源于某地区,该商品的特定质量、信誉或者其他特征,主要由该地区的自然因素或者人文因素所决定的标志。地理标志商标是国际上保护特色产品的一种通行做法。通过申请地理标志商标,可以合理、充分地利用与保存自然资源、人文资源和地理遗产,有效地保护优质特色产品和促进特色行业的发展。

"地名+品名"是地理标志的核心内容,属于当地生产经营者全体。地理标志的注册者获得的不是"地名+品名"文字的商标专用权,而是地理标志专用标识的专用权。

二、酒店品牌的创建

随着全球经济一体化进程的加快和信息技术的发展,同类酒店产品在质量、功能、价格等方面的差异越来越小,品牌作为一项无形资产成为酒店竞争力的一个重要筹码。

品牌有助于酒店宣传自己的产品,树立市场形象,培养忠诚顾客,进行市场细分,从而形成独特的竞争优势。

(一)酒店品牌塑造

对现代酒店企业而言,品牌不再是简单的产品识别标志,它已成为企业营销战略管理的一项重要内容。而且,在酒店行业中酒店品牌比产品品牌更为重要。酒店品牌的塑造是一个系统工程,需要酒店的长期努力(这里指的是广义的品牌概念)。要树立鲜明的品牌形象,酒店应从以下四个方面入手。

1. 品牌决策

品牌决策包括品牌化决策、品牌使用者决策、家族品牌决策、多品牌决策、品牌扩展决策和品牌再定位决策。

品牌决策主要解决以下问题:是否给产品规定品牌名称;是采用本酒店品牌,还是采用中间商品牌或两者兼有;各类产品是分别使用不同的品牌名称,还是统一使用一个或几个品牌名称;如何利用品牌开展营销以及如何更新品牌等。

2. 品牌设计

品牌设计包括酒店或产品名称、品牌标志和商标。高水平的品牌名称和标志设计能给消费者留下深刻的印象。

3. 服务提升

服务提升即良好的品牌形象需要酒店的高品质服务来支撑。因为一个强有力的品牌只能给有竞争力的产品或服务带来市场优势,却不能补偿任何劣质服务,可能一次质量事故就使品牌毁于一旦。

4. 有形展示

有形的服务展示能突出酒店的产品特色,使服务有形化、具体化,从而让顾客在购买前就能感知产品或服务的特征以及消费后所获得的利益。酒店实施有形展示策略的途径主要有四种,即设计酒店标志、规范服务行为、美化服务环境和开展促销活动。

(二)酒店品牌营销策略管理

在选择品牌营销策略之前,酒店首先必须对酒店或产品的品牌类型与品牌力进行科学的评价,酒店或酒店产品的品牌力主要由两个因素决定:

一是品牌认知度,即顾客对品牌知名度和普遍关注度的总体评价。

二是品牌活力,即酒店或产品品牌的差异化特征与顾客的关联度。

根据自身品牌所处的市场地位,酒店便可以制定出相应的品牌营销策略(见图8-2)。

对于新的主导产品,酒店一般采取品牌培育策略,凭借成功的品牌定位突出新品牌对消费者的独特利益点。当新品牌转变为发展品牌时,酒店品牌已具有一定的活力,但认知度偏低,这时酒店应通过广告等方式提高品牌的知名度和美誉度,以吸引消费者购买;对市场占有率和知名度都较高的强势品牌来说,酒店营销活动的中心任务是维护品牌地位,并通过新产品开发、产品改进等途径来挖掘品牌潜力;对于市场逐渐萎缩的品牌产品,酒店应针对顾客的需求变化创造新的品牌特色,常用的两种方法是进行品牌重

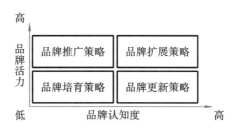

图 8-2　酒店品牌营销策略

新定位或将品牌投入新的市场。

本章小结　本章主要学习了产品及产品整体概念的五个层次;产品生命周期的概念及各阶段的营销策略;新产品的概念和开发程序。

复习思考

1. 为什么酒店产品属于无形的服务产品?
2. 简述酒店产品概念的"五层次说"。
3. 简述酒店新产品开发的程序。
4. 简述酒店产品不同生命周期的营销策略。

第九章
酒店价格策略

学习导引

酒店产品的价格是酒店产品营销因素组合中最活跃的因素,它具有数量化特性,容易识别,易于比较。定价是否合适往往决定于酒店的产品能否被市场所接受,并直接影响酒店在市场上的竞争地位与占有率,定价是酒店重要的竞争手段。价格是影响酒店消费者购买决策的主要因素,也最容易引起各方面的注意,它在酒店营销活动中占有举足轻重的位置。因此,必须用科学的态度、正确的策略、合理的方法来制定酒店产品的价格。

学习目标

(一) 知识目标
1. 理解酒店产品价格概念、熟悉酒店产品价格及其策略的意义以及影响制定酒店产品价格的因素。
2. 掌握酒店产品价格制定的目标、理解制定酒店价格的步骤。
3. 熟悉新产品定价策略、促销定价策略以及心理定价策略。
4. 理解并掌握酒店产品的基本报价原则以及酒店产品的报价技巧。

(二) 能力目标
能够根据酒店产品销售情况,运用相应的产品定价策略和定价方法,制定科学合理的餐饮、客房等酒店产品价格。

(三) 德育目标
培养为消费者服务的意识,遵守商业伦理规则,具备良好的商业道德,建立为我国企业发展贡献力量的责任感。

第一节 酒店产品价格概述

一、酒店产品价格的概念

产品是指能够提供给市场,被人们使用和消费,并能满足人们某种需求的任何东西,包括有形的物品、无形的服务,以及组织、观念或它们的组合。

酒店产品是由若干个不同部门产品组成的总体,是指宾客在酒店期间,酒店向消费者出售或出租的能满足顾客需求的有形的或可计量的商品和无形的不便计量的服务的使用价值的总和。酒店产品价格即酒店消费者购买酒店产品所支付的货币量。从酒店角度来看,酒店产品价格为酒店经营成本、税费和利润的总和。

酒店产品的具体产品和服务如表 9-1 所示。

表 9-1　酒店产品

具体的产品(可接触到的)	服务(不可直接接触到的)
消费性产品、物资消耗 能源(天然气、电力、油料) 食品、饮料(消费)、陈设 各种针织品、洗涤用品(作用)	人力消耗(能力、知识、实际知识、技能技巧、管理) 接待、信息 秘书处、电话、电传、电报、美食周、气氛组织 娱乐活动、体育活动、各种福利设施(安全、保卫)

由于酒店的产品是酒店若干个不同部分组成的总体,又是通过对消费者进行连续性、多向性、直接或间接服务完成的,所以酒店的总价值应是由各个部门单独创造的价值的总和。酒店经营中直接获得流动资金的最终决策就是价格,因为它直接影响到酒店的营业额及酒店各部门的经济效益。如果价格这个杠杆运用得好,就可以在不影响客流量的前提下,获得最理想的经济效益和社会效益。

二、酒店产品价格的分类

由于酒店产品价格受到诸多因素影响,并随游客量的增减同旅游业一样呈现明显的淡季、旺季,因此具有综合性和波动性的特点。

(一) 价格的分类

一般来讲,价格分为基本价格、优惠价格和合同价格三种。

1. 基本价格

基本价格即价目表列出的要求支付的价格。

2. 优惠价格

优惠价格即对基本价格做折扣的价格。

3. 合同价格

合同价格即酒店给予中间商的价格。

(二) 酒店产品的计价方式

按照国际惯例,酒店产品的计价方式主要包括以下五种。

1. 欧式计价

欧式计价 European Plan(EP)。这种计价方式源于欧洲,是指酒店客房价格仅包括房租,不含食品、饮料等其他费用。世界各地绝大多数酒店采用此类计价方式。我国的涉外酒店也基本上采用这种计价方式。

2. 美式计价

美式计价 American Plan(AP)。酒店价格包括房租以及一日早、中、晚三餐的费用。因此,美式计价又被称为全费用计价。这种计价方式多被度假型酒店采用。

3. 修正美式计价

修正美式计价 Modified America Plan(MAP)。采用修正美式计价方式,酒店价格包括房租、早餐及午餐或晚餐的费用。这种计价方式多适用于旅行社组织的旅游团队,以便宾客有较大的自由来安排白天活动。

4. 欧陆式计价

采用欧陆式计价 Continental Plan(CPL)方式的酒店价格包括房租及一份简单的欧陆式早餐的费用,欧陆式早餐即咖啡、面包和果汁。采用这种计价方式的酒店一般不设餐厅,有些国家称其为"床位＋早餐"(B&B,即 Bed and Breakfast)计价。

5. 百慕大计价

采用百慕大计价 Bermuda Plan 的酒店价格包括房租及美式早餐的费用。美式早餐除含有欧陆式早餐的内容以外,通常还包括火腿、香肠、培根等肉类和鸡蛋。

三、酒店产品的定价原则

酒店产品的定价原则包括以下五点。

(1) 酒店产品的价格必须依据酒店产品的真实价值来制定。

(2) 酒店产品的定价必须符合市场供求关系的变化。

当酒店产品的市场供求关系发生变化时,酒店产品的价格就要围绕其价值做相应的调整。

(3) 酒店产品的价格应保持相对稳定。

因为酒店价格在一定程度上代表了酒店在市场中的形象设计,频繁的价格变化会给消费者酒店经营发展不稳定的印象,使消费者对酒店丧失信心。一般在变动之前应提前较长一段时间给出预告。变动幅度不应太大,一般不超过15%。

(4) 酒店产品的价格也应有一定的灵活性。

虽然酒店产品的价格要保持稳定,但也不是永远不变的。一方面,旅游市场本身就有很强的季节性波动,酒店产品的价格应该有淡季和旺季的区分。另一方面,对于散客和团队客人,酒店也应该采取不同的价格策略。

(5) 酒店产品的价格要接受国家政策的调整。

旅游产品的价格首先要符合国家旅游行政主管部门和行业协会的规定。在特殊时期比如黄金周等重大节庆期间,相关部门还会对酒店产品实施限价管理,酒店在调整价格时要充分考虑到这些因素。

四、酒店产品价格策略的意义

价格是酒店营销组合的一个重要组成部分,它有着若干独特而鲜明的特征。在营销组合各因素中,价格是作用最直接、见效最快的一个变量,也是与酒店获取收益直接相关的。

价格策略运用的效果如何,在很大程度上取决于价格策略的质量,包括价格的定位是否适当,是否能处理好各种有关的价格关系,是否能有效地组织其他资源为价格策略的实施创造条件等。价格决策的重要性在于价格手段,它对酒店经营的成败有着决定性的影响。

大量酒店营销的实践表明,价格直接关系到酒店所能获得的销售收益的多少,而且也是决定酒店经营活动的市场效果的重要因素。酒店市场占有率的高低、市场接受新产品的快慢、酒店及其产品在市场上的形象等都与价格有着密切的关系。

酒店产品的定价策略是酒店市场营销组合策略的重要组成部分,作为供求双方利益的调节者,酒店价格对于供求双方来说,都是最客观的数量指标。酒店产品价格制定是否合理及其策略运用得恰当与否,直接关系到酒店企业市场营销组合的科学性和合理性,进而影响到酒店加盟企业市场营销的成败,酒店产品定价策略在酒店市场营销组合策略中占有重要的地位。

知识链接

酒店经营过程中酒店产品的价格实行

酒店在制定产品价格后,应该在经营过程中坚持有效实行。价格实行要做好销售客房时的房价限制和团队房价的限制。

1. 限制房价

如果酒店预测未来一段时间内,会出现较高的客房入住率,则会限制用低房价或优惠房价出租客房,具体的做法如前台销售客房时绝不打折扣,只接待住一天的客人等。

2. 团队房价限制

团队在平时是客房出租率的有效保证,但团队房价比普通房价低很多,如果在客房供不应求的情况下,仍接受大量的团队客人,占用客房资源,酒店就不能接待普通散客以获得更高的客房收入。所以,酒店销售人员要充分预测未来时间内的客流情况,平衡好团队客人和普通散客的接待,最大限度地利用现有客房资源,获得最高的收入。

资料来源　成荣芬《酒店市场营销》,中国人民大学出版社。

第二节　制定酒店产品价格的影响因素

一、酒店产品成本

酒店产品成本是由酒店产品的生产过程和流通过程所花费的物质消耗和支付的劳

动报酬所形成的,它是酒店产品价值和价格的主要组成部分。

酒店企业在确定酒店产品的价格时,要使总成本得到补偿并获取利润,酒店产品的价格就要超过酒店产品的成本。酒店产品的成本是影响酒店产品价格的最直接、最基本的因素。

酒店产品成本主要指酒店单位成本,酒店产品的成本投入通常是一次性巨额投资,酒店产品定价时必须考虑单位成本。

酒店产品成本费用分为三种,即固定成本、变动成本和准变动成本。

(一)固定成本

固定成本是指不随产出而变化的成本,在一定时期内表现为固定的量,如建筑物、酒店设施等。固定成本费用是无论如何都要发生的费用,因此,酒店固定成本的分摊对酒店意义不大。由于服务具有易逝性与不可储存性的特点,当有一定的业务来分担固定成本后,就可以按追加的成本(单位追加的成本称为边际成本)来决定价格。

(二)变动成本

变动成本是随着酒店产出的变化而变化的成本,如员工工资、电费、水费等,属于不提供该服务就可以避免的成本。

(三)准变动成本

准变动成本是介于固定成本和变动成本之间的成本,它与消费者数量和产品数量密切相关。准变动成本不能直接计入某一服务成本,它也有发生的固定最低额,但是上限可控,这种控制以酒店业务的发生为基准。另外,其最低固定额也可以通过一定的方法来降低,如酒店服务流程再造就是其中的一种。

二、酒店营销总目标

酒店企业在市场营销中总是根据不断变化的酒店市场需求和自身实力状况,出于短期或长期的发展考虑,确定酒店企业的营销目标和酒店产品的价格。酒店定价总目标与酒店产品的定价直接相关,为酒店定价指明方向。

根据酒店定价目标的不同,酒店产品的定价也会随之发生改变。如当酒店产品过剩、面临激烈竞争时,则采取低价格策略以提高顾客数量。如果连锁酒店希望在短时间内回收投资,则可根据酒店产品成本定高价,以实现利润最大化。

三、酒店产品供求关系

酒店产品与旅游活动密切相关,游客量变化直接影响酒店产品的供求关系。当酒店产品的供求关系发生变化时,酒店产品的价格也要发生变化。

就一般意义上的旅游活动而言,在旅游旺季,在卖方市场占主导的情况下,酒店产品供不应求,其价格呈现上涨趋势;而在旅游淡季,游客量急剧下降,酒店产品供过于求,转为买方市场,价格呈现下降趋势。

四、酒店市场需求状况

市场需求对酒店定价有着重要影响,而需求又受价格和收入变动的影响。因价格或收入等因素而引起的需求的变动率,叫作需求弹性,需求弹性反应需求量对价格的敏感程度。

需求的价格弹性如图 9-1 所示。

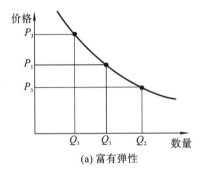 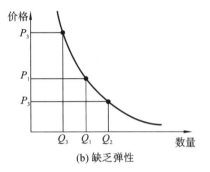

图 9-1　需求的价格弹性

在下列情况,需求可能缺乏弹性:市场上没有替代品或者没有竞争者;购买者对较高的价格不在意;购买者改变购买习惯较慢,也不积极寻找较便宜的东西;购买者认为产品质量有所提高,或者认为存在通货膨胀等。

酒店市场需求与酒店产品价格的关系主要是通过酒店产品的需求弹性来反映。不同类型酒店产品的需求弹性也是不同的。

一般来说,高档酒店产品的需求弹性相对较高,酒店企业可用降价来刺激消费者的需求,扩大销售;而经济型酒店和餐饮的需求弹性相对较低,价格的变动对消费者的需求变化无太大影响。

五、酒店市场竞争状况

酒店市场竞争状况是影响酒店产品定价的重要因素。酒店市场的竞争越激烈,对酒店产品定价的影响就越大。在完全竞争的市场中,酒店企业没有定价的主动权,只能被动地接受市场竞争中形成的价格,酒店企业依靠提高管理水平与服务质量去扩大市场占有率;在完全垄断的市场中,某种酒店产品只是独家经营,没有竞争对手,所以就完全控制了市场价格。

六、汇率变动

汇率变动是指货币对外价值的上下波动。入境旅游是海外消费者在旅游目的地消费酒店产品的"出口贸易",而汇率变动对酒店产品价格的变动有着明显的影响。

汇率变动的影响主要通过酒店产品的报价形式反映出来。若外国货币升值对海外消费者有利,则有利于促进海外消费者人数的增加;若旅游目的地国家的货币升值,就有可能造成入境消费者减少。

七、政府宏观管理

政府对酒店产品价格的宏观管理,主要通过行政、法律手段来进行调节。为维护市场秩序、规范市场行为,限制酒店企业不正当竞争或牟取暴利,政府以行政、法律手段制定酒店产品的最高和最低限价,维护酒店企业和消费者的利益。例如,政府对娱乐业乱收费的整治以及对酒店产品的税收政策,都属于政府宏观管理范畴。

第三节 酒店产品价格制定的目标及步骤

一、酒店产品价格制定的目标

(一)利润目标

利润目标是建立在财务分析基础上所确定的定价目标,这种目标在实践中有不同的表现形式。

1. 最大利润目标

最大利润目标是指酒店以获取最大限度利润为目标。为达到这一目标,酒店将采取高价政策。其重点在于短期内的最大利润,仅仅适合酒店产品在市场上处于绝对有利地位的情况。

2. 满意利润目标

满意利润目标是指酒店在所能掌握的市场信息和需求预测的基础上,按照已达到的成本水平所能得到的最大利润。这种最大利润是相对于企业所具有的条件而言的,因此,满意利润也就是酒店的目标利润。

(二)销售目标

销售目标是将扩大销售量作为价格策略的实现目标,其可以达到增加市场份额、通过增加顾客而奠定经营的基础、提高客房出租率和餐厅翻台率、增加边际贡献等目的。

销售目标往往有以下两种具体形式。

1. 市场占有率目标

市场占有率是酒店经营状况和产品竞争力状况的综合反映。较高的市场占有率可以保证酒店的客源、巩固酒店的市场地位、提高酒店的市场占有率,既可以排除竞争,又可以提高利润率。

2. 销售增长率目标

销售增长率目标是以酒店产品的销售额增长速度为衡量标准的一种定价目标,当酒店以销售增长率为定价目标时,往往会采用产品薄利多销的定价策略。

(三)竞争目标

价格竞争是指与竞争对手在价格上斗智,但是,现代企业的经营实践给很多企业家都上了关于价格的严肃的一课:通过价格进行竞争,如果实力相当的话,最终只能是两败俱伤。很明显,价格竞争是比较低端的竞争方式,因为酒店的固定成本和沉没成本很高,价格竞争必然导致收益流失;酒店所依赖的顾客来自其他地区,客源的多少受宏观因素影响很大。所以,同城内的酒店采取价格竞争策略等于自杀。

(四)顾客目标

顾客目标是指强调从顾客需求出发的定价原则。由于价格是组合因素当中最直观的因素,因此,有很多方式可以使价格起到如下作用。

(1)通过稳定价格来培养顾客的信心。按照酒店产品具有不可存储性和季节波动性的特点,酒店通常采取淡旺季差异性定价策略,但这有时会对市场造成不好的效果,影响产品的质量,对回头客造成打击。

(2)诱导购买。流行的优惠券消费就是根据这个目标而设计的,还有招徕定价法(有些产品的价格低于成本,期望以此招引顾客,而在别的项目上赚钱)诱导顾客购买。

(3)当顾客对价格变得不敏感,进行捆绑定价。

(4)提供良好的价格/价值关系。

(5)差异性定价。

(6)增加服务或设施。

(五)企业形象目标

酒店形象是酒店的无形资产,它直接代表了酒店提供服务的质量及在顾客心中的价值定位,一个具有良好企业形象的酒店往往能在竞争中处于优势地位,因而很多酒店把维护企业形象作为定价目标。

酒店不因具体的淡旺季和偶然的波动而轻易改变其定价策略,其具体表现为:充分考虑产品价格水平是否能为顾客接受,是否与他们的期望水平接近;酒店定价要顾及协作企业的利益,依靠它们的合作寻求生存与发展;酒店定价要遵守国家相关法律、法规和职业道德规范,不能侵害消费者权益。

二、酒店产品价格制定的步骤

酒店经营管理者在制定酒店市场营销策略中的产品价格体系等时,必须考虑诸多因素,制定价格需要采用科学的方法、遵循规范的操作步骤。

制定酒店产品价格的一般步骤如图 9-2 所示。

(一)选择定价目标

1. 利润导向

一些酒店经营管理者想制定一个能够使酒店获得最大当期利润的价格。将追求最大当期利润作为定价目标的酒店实际上是想在现有的或是即将改进的成本控制水平基础上,通过价格使酒店利润最大化,或者通过这个价格产生最大的当期现金流量或投资回报。通常酒店的经营管理者通过细分市场,选择适合本酒店的目标市场,在此基础上,调查和预测目标市场和需求总量及酒店为了满足这些需求所必须付出的成本,最后

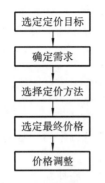

图 9-2 制定酒店产品价格的步骤

根据这些数据选择出一个价格,并希望这个价格能够为酒店带来最大的当期利润。

从表面上看,这样的定价思路是合理的,在这个思路指导下所制定出来的价格应当能够实现酒店经营管理者的定价目标,即争取当期利润的最大化。但是,这里面存在几个关键的问题,而这些问题往往又是酒店的经营管理者很难甚至是无法解决的。比如如何确定酒店当前利润的上限,如何使酒店的当前利润与长期效益相统一,如何抵御来自竞争对手的侵蚀等。

2. 需求导向

对酒店行业而言,需求能力、需求时间和需求空间的不同意味着产品服务价格的不同。在考虑产品服务价格定位的需求导向时,必须综合考虑需求能力、需求时空等需求因素。

(1) 需求能力因素。

对发达国家而言,旅游业已成为大众化的产业,宾馆酒店的产品服务成为人们日常生活中不可缺少的部分,属于基本消费品。从经济学角度分析,由于基本生活消费品的需求价格弹性较小,一般情况下,系数小于1;而奢侈品或高档消费品的需求价格弹性较大,一般情况下,系数大于1。对于旅游需求价格弹性系数小于1的产品,不宜贸然降价,而应采用其他措施刺激需求;对于需求价格弹性系数大于1的产品服务,适宜采用降价及薄利多销的形式刺激需求。据此,对酒店的客房、餐厅等一些产品服务采取适当的降价方式,做到抓"大"而不放"小";在适当降低会议、团体等"大"客户的客房价格、用餐开支和其他服务费用的同时,对散客等"小"客户采取适当降价提供产品服务的措施,成效明显。

(2) 需求时空因素。

需求时空因素即需求的时间因素和需求的空间因素。

一方面,宾馆酒店产品服务的需求具有时效性,在时间的分布上不均衡。这一特点,导致同一产品服务在不同时间会有不同的价格。从会计成本角度来分析,在旅游旺季时,由于客房餐饮利用率高,单位产品服务的成本费用相对较低,其价格也应较低;在淡季则相反。但在实际经营管理工作中,在旅游旺季,产品服务供不应求,很多宾馆酒店倾向于提高价格,以弥补淡季的收入亏空;在旅游淡季的时候,产品服务供大于求,尽管此时产品服务成本比较高,但为了争取更多的客源,还是必须适当降低产品服务的价格,以保持较低的赢利水平,维持宾馆酒店的正常运转。一样的道理,同一天内同一产品服务在不同时段的价格也不相同。

另一方面,宾馆酒店的产品服务需求具有地域性,它不可移动、不可储存。在特定的时间、特定的区域,产品服务的需求和供给是刚性的。这是宾馆酒店行业与其他行业不同的地方。因此在制定产品服务价格时,既要合法合理,又要灵活多变。

3. 竞争导向

在宾馆酒店行业逐步告别短缺经济的今天,其产品服务基本处于供大于求的状况。因此,确定产品服务价格的因素不仅包括成本费用、市场消费等,还要考虑行业竞争态势和单个企业产品服务品牌价值因素。

(1) 竞争态势。

竞争态势,简单地说就是市场竞争的激烈程度。不同的竞争态势决定企业必须采取不同的价格定位。当企业在市场上处于垄断地位时,为了更快地收回投资成本或取得超额利润,总是会尽可能地提高产品服务价格;当市场供需基本平衡时,产品服务的价格只能由供需双方来决定;当市场供大于求时,产品服务的价格主要由消费者来决定。

实际上,作为竞争比较充分的市场,销售同类产品的各个宾馆酒店在定价时并没有多大的选择余地,不可能无限地降价。宾馆酒店在定价时,既要考虑生产成本,又要考虑同行的价格。如果某个宾馆酒店把价格定得高于时价,产品服务就会卖不出去;反之,如果把价格定得低于时价,也会引发其他企业的降价竞争,形成恶性降价,最终宾馆酒店也得不到任何好处。因此,产品服务的价格不能定得太高,也不能定得太低,一般只能参照行业的现行价格来定价。

(2) 品牌价值。

品牌是产品服务的标志、特色和名称。好的品牌代表过硬的产品质量、优质的服务态度、可靠的卫生保证和较高的经济效益。市场竞争有两个层次:一是价格竞争;二是品牌竞争。随着经济的发展和人民生活水平的提高,大众对宾馆酒店产品服务的需求将稳步扩大,行业竞争的重点也会逐渐由价格竞争转到品牌竞争上。现在的宾馆酒店行业竞争正是这种情况。

(二) 确定需求

1. 估计需求函数

为了更加清晰地反映市场对酒店产品的需求状况,酒店的经营管理者都会尝试通过制作需求曲线模型来表述需求与价格的关系。确定这样一个数学模型,一般是采用统计方法分析酒店过去的产品价格、产品销量,以及一些其他影响因素的数据,来估算它们之间的关系。但是,要想建立一种合理的线性函数关系,必须先找到合适的统计技术和分析模型技术来处理各种数据。完成这些工作需要相当高的专业水平。

另外,还有一种估算办法,即消费者调查法。酒店的经营管理者可以通过向消费者询问:在不同的价格水平上,他们会购买多少酒店产品。这种方法简单易行,而且直接与市场接触,但是这种方法也存在一些较难解决的问题,如消费者的回答是否真实、准确,酒店设计的询问方式和实施方式是否妥当等,这些是影响估计需求与价格函数准确性的因素。

2. 需求的价格弹性

对酒店产品而言,尤其是硬件产品,需求的价格弹性是相当大的,这主要是因为酒店数量众多而且每年都在继续增长;行业标准被广泛接受和使用,使得酒店硬件产品的相互差异逐步减少;市场的总体价格敏感程度较高等。

需求弹性较大时,酒店的经营管理者就应该考虑降低酒店产品的价格。一个比较低的价格往往会为酒店带来比较高的收入,但是在降低产品售价的时候必须关注生产与销售成本的增长比例,只要生产和销售成本是成比例地增长,这种做法就可以采用的。

价格弹性取决于拟定的价格变动的大小和方向,微小的价格变动可以忽略不计,但是大幅度的价格变化却是相当重要的。需求弹性从长期角度分析比从短期角度分析更有意义,如当酒店提高客房价格后,消费者可能马上转向购买其他酒店的客房产品,但是没过多久就又重新回来,这是因为替代产品并不能够满足消费者的价值需求。当然也有可能出现与之相反的情况。无论是哪种情况,酒店的经营管理者如果仅仅根据短时间内的需求变化来判断价格对需求的影响,就极有可能做出与事实不相符的决策,这将直接危害到酒店未来。

（三）选择定价方法

定价方法是酒店在特定的价格目标指导下,依据对成本、需求及竞争等状况的研究,运用价格决策理论,对产品价格进行计算的具体方法。定价方法主要包括成本导向定价法、需求导向定价法和竞争导向定价法三种类型。

 知识链接

酒店在不同生命周期的产品成本和销售利润

在导入期,由于生产的批量小,酒店产品的固定成本和销售费用比较大,因此产品的总成本较高。

当酒店产品进入增长期和成熟期后,由于销售量增加,技术进一步成熟,产品的固定成本不断减少。另外,随着产品市场知名度的提高,销售费用也相应减少。在成熟期,产品成本为整个生命周期中的最低点。到了衰退期,由于销售量下降,产品的单位成本必然会有所增加。同时,企业为了推销产品,会大量支出销售费用。这些都增加了衰退期的产品成本。

在导入期,产品的生产成本和销售费用比较高,因而此时成本常高于售价,发生亏损。当产品进入增长期后,由于销售量不断上升,成本不断下降,价格开始高于成本,从而产生赢利。当产品进入成熟期后,利润往往达到最高点。随着产品衰退期的到来,又会出现价格不断下跌、成本不断上升的情况,到了一定的点就可能发生亏损,使利润出现负数。

价格是酒店营销组合的第二个组成因素,也是影响顾客选择酒店的主要因素。价格是酒店营销组合中十分敏感的因素,价格制定得是否合理,直接关系到需求量的多少和酒店利润的高低,并且影响酒店营销组合的其他因素。

资料来源 钱炜、李伟、谷慧敏等《饭店营销学(第4版)》,旅游教育出版社。

1. 成本导向定价法

成本是酒店产品价格的构成部分,是酒店生产经营过程中所发生的实际耗费,客观上要求通过酒店产品的销售而得到补偿,并且要获得大于其支出的收入,超出的部分表现为酒店利润,以产品单位成本为基础依据,再加上预期利润来确定价格的成本导向定价法,是中外酒店最常用、最基本的定价方法。成本导向定价法又衍生出了总成本加成定价法、目标收益定价法、边际成本定价法、收支平衡定价法等。

1）总成本加成定价法

总成本加成定价法是一种常规定价方法，通常的做法是以产品的单位成本加上一个以固定的百分比表示的加成率（或预期利润率）来确定价格。

总成本加成定价法的优点在于简便、易行，企业如果采用此方法定价则不必根据市场形势及需求的变化频繁调整产品的价格。如果行业内的企业都采取这种定价方法，市场上同种产品的价格不会相差太大，可以避免诸如价格战之类恶性竞争局面的出现。另外，总成本加成定价法对买卖双方都相对公平，即使市场上出现了供不应求的状况，酒店也不会利用这种供求形势去牟取暴利，而是获得相对公平的利润。

这种定价方法的缺点也显而易见。它只考虑了成本，而忽视了市场需求、竞争状况和消费者心理等因素，是典型的生产导向型观念的产物，在市场环境和生产成本变动较为剧烈的情况下，不能使企业获得最佳的经济效益，因而在现实中人们发现很少有酒店完全按照这种定价方法来为自己的产品制定价格。但因为它的简便易行，在通货膨胀率较高时会被普遍应用，另外，它在酒店餐饮部门中的应用也比较广泛。

2）目标收益定价法

目标收益定价法又称投资收益率定价法，是根据酒店的投资总额、预期销售量和投资回收期等确定价格。目标收益定价法确定价格的步骤如下。

（1）确定目标收益率。

目标收益率可表现为投资收益率、成本利润率、销售利润率、资金利润率多种不同形式。

（2）确定单位产品目标利润率。

单位产品目标利润率＝总投资额×目标收益率/预期销售量

（3）计算单位产品价格。

单位产品价格＝酒店固定成本/预期销售量＋单位变动成本＋单位产品目标利润额

目标收益定价法的优点是有预期利润目标，属于政策定价。

目标收益定价法的缺点是必须首先假设某一个销售量，然后由销售量导出销售价格，忽略了价格本身也是影响销售量的因素。

3）边际成本定价法

边际成本是每增加或减少单位产品，总成本的变化量。由于边际成本与变动成本比较相近，而变动成本的计算更容易一些，所以在定价中多用变动成本代替边际成本，而将边际定价法称为变动成本定价法。

采用边际成本定价法时，单位产品变动成本是作为定价依据和可接受价格的最低界限。在价格高于变动成本的情况下，酒店出售产品的收入除完全补偿变动成本外，尚可用来补偿一部分固定成本，甚至可能提供利润。

边际成本定价法改变了售价低于总成本便拒绝交易的传统做法，在竞争激烈的市场条件下具有极大的定价灵活性，对于有效地应对竞争对手、开拓新市场、调节需求的季节差异、形成最优产品组合可以发展巨大的作用。但是，过低的成本有可能被指控为从事不正当竞争，并招致竞争者的报复。

4）收支平衡定价法

收支平衡定价法是运用盈亏平衡点的原理，以产品保本点为定价依据的定价方法。在酒店投资总成本不变的情况下，产品销售收入的大小取决于产品销售的多少和价格的高低。而销售量和价格是变动的,这就需要通过调整价格或销售量来求得总投资成本与销售收入的平衡。

以酒店客房价格为例,计算公式为:

$$每间客房的价格＝每间客房的年度固定成本/客房总数×保本点$$
$$×客房利用率×365＋每间客房的变动成本$$

保本点销售量是酒店的营业收入总额与费用总额相等时的销售量。

$$保本点销售量＝年度固定成本/单元边际贡献$$
$$单位边际贡献＝单位售价－单位变动成本$$

如某合资酒店拥有 300 间客房,平均每间客房年度固定成本为 10000 美元,变动成本为 10 美元,则房价为 90 美元时,保本点销售量要达到 200 间;房价为 50 美元时,保本点销售量为 290 间,保本点客房利用率分别为 66.7％和 83.3％,显然后一价格偏低。

反之,可以利用此公式来推算某一客房利用率下的保本价格。这种定价方法的关键在于正确地预测市场在不同价格下的需求量。

2. 需求导向定价法

1) 理解价值定价法

所谓"理解价值",也称"感受价值"或"认知价值",是指消费者对酒店价值的主观评判。理解价值定价法是指酒店以消费者对酒店价值的理解度为定价依据,运用各种营销策略和手段,影响消费者对酒店价值的认知,形成对酒店有利的价值观念,再根据酒店在消费者心目中的价值来制定价格。

理解价值定价法的关键和难点在于获得消费者对有关酒店价值的理解的准确资料。酒店如果过高估计消费者的理解价值,其定价就可能低于应有水平,酒店收入减少。因此,酒店必须通过广泛的市场调研,了解消费者的需求偏好,根据产品的性能、用途、质量、品牌、服务等要素,判定消费者对酒店的理解价值,制定酒店的初始价格。然后在初始价格的条件下,预测销售量,分析目标成本和销售收入,在比较成本与收入、销售量与价格的基础上,确定该定价方案的可行性,并制定最终价格。

2) 需求差别定价法

需求差别定价法的基本理论就是将同一产品或服务,定出两种或多种价格,运用在各种需求强度不同的细分市场上。在有竞争的情况下,有些酒店运用差别定价方法,把最低等级价格定得低于竞争对手的价格,这样既能在竞争中处于较有利的地位,又能获得较高的经济利益。但采用需求差别定价法应当注意以下几点。

(1) 等级差价是按质论价原则的具体运用。

酒店客房的接待对象、面积、位置、朝向、结构、设备、装潢布置等的不同应该反映在价格的级差上。因此,价格分等应体现客房的等级上,要使消费者相信房价的差别是合理的。

(2) 等级差价的差价大小要适宜。

有些酒店用固定差价法确定不同等级的房价,如三种等级的房价分别为 180 元、240 元和 300 元,相邻等级固定差价为 60 元。还有些酒店采用百分比差价法,如五种等级的单人房房价分别为 180 元、216 元、259 元、310 元、372 元,相邻等级差价为较低等级的 20％。这样,低房价间差额较小,欲选择 180 元等级客房者在不能满足时亦可能接受200元左右的房价;选择高房价房客来说,不会过于计较差价。显然后一种定价方式更富有竞争性。

（3）酒店房价差别定价法要与市场细分相联系。

比如商务客对价格挑剔较少,散客房价比团体房价要高10%—20%,因此旅游酒店、商务酒店应根据各自的接待对象定出切合实际的差价。

3）反向定价法

所谓反向定价法,是指企业依据消费者能够接受的最终销售价格,计算自己经营的成本和利润后,逆向推算出产品的批发价和零售价。这种定价方法不以实际成本为主要依据,而是以市场需求为定价出发点,力求价格为消费者所接受。分销渠道中的批发商和零售商多采取这种定价方法。

3. 竞争导向定价法

在竞争十分激烈的市场中,酒店通过研究竞争对手的生产条件、服务状况、价格水平等因素,依据自身的竞争实力、参考成本和供求状况来确定产品的价格。这种方法就是通常所说的竞争导向定价法,竞争导向定价法主要包括随行就市定价法和产品差别定价法。

1）随行就市定价法

在酒店市场上,一些有名望、市场份额占有率高的酒店往往左右着酒店价格的波动,在一些存在垄断的市场上,它们的价格决策往往影响更大。在激烈的竞争中,精明的酒店营销人员眼睛时时盯着别人,特别是竞争对手和对市场价格起主导作用的酒店的动向。

竞争导向定价法中最普遍使用的是随行就市定价法。之所以普遍,主要是因为许多酒店对于消费者和竞争者的反应难以做出准确的估计,自己也难以制定出合理的价格。于是追随竞争者的价格,你升我也升,你降我也降。

在高度竞争的同一产品市场上,消费者特别是大客户旅行社对酒店的行情了如指掌,价格稍有出入,消费者就会涌向价廉的酒店。因此一家酒店跌价,其他酒店也会随其跌价,否则便要失去一定的市场份额。对于一个产品(客房)不能存储的行业来说,竞争者之间的相互制约关系表现得特别突出;相反,竞争对手提高价格,也会促使酒店做出涨价的决策,以获得较高的经济利益。

2）产品差别定价法

从根本上来说,随行就市定价法是一种防御性的定价方法,它在避免价格竞争的同时,也抛弃了价格这一竞争的"利器"。产品差别定价法则反其道而行之,它是指酒店通过不同的市场营销努力,使同种同质的产品在消费者心目中树立起不同的产品形象,进而根据自身特点,选取低于或高于竞争者的产品定价作为本酒店的产品价格。因此,产品差别定价法是一种进攻性的定价方法。

产品差别定价法的运用,首先,要求酒店必须具备一定的实力,在行业或某一区域占有较大的市场份额,消费者能够将酒店产品与酒店本身联系起来。其次,在质量大体相同的条件下实行差别定价是有限的,尤其对定位为"质优价高"的酒店来说,必须支付较大的广告、包装和售后服务方面的费用。因此,从长远来看,酒店只有通过提高产品质量,才能真正赢得消费者的信任,才能在竞争中立于不败之地。

第四节 酒店产品价格制定的策略

一、新产品定价策略

新产品关系着企业的前途和发展方向,它的定价策略对于新产品能否及时打开销路、占领市场、最终获取目标利润有很大的影响。新产品的定价策略一般有以下两种。

(一) 撇脂定价策略

撇脂定价策略是指在新产品上市之初,将价格定得很高,尽可能在短期内赚取高额利润。这种策略如同从鲜奶中撇取奶油一样,所以叫撇脂定价策略。

撇脂定价策略是一种短期内追求最大利润的高价策略,运用它时必须具备以下条件:产品的质量、形象必须与高价相符,且有足够的消费者能接受这种高价并愿意购买;产品必须有特色,竞争者在短期内不易打入市场。

撇脂定价策略的优点:高价格、高利润,能迅速补偿研究与开发费用,便于企业筹集资金并掌握调价主动权。

撇脂定价策略的缺点:定价较高会限制需求,销路不易扩大;高价原则会引发竞争,使企业压力增大;企业新产品的高价高利时期也较短。

撇脂定价策略一般适用于仿制可能性较小、生命周期较短且高价仍有需求的产品。

(二) 渗透定价策略

渗透定价策略是一种低价策略,新产品上市之初,将价格定得较低,利用价廉物美的产品迅速占领市场,取得较高的市场占有率,以获得较大利润。

渗透定价策略的适用条件:潜在市场较大,需求弹性较大,低价可增加销售。企业新产品的生产和销售成本随销量的增加而减少。

渗透定价策略的优点:低价能迅速打开新产品的销路,便于企业提高市场占有率。低价获利可阻止竞争者进入,便于企业长期占领市场。

渗透定价策略的缺点:投资的回收期长,价格变动余地小,难以应付短期内突发的竞争或需求的较大变化。

二、促销定价策略

促销定价策略是指企业根据产品的销售对象、成交数量、交货时间、付款条件等的不同,给予不同价格折扣的一种定价决策。其实质是减价策略,这是一种舍少得多、鼓励消费者购买、提高市场占有率的有效手段。促销定价策略主要有以下六种。

(一) 现金折扣

现金折扣是指对按约定日期付款的消费者给予一定比例的折扣。典型的例子是

"2/10, n/30",即 10 天内付款的消费者可享受 2% 的优惠,30 天内付款的消费者全价照付。其折扣率的高低,一般由买方付款期间利率的多少、付款期限的长短和经营风险的大小来决定。这一折扣率必须提供给所有符合规定条件的消费者。此法在许多行业已成习惯,其目的是鼓励消费者提前偿还欠款,加速资金周转,减少坏账损失。

(二)数量折扣

数量折扣是指根据购买数量的多少,分别给予不同的折扣。购买数量越多,折扣越大。典型的例子是"购货 100 个单位以下的单价是 10 元,100 个单位以上是 9 元"。这种折扣必须提供给所有消费者,但不能超过销售商大批量销售所节省的成本。数量折扣的实质是将大量购买时所节约费用的一部分返还给购买者,其关键在于合理确定给予折扣的起点、档次及每个档次的折扣率。它一般分为累计折扣和非累计折扣。数量折扣的目的是鼓励消费者大量购买或集中购买企业产品,以期与本企业建立长期商业关系。

(三)交易折扣

交易折扣是指企业根据交易对象在产品流通中的不同地位、功能和承担的职责给予不同的价格折扣。折扣的多少,随行业与产品的不同而有所区别,同一行业和同种商品,则要依据中间商在工作中承担风险的大小而定。通常的做法是,先定好零售价,然后再按一定的倒扣率依次制定各种批发价及出厂价。在实际工作中,也可逆向操作。

(四)季节折扣

季节折扣是指经营季节性商品的企业,对在销售淡季来采购的买主给予折扣优惠。实行季节折扣有利于鼓励消费者提前购买,减轻企业仓储压力,调整淡旺季间的销售不均衡。它主要适用于具有明显淡旺季的行业和商品。

(五)复合折扣

企业在市场销售中,因竞争加剧而采用多种折扣并行的方法。如在销售淡季可同时使用现金折扣、交易折扣,以较低价格鼓励消费者购买。

(六)价格折让

价格折让是指对目录表价格进行降价的一种策略。价格折让是生产企业为了鼓励中间商开展各种促销活动而给予某种程度的价格减让,常见的有刊登地方性广告、布置专门的广告橱窗等方法。

餐饮酒店营销价格与产品

随着市场经济的深入发展和经济体制改革的深化,餐饮业和酒店业已进入一个"顾客决定一切""营销决定一切"的崭新时代,昔日以集团消费为主导的市场,如今已转变成以个人消费为主导的更为成熟、更为务实的市场。

在市场经济中,价格竞争是不可避免的,但若无特色产品为后盾,就会陷入泥潭,无法自拔。从整体水准看,高星酒店餐饮的基本功已练就,基本套路已掌握,现在是到了修内功、练专门拳路和兵器的时候。有了过硬本领,不愁没有市场。

但是,要真正赢得人心,并不是一件容易的事情。它要求酒店餐饮经营者在每一个环节上都要为消费者着想;在经营上做到价廉物美;在产品的开发与改进上,尽量贴近消费者,最大可能地满足消费者的需求,让消费者买得起;在服务上讲优质、讲高效,只有环环服务到家,才会赢得人心、赢得市场。

资料来源 成荣芬《酒店市场营销》,中国人民大学出版社。

三、心理定价策略

心理定价策略是指企业根据消费者的心理特点,迎合消费者的某些心理需求而采取的一种定价策略。具体来讲,心理定价策略有以下几种形式。

(一)尾数定价策略

尾数定价策略是指在商品定价时,取尾数而不取整数的定价策略。一般来说,价格较低的产品采取零头结尾,常用的尾数为9和8,让消费者觉得价格比较低廉、实惠,同时精确的标价也让人产生信赖感,易于扩大销售。此策略适用于日常消费品等价格相对低廉的商品,如一家餐厅将它的汉堡类食品统一标价为9.8元,这比标价10元要受欢迎。消费者心里会认为9.8元只是几元钱,比整数10元要便宜许多。

(二)整数定价策略

整数定价策略与尾数定价策略相反,企业有意将产品价格定为整数,以显示产品的质量。这种方法易使消费者产生"一分钱一分货""高价是好货"的感觉,从而提升商品形象。它一般多用于价格较贵的耐用品或礼品,以及消费者不太了解的产品。

(三)声望定价策略

声望定价策略是指利用消费者仰慕名牌商品或名店的声望所产生的某种心理来制定商品的价格。一般把价格定成高价,因为消费者往往以价格判断质量,认为价高质必优。像一些质量不易鉴别的商品,如首饰、化妆品等,宜采用此法。

(四)招徕定价策略

招徕定价策略是指企业利用部分顾客求廉的心理,特意将某几种产品的价格定得较低,以吸引顾客、扩大销售。虽然几种低价品不赚钱,但由于低价品带动了其他产品的销售,使企业的整体效益得以提升,如某酒店推出的每日一个"特价菜"。

(五)分档定价策略

分档定价策略是指在定价时,把同类商品比较简单地分为几档,每档定一个价格,以简化交易手续,节省消费者时间。这种定价法适用于纺织、水果、蔬菜等行业。采用这种定价法时,要注意档次划分适度,级差不可太大也不可太小,否则起不到应有的分档效果。

(六)习惯定价策略

习惯定价策略是指按照消费者的需求习惯和价格习惯定价的策略。一些消费者经常购买、使用的日用品,已在消费者心中形成一种习惯性的价格标准,这类商品价格不宜轻易变动,以免引起消费者的不满。在必须变价时,宁可调整商品的内容、包装、容量,也尽量不要直接调高价格。日常消费品一般都可使用这种定价策略。

第四节 酒店产品的价格策略

一、酒店产品的完整报价

酒店产品价格的基本要素包括币种、金额、报价单位和价格术语。一次完整的报价,应该包括品名、规格、数量、价格、付款方式和报价有效期。

1. 品名

品名即酒店产品或商品的名称。

2. 规格

规格常指酒店生产的成品或所使用的原材料等规定的质量标准。

3. 数量

数量是对酒店产品量的抽象。

4. 价格

价格是酒店商品的交换价值在流通过程中所取得的转化形式。

5. 付款方式

付款方式指付款人(酒店消费者)为履行票据债务而采取的具体做法。

6. 报价有效期

报价有效期是指酒店产品价格能够不变动的期限。

二、酒店产品报价的基本原则

酒店希望卖出的产品价格越高越好,消费者则希望买进的产品价格越低越好。但是,酒店的报价只有在被消费者接受的情况下才可能产生预期的结果,才可能使买卖成交。这就是说,价格水平的高低并不是由任何一方随心所欲地决定的,它要受到供求和竞争以及谈判对手状况等多方面因素的制约。因此,酒店向消费者报价时,不能信口开河,而是要仔细分析、精心梳理,不仅要考虑该报价所获的利益,还要考虑该报价能否被对方接受,即报价能够成功的概率。

酒店报价的基本原则为：通过反复比较和权衡，设法找出价格与其所带来的利益及被接受的成功率之间的最佳结合点。具体来说，酒店报价应遵守以下几项原则。

1. 对酒店来讲，报价必须是"最高的"；对消费者来讲，报价必须是"最低的"

对酒店来讲，报价必须是"最高的"；而对消费者来讲，报价必须是"最低的"，这是报价的首要原则。

酒店报价起点要高，即"开最高的价"，消费者报价起点要低，即"出最低的价"。从心理学的角度看，消费者都有一种要求得到比他们预期更多的心理倾向。实践证明，若酒店开价较高，则双方往往能在较高的价位成交；若消费者出价较低，则双方可能在较低的价位成交。

2. 报价必须合乎情理

报价要报得高一些，但绝不能漫天要价、毫无底线，价格必须合乎情理。如果报价过高，又讲不出道理，对方必然会认为酒店缺少诚意或者以其人之道还治其人之身，相对地来个"漫开杀价"，或者提出质疑，而酒店方无言可答，从而丧失信誉，很快被迫让步。在这种情况下，有时即使酒店已将交易条件降到比较公平合理的水平上，对方仍会认为尚有"水分"可挤而穷追不舍。

3. 报价应该坚定、明确、完整

报价要非常明确清楚，以便消费者准确地了解期望，含混不清易使消费者产生误解。报价时不要对所报价格做过多的解释、说明和辩解，没有必要为那些合乎情理的事情解释和说明。

 知识链接

销售给客人的是酒店产品，而不是价格

我们常遇到这样的情况，一名前台员工正在热火朝天地和客人讨价还价，结果却忽略了谈客房，这是需要特别注意的地方。所以在推销时，我们一定要对客房进行适当的描述，降低客人对房价的敏感度，根据客人的特点突出酒店的功能优势来吸收客人。

以卖菜为例，每次观察卖菜的王阿姨，发现她总是在报价给客人的同时，根据客人的衣着打扮、举止行为等来判断客人的需求，告知客人菜品带给客人的好处，从而快速地将菜卖完。例如，有虫眼的青菜是有机无公害的，对健康有好处；无虫眼且带有泥巴的是新鲜、价格又低的；又如酒店小房间比较温馨，适合休闲的年轻客人；大房间比较宽敞，适合商务客人；边角房、没有窗户的房间适合对价格有要求的客人。

资料来源　赵伟丽、魏新民《酒店市场营销（第二版）》，北京大学出版社。

三、酒店产品报价的方式

产品销售中总离不开报价。报价一般情况下是通过电话、网络和前台等进行的。

下面介绍酒店产品报价的三种主要方式。

(一) 电话报价

我国酒店的市场营销部门都很重视电话报价。电话报价时,销售人员虽然与客人互不见面,但双方的对话是直接的沟通。

(二) 网络报价

酒店网络营销报价分为媒体报价、网站报价、E-mail 报价、微信报价和 App 报价等,是以互联网为基础,利用数字化信息和网络媒体的相互性来达成酒店营销目标的一种酒店新型营销方式。简单地说,是以互联网平台为核心,以网络用户为中心,以市场需求认知为导向,整合各种网络资源去实现酒店营销目的的一种行为。

(三) 前台报价

酒店前台报价不是与网络、第三方、酒店销售部抢客户,而是争取他们没有兼顾到的客人,在客人自愿的情况下,达成一种共赢。前台报价的成功与否是对服务质量高低的检验。缺少服务技巧,服务跟不上,即使报价成功,也可能招致客人投诉。

酒店报价的最终目的是让客人得到适合的房型,给客人以更好的入住体验。与此同时,增加了酒店收入,而且增加了前厅部的提成奖金。所以,酒店前台有责任不断提升服务技能、专业知识、沟通能力、推销技巧,从而有效地留住每一位上门咨询的散客。

四、酒店产品报价的技巧

(一) 电话报价技巧

电话报价对酒店来说是一条很重要的直接销售渠道,因为消费者主动与酒店联系,这种情况下更容易将他们转化为预订者。因此要重视酒店的电话报价。

电话报价从模式上分为"一段式"与"二段式"。通常"一段式"的酒店销售人员所报出的价格就是酒店规定的价格,如果价格制定非常有诱惑力,那么就会直接吸引客户拨打电话前来订购,酒店电话销售人员不要将其当成一般的咨询。有些酒店给予工作人员一定的权限,但万万不可没有任何的底线,任由客户降低价格。酒店电话销售人员要先问清楚客户的特殊要求,比如数量和时间,报由上级批准,然后给客户最低的价格,这样效果往往比较好。在"二段式"电话报价中,酒店电话报价人员一定要知道:"二段式"电话销售的作用是挖掘和判断客户的实力,并且找出存在的问题,而不是报价。在被问到产品的价格时,要将客户引导至销售顾问处。

(二) 网络报价技巧

网络的普及,给酒店报价带来了很多便利。它效率更高、成本更低、信息更准确。想网络报价成功,没有一定的技巧是不行的。回复客户的时间、回复技巧、跟进技巧等都是很重要的。

一定要从顾客的角度出发,回复客户的询问一定要及时,回答问题一定要简单、干脆、明了,让客户认可你,切忌黏着客户,这样只会吓跑客户,也会一定程度影响公司的形象。

(三)前台报价技巧

1. 以礼取人法

如果对所有入住的客人都采用相同的接待方法,势必丧失了针对性。优秀的前厅工作人员应慧眼识人,从客人步入店门的一刻起,在简单的迎宾过程中,判断客人的消费水平,从而打开突破口,运用不同的推销策略,赢得顾客的信任。

2. 画蛇添足法

一般来讲,星级宾馆饭店以百分比提成的形式向客人收取服务费用,确实令部分客人"望价兴叹"。故而运用画蛇添足法,一方面能确保客人对房价心中有数,不致开房后又产生顾虑;另一方面应坚持灵活报价的前提,机动地穿插传统式报价。

3. 鱼尾式报价法

在平季或淡季时,酒店为做到薄利多销,常采用折扣的销售方式,在报出房价的同时,竭力描述鱼尾的实惠,诸如"在此房价的基础上,我们可以给您折扣"等。

4. 循循善诱法

推销客房在很多方面与推销商品一样,要生动地描绘、耐心地讲解,以达到成交的目的。

第五节　酒店产品的价格变动策略

尽管价格应该在一定时间内保持相对稳定,但是企业为了适应多变的环境,必然会对现有产品和服务的价格进行动态调整和管理。这种调整可以是为企业达到某预定目标而主动进行的,也可以是迫于环境压力而被动采取的。无论是哪种情况,价格调整与价格制定同等重要,是保证企业稳定发展的重要基础。

价格调整幅度的确定也是调价决策中重要的环节。为保证酒店产品价格的稳定性,调价必须选择合理的变动幅度,准确判断是一次调整还是分步到位。现实中,许多酒店价格变动频繁,调整幅度不合理,给酒店经营造成不良的影响。

一、主动调整价格

主动调整价格是一种进攻式的调价策略,指行业内其他企业尚未变动价格时,本企业出于自身条件考虑而先行调整价格的方法,包括调高或调低价格。

酒店主动提价的原因包括应对成本上升、产品供不应求、市场垄断等。主动提价容易招致顾客、经销商,甚至本企业销售人员的不满。为避免主动调高价格所带来的负面影响,酒店应该做好宣传和促销工作,改变顾客认知价值,才能有效增加利润。

酒店主动降价的适用条件包括：企业生产能力过剩，顾客对价格不敏感，以及企业产品成本低于行业平均水平等。基于以上条件，有效地调低价格有利于企业获得较大的市场占有率，提高竞争优势。但是，主动降价也易引发激烈的价格竞争，对企业本身来说也存在一些风险。如低质量陷阱（Low-quality Trap），消费者会认为低价产品的质量不如竞争者的高价产品的质量；脆弱的市场占有率陷阱（Fragile-market-share Trap），低价能买到市场占有率，但是买不到市场的忠诚，顾客会转向另一个价格更低的企业；浅钱袋陷阱（Shallow-pockets Trap），因为售价高的竞争者具有深厚的现金储备，他们能降价并能持续更长时间。

调价有直接调价和间接调价两种方式。直接调价就是直接提高或降低产品的销售价格或销售折扣；间接调价则是通过改变产品组合、包装条件、交易条件、付款条件及售后服务条件等手段间接地提高或降低价格。一般来说，间接调价较隐蔽而不易引起顾客的反感。

二、被动调整价格

被动调价是企业对市场价格变化或竞争对手的价格变化做出的价格调整行为。由于竞争者率先调整价格，企业被迫采取防御性战略来应对竞争，进行相应的价格调整。被动调价也有提价与降价两种情况。

面对竞争对手的调价策略，企业必须认真分析对方调价的真实原因及其对企业的预期影响，同时也要结合自身经营现状，做到知彼知己，才能选择正确的调价策略。

当竞争对手提价时，企业可以根据具体情况选择跟进，也可以利用低价格的优势去抢占对方的市场份额。

当竞争对手降价时，企业必须特别关注，在做出反应之前，做全面分析，谨慎选择。

应对降价的措施有以下几种：当对方降价对企业销售影响很大时，可以随行就市，跟随降价；当随之降价可能给企业品牌形象带来不利影响时，可以维持原价，通过提高顾客价值等非价格竞争策略来应对竞争，更好地维护忠诚群体的利益。

由于竞争对手可能用了很长时间来做出调价决定，而本企业必须在短时间内做出反应，因此，有远见的企业会提前制定应对市场和竞争变化的价格预警系统，以便快速做出正确的决策。

三、各方对价格调整的反应

酒店是一个综合性的服务企业，其价格变动会对相关利益群体产生多米诺骨牌效应。不管是提价还是降价，都会影响到购买者、竞争者、分销商和供应商等，还会引起政府部门的关注。因此，酒店调价必须审慎，随时关注各方的反应，占据有利竞争地位。

1. 顾客对价格调整的反应

不同市场的消费者对价格变动的反应是不同的，即使处在同一市场的消费者对价格变动的反应也可能不同。从理论上来说，可以通过需求的价格弹性来分析消费者对价格变动的反应，弹性大表明反应强烈，弹性小表明反应微弱。例如，并不是所有的降价或折扣都能引起消费者的兴趣。在节假日,高星级商务酒店为吸引度假团队而采取降价策略,对休闲观光的客人来说具有较强吸引力,然而对原有的商务客人来说,其反应更多为质疑和反感,可能会造成客源流失,对酒店市场形象有一定的影响。

2. 竞争者对价格变动的反应

价格调整很可能引起竞争对手的一系列反应。企业应充分了解竞争者的情况,特别是其价格构成,或基于成本的进攻性定价,或基于行业平均水平避免竞争的保守定价,预测价格调整可能带来的反应。特别是降价调整策略,降价调整策略的使用往往会引发一场价格战,由此导致的将不仅是被效仿的企业失去竞争优势甚至血本无归,还会伤及整个行业。例如,近两年一些旅行社为了吸引游客参与团体旅游、打压竞争对手,经常打出"零团费""负团费""超值回报""超值享受"的旗帜,而其他一些旅行社也闻风而动,价格战硝烟不断,但相应的服务质量水平并没有提升甚至有缩水的嫌疑,导致游客投诉不断,旅行社业管理混乱且整个行业的名声受到损害。

3. 其他市场主体对价格变动的反应

旅游业涉及相关行业的范围非常广泛,关联带动功能很强。例如,度假地和会议城市对酒店、航空公司、滑雪度假地等相关行业的价格变动就甚为关注,寻求低价合作,带动区域旅游业整体发展。

酒店价格策略是营销组合策略的重要组成部分。酒店产品价格是否合理,定价、策略运用恰当与否,直接关系到酒店市场营销组合的科学性和合理性,进而影响到营销的有效性。在酒店价格策略制定和实施过程中,必须注意与营销组合中其他要素的有效衔接,体现组合的整合效应。酒店产品定价策略包括旅游产品的定价原理、定价方法和定价策略等。

酒店必须根据不同市场需求状况,结合自身条件和经营目标,合理制定价格策略。当产品价格弹性较大时,价格成为影响购买决策的主要因素,酒店应该利用价格调整需求状况,但不能过度使用,以免引起价格战。当价格敏感度较低时,企业应充分利用组合中其他非价格竞争手段,如改善产品质量、提供特色服务以及提升品牌效应等,以赢得竞争优势。

在我国,价格仍然是大部分消费者做出购买决策首要考虑的因素。同时,先付款后消费的交易模式使质、价是否相符成为一种后验行为,尤其像旅游业这种以提供无形使用价值为主的行业,产品或服务定价在营销活动中的重要性自然是人们十分关心的。

本章主要介绍了酒店产品价格概述;制定酒店产品价格的影响因素;酒店产品价格制定的目标及步骤;酒店产品价格制定的策略;酒店产品的价格策略等。

复习思考

1. 简述酒店产品完整报价包括的项目。
2. 简述酒店产品报价的基本原则。
3. 简述酒店产品报价的三种主要方式。
4. 简述酒店产品的报价技巧。

在线答题

阅读与分析

第十章
酒店销售渠道策略

学习导引

酒店产品和服务生产与消费之间往往存在着时间和空间上的背离。要使产品能顺利地由生产领域进入消费领域,实现其价值和实用价值,获得一定的经济效益,除了要根据目标市场的要求,提供消费者所需的产品、制定合适的价格以外,还必须依赖市场上的一些中间环节,以便在适当的时候、适当的地点,以适当的方式将酒店产品提供给适当的消费者。在新技术环境下,销售渠道在酒店市场竞争中扮演着越来越重要的角色。企业的好产品要通过一定的分销渠道或者分销商才能销售给最终消费者,科学正确的分销策略、便捷高效的分销渠道将有力地推动企业的好产品进入、占据目标市场。

学习目标

（一）知识目标

1. 了解分销渠道的概念。
2. 熟悉酒店分销的类型、酒店分销渠道管理的内容、酒店分销渠道设计的影响因素。
3. 掌握酒店直接分销渠道与间接分销渠道的优缺点,酒店直接分销渠道、间接分销渠道的形式。

（二）能力目标

通过本章的学习,提升酒店渠道策略的运用能力,增强酒店渠道设计与管理的能力。

（三）德育目标

通过本章学习,学生能够树立行业意识,增强其对酒店行业的认同感。

第一节　酒店销渠道概述

酒店产品区别于有形商品的特殊性,其销售的方式更加多样化,我们必须从酒店服务的特点入手,了解酒店分销渠道及其运作模式,制定合理的渠道策略,这样才能有效发挥渠道的沟通和增值作用。

一、分销渠道的定义

分销渠道一般是指产品从生产者流向消费者或用户所经过的整个过程中,取得这种产品和服务的所有权或帮助所有权转移的所有企业和个人,也是指促使某种产品能够顺利地被使用或被消费的组织,其成员包括商人分销商、代理分销商。

酒店与消费者之间存在时间、地点等多方面的差异和矛盾。酒店生产的产品和服务只有通过一定的分销渠道,才能在适当的时间、地点,以适当的价格、数量、品种、信息和方式供应给消费者,从而克服酒店与消费者之间的矛盾。酒店分销渠道,指消费者从产生消费动机,进入酒店,到最终消费酒店服务产品所经历的过程以及相应的一切活动的总和。

二、分销渠道的功能

分销的基本功能是将产品顺利地分销给消费者,主要包括以下内容。

(一) 调研

调研即收集、分析和传递有关顾客、行情、竞争者及市场营销环境的信息。

(二) 寻求

寻求即解决酒店与顾客"双寻"过程中的矛盾,寻找潜在顾客,为不同细分市场消费者提供便利的营销服务。

(三) 分类

分类即协调专业化厂商的产品(服务)、单一品类与顾客多样化需要之间的矛盾,按顾客要求整理供应品,如按产品相关性分类组合、分级分等,改变包装大小等,使产品或服务能符合酒店顾客的需要。

(四) 促销

促销即传递与供应品相关的各类信息,与顾客充分沟通并吸引顾客,鼓励顾客购买。

(五) 洽谈

洽谈即供销双方达成产品价格和其他条件的协议,实现所有权或持有权的转移,即为酒店寻找、物色潜在顾客,并和顾客进行沟通。

(六) 物流

物流即组织供应品,如酒店中的一次性易耗品、餐厅需要的食材的运输和储存,保证正常供货,以减轻企业的压力。

(七) 财务

财务即融资、收付货款,以负担分销工作所需要的部分费用或全部费用,将信用延伸至消费者,即酒店财务部门负责酒店日常融资、收付货款,保证酒店的正常运营。

（八）风险

风险即在执行分销任务的过程中承担相关风险。

（九）服务

服务即为酒店提供交货、安装、维修等附加服务支持。

三、分销渠道的结构

分销渠道的结构指分销商的市场空间分布，包括渠道的长度和宽度两个方面。

（一）分销渠道的长度

分销渠道的长度指产品在流通过程中，所经历的中间环节或层次的多少。

对酒店而言，是指酒店产品从生产者到达旅客所经过的中间环节的多少。中间环节越多，渠道越长。根据渠道的长短，可以将分销渠道划分为长渠道和短渠道。

1. 长渠道

长渠道即酒店使用的分销环节或层次比较多，如酒店—总代理商—批发商—零售商—旅客。长渠道可以使生产商充分利用分销商的资源、专业化优势和人员等方面的投入，扩大市场覆盖面。但是，长渠道使生产商对渠道的控制减弱，获取市场信息更加困难。

2. 短渠道

短渠道即企业使用的分销环节或层次比较少，如酒店—零售商—旅客。短渠道可以使生产商对渠道有较强的控制力，但市场覆盖面较小，要求企业自身实力雄厚，具有大规模存货和配送的能力，或者能有效利用第三方物流。

渠道的长短主要取决于用户规模、用户集中度、产品通用性、技术复杂性。当用户规模大且相对集中、产品专业性强、技术复杂时，生产商一般选择短渠道或者零阶渠道；相反，则选择长渠道。

（二）分销渠道的宽度

分销渠道的宽度是指渠道的每个层次使用同种类型分销商数目的多少。

根据渠道的宽窄，分销渠道可分为密集分销、选择分销、独家分销三种。

1. 密集分销

密集分销也称广泛分销，是指生产商通过发展尽量多的分销商，以促进产品销售，尽可能扩大市场覆盖面，方便顾客可以随时随地购买。这种分销策略能扩大市场覆盖面，或使某产品快速进入新市场，使众多消费者和用户能随时随地买到这些产品。如酒店与携程、飞猪、去哪儿等众多平台合作，尽可能扩大市场覆盖面。

2. 选择分销

选择分销指制造商在某一地区仅通过少数几个分销商推销其产品。酒店选择指酒店在一定的市场区域范围内挑选几家中间商作为销售渠道，这是一个较广泛的适用性策略。选择分销介于独家分销与密集分销之间，吸取了独家分销与密集分销的优点，又避免了两者的缺点，这种方式能较为有效地维护品牌信誉，建立稳定的市场并获得竞争优势。相对而言，消费品中的选购品和特殊品较适合采取选择分销策略。

3. 独家分销

独家分销指生产商在一个区域内只选择一家最适合的分销商销售其产品，适用于大型专用成套设备或者具有技术诀窍、拥有专门用户的特殊产品。

酒店独家分销指酒店在一定的市场区域内择优选择一家中间商作为销售渠道。采用这一策略，有助于酒店控制中间商，监督其改进服务态度，但相应地影响了顾客购买的便捷性。独家分销有利于厂商控制市场，降低渠道管理难度和费用，并获得较高的利润。如2019年，Expedia与万豪酒店集团签署了一份独家分销协议，协议主要面向酒店批发商及其他未与万豪酒店实现直接连接的分销商，Expedia独家分销万豪酒店批发及促销房价、库存产品，创行业先例。

 知识链接

> Expedia作为全球最大的在线旅游公司，于2007年通过与艺龙的合作正式进入中国市场，其业务部门遍及美国、加拿大、法国、英国、比利时、德国、意大利以及西班牙。Tripadvisor是Expedia旗下品牌，是全球最大的旅游社区，在酒店和景点点评方面拥有绝对领导性地位。2019年10月23日，《财富》发布2019年未来50强名单，Expedia排名第33。

四、分销渠道的类型

根据渠道中是否有中间商的参与，可将分销渠道划分为直接分销渠道和间接分销渠道。

（一）直接分销渠道

直接分销渠道是指酒店企业直接把酒店产品销售给旅客的销售渠道，没有中间商介入。

直接分销渠道包括三种形式：顾客到酒店现场购买，顾客通过各种直接预订方式购买，顾客通过酒店的自设零售系统购买。

酒店直接销售渠道主要包括：顾客直接上门购买、邮购，以及通过酒店官网购买、酒店App购买、会员俱乐部购买和企业自设销售网点购买。

直接分销渠道是最短的分销渠道，因为直接分销渠道没有中间商介入，又被称为零阶渠道。

（二）间接分销渠道

间接分销渠道是指酒店通过旅游中间商把酒店产品销售给顾客的营销渠道。

酒店通常有两种间接分销渠道可供选择。

1. 酒店—零售商—顾客

酒店—零售商—顾客（在零售商经营现场）。酒店将产品以较低的价格出售给零售商,由零售商组织客源。

2. 酒店—批发商—零售商—顾客

酒店—批发商—零售商—顾客(在零售商经营现场)。酒店在与批发商(如经营团体包价旅游的旅行社)进行价格谈判的基础上,以大幅度低于门市价的价格,将其产品批量销售或预订给批发商,批发商则委托零售商将产品出售给最终顾客。例如,旅行社、旅游承包人、观光旅游中心、旅馆或饭店、航空公司、集中预订系统等渠道都是旅店的间接分销渠道,它们为旅客、游客提供住宿预订服务、接待服务等。酒店本身也可以作为分销商向游客提供其他服务,如汽车租赁、导游、剧院和演奏会入场券等。

根据渠道中间商层级的多少可以将酒店渠道划分为零级、一级、二级、三级和多级渠道,营销渠道层次如表 10-1 所示。其中,零级渠道为不通过中间商的直接销售渠道,其余为通过中间商的间接销售渠道;零级渠道和一级渠道被称为短渠道,而二级及以上渠道被称为长渠道。

表 10-1 营销渠道层次表

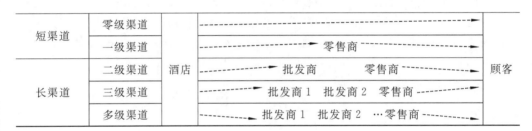

五、联合营销是营销渠道的发展趋势

随着市场竞争的加剧,单一的营销手段越来越不能满足酒店业的需要。因此在营销渠道的选择上开始走联合营销的路子,组建全国性乃至全球性的营销网络,充分拓展营销渠道的长度和宽度,以更灵活的方式在最接近顾客的地方进行最有效、最方便的营销。

时段分享安排被认为是一种全新概念的酒店营销方式。时段分享安排的具体做法:按一定的标准在全国各地乃至世界各地选择合适的酒店组成一个网络,将这些酒店的部分客房每年一定时段(如每年 1 周或 1 个月等)的住宿使用权,以一定的价格、一定的年限(如 30 年、20 年、10 年、5 年、3 年或 1 年)一次性出售给顾客,实现顾客的六大权益(使用权、交换权、赠让权、受益权、交易权、优惠权),从而向全社会推出一种既是消费又是储存,既可自用又可赠送的特殊产品——酒店共享权。

时段分享安排的最大优点在于盘活了酒店的资产,组建了灵活的酒店营销网络,扩大了酒店产品与顾客的接触面,同时为客户带来相当大的便利和利益。特别适合大公司、大商社或常年出差的顾客。例如,某人每年都要到西班牙去度假,于是购买了时段分享网络上西班牙某酒店一间客房的 20 年每年 8 月份 2 周的使用权。如果某年他不想去西班牙,他可用该客房的使用权交换其他加入时段分享网络的任何地方的任何酒店的使用权,他也可以把该客房的使用权赠送给其他人。

第二节　酒店直接分销渠道

酒店直接分销渠道是不经过任何中间环节,将产品与服务直接销售给酒店最终顾客的方式。比如酒店自建网站、预订 App、微信公众号或直播平台,或者是客人直接到酒店预订酒店产品。

一、直接分销的优缺点

(一)直接分销的优点

其一,对产品的供应与表现能保证较好的控制,对企业的策略、制度、规范、标准的执行和贯彻力度较强,有利于确保服务的总体水平。

其二,能够及时地从与顾客的接触中了解顾客的需要及其变化、顾客满意与否,从而适时做出调整,更好地适应市场的变化,更好地针对顾客提供个性化的服务。

(二)直接分销的缺点

其一,市场覆盖面有限,制约市场拓展效果。直接分销可能局限于某个地区,很难使产品在短期内广泛分销,很难迅速占领或巩固市场,企业目标顾客的需要得不到及时满足,势必转移方向购买其他企业的产品,这就意味着企业将失去目标顾客和市场占有率。

其二,渠道建设、销售人员费用和管理费用较高。如销售人员队伍建设和管理、渠道网络的设置和维护的成本较高。酒店实行全员营销,必须加强人力资源管理投入,成本较高。

二、直接分销的形式

企业直接分销的形式主要有连锁经营、机器自动化分销、呼叫中心分销等。

(一)连锁经营

1. 连锁经营的定义

连锁经营是经营同类产品的若干机构(分店),在同一核心机构的领导下,按照统一的经营理念和经营方针,采用规范化经营,进行集中管理和分散服务相结合的经营形式或组织方式。酒店连锁经营是酒店业发展的主要态势,从星级酒店到经济型酒店,再到青年旅社、主题酒店、精品酒店,酒店连锁经营的发展模式和认知度已经深入人心。

2. 连锁经营的优点

(1)扩大销售规模,多地点的连锁经营可以有效解决地理限制问题,实现服务规模的扩大。

(2)节约费用,企业规模一旦扩大后,广告宣传费用会少于每家分店单独广告费用的总和,还可以降低采购费用等。

（3）标准化经营，在连锁经营中，总部负责分店地址的选择、人员的培训，并提供一揽子服务方案，自始至终对分店进行监督与指导，从而保证各分店在店名、店貌、价格、服务规范、广告宣传方面的统一，有利于促进销售。

（二）机器自动化分销

机器自动化分销是指企业运用高新技术设备，如自动售货机、自助银行、自助缴费系统等先进的技术设备为顾客提供服务。如酒店智能自动售货机的出现，解决了酒店庞大消费群体的消费需求和"利益痛点"，开创了酒店成人产品的全新消费模式，进一步提高了酒店客房的使用效率。

（三）呼叫中心分销

呼叫中心是综合利用先进的计算机及通信技术，对信息和物资流程进行优化处理和管理，集中实现沟通、服务和生产指挥的系统，是将企业的通信系统、计算机处理系统等资源整合成统一、高效的服务工作平台。在呼叫中心，电话（呼叫中心）就是企业与顾客联络的主要方式。

例如：维也纳国际酒店的客房预订系统呼叫中心使用AVAYA PO＋CTIXWare 2.0呼叫中心平台，以其稳定、高效的一体化解决方案充分为整个维也纳国际酒店提供服务。呼叫中心系统提供语音、传真、短信、互联网等多种接入方式，提供多种呼叫服务、市场信息采集，以及客户保留等客户关系管理功能的手段。并且与前台管理系统、服务管理系统、客户关系管理系统进行无缝融合，为维也纳国际酒店提供了可靠的信息化服务平台。

第三节　酒店间接分销渠道

酒店间接分销渠道是酒店借助中间商将其产品最终转移到消费者手中的流通途径。中间商是指从事转售旅游企业产品和服务，具有法人资格的经济组织或个人，是连接酒店和顾客的重要桥梁。如各类旅行社、旅游代理商、旅游经销商等。

一、间接分销的优缺点

（一）间接分销的优点

其一，间接分销市场覆盖面较广，可不局限于某个地区，有利于业务的扩大。

其二，分销商往往资源雄厚、经验丰富、神通广大，有利于提高分销的效率，可以为顾客提供更好的服务。

（二）间接分销的缺点

其一，较难控制中介机构的表现，易受中介机构的牵制。分销商对企业的策略、制度、规范、标准的执行力度和贯彻力度可能会较弱，不容易确保服务水平。除非分销商有意愿、有能力复制直接分销的服务品质，服务水平才不会降低。

其二，不能及时了解市场动态。由于企业没有直接为顾客提供服务，因此不能及时地从与顾客的接触中了解顾客的需要及其变化、满意与否，从而无法适时做出调整，从而为顾客提供温馨服务。

二、间接分销的形式

企业间接分销的形式主要有代理分销、经销分销、特许经营等。

（一）代理分销

代理分销是指依据代理合同的规定，被授权委托从事某种产品的销售活动，代理商的利润源于佣金。旅行社是具有分销和代理功能的从事旅游业务的营利性机构和组织，是酒店传统的间接分销渠道。

代理分销的特点：比直接分销投资少、风险小；通过人熟、地熟的代理，更容易打开一个新市场。例如，旅游代理人作为航空公司、饭店、景点的代理人，为旅游者提供旅游服务，包括交通工具、食宿、游览、办理护照和签证等，其收入主要来自航空公司、饭店、景点付给的佣金，在未收取佣金的情况下，也可收取一定的服务费。

（二）经销分销

经销分销是指将产品买进后再售出，其利润来源于经销差价。旅行社以极低的价格一次性购买酒店一定数量的产品进行销售。目前我国旅游团队市场占比较大，对酒店入住率的拉动效应十分明显，因此，旅行社仍是酒店重要的渠道成员。

（三）特许经营

1. 特许经营的定义

特许经营指特许者将自己所拥有的商标、商号、产品、专利和专有技术、经营模式等以合同的形式授予被特许者使用，被特许者按合同的规定，在特许者统一的业务模式下从事经营活动，并向特许者支付相应的费用。

特许经营是连锁经营的一种，是一种知识产权的授予，它不受资金、地域、时间等各方面的限制。正因为如此，特许经营成为酒店扩张的一种重要方式。

 知识链接

酒店业特许经营渐成主流

近日，洲际酒店集团大中华区第 150 家特许经营酒店开业，标志着其特许经营模式在中国发展迎来又一重要里程碑。

自 2016 年在华开放该模式以来，洲际酒店的特许经营之路顺风顺水。2021 上半年，特许经营模式占集团在华酒店签约总数的 57%，成为其在华发展的重要增长引擎。截至 2021 年 9 月底，该集团在大中华区已开业的旗下酒店中，采用特许经营模式的比例超过28%，在筹建酒店中更是高达50%。

数据显示，目前中国酒店市场超七成份额仍属于非连锁品牌、单体酒店。大部分业主并不具备经营酒店的系统知识结构和管理经验，而特许经营的好处就是酒店业主可以利用本地资源和品牌方强强联手。尤其是当前中国酒店业正迎来存量升级改造和连锁化提升的机遇，特许经营也顺势成为本土酒店业的主流管理模式。据统计，过往三年已有近五成新签约的中高档酒店产品采用特许经营模式，且占比呈现明显上升趋势。

随着中国酒店市场日臻成熟，近年来，一些国际酒店集团在华开放特许经营的趋势愈发明显。2021年9月，希尔顿欢朋在华签约酒店总数突破600家。洲际酒店大中华区智选假日酒店负责人及酒店开业事业部董事总经理表示，特许经营使酒店的发展更加稳健。以旗下智选假日酒店品牌为例，不仅能为业主节省成本，同时也缩短了回报周期。

国际酒店集团在华发展迎来新机遇的同时，也面临不少挑战。在后疫情时代，本土业主对酒店投资回报和营业利润提出了更高要求。对国际酒店集团而言，一方面，要打造切合中国市场需求的特许经营模式，目前特许经营出现口碑不一的原因之一，就是没有把本地化做好；另一方面，对第三方酒店管理公司而言，选择特许经营合作品牌要更加慎重，严格把控特许经营酒店的品质，品牌标准和承诺不能打折扣。毕竟，没有品质支撑的庞大规模是走不长远的。

资料来源　《酒店业特许经营渐成主流》。

2. 特许经营模式给特许人带来的利益

特许经营模式给特许人带来的利益包括以下几个方面：

（1）通过控制店铺设计、管理模式、服务标准、服务品质、价格、促销、员工培训等因素，使所有店铺形象保持一致。

（2）特许经营模式可以降低企业扩展的财务风险和市场风险。

（3）从拥有特许经营权的特许人角度看，他们不用建立庞大的、多层次的管理组织，因为诸如人员招聘、信息收集和处理等很多管理工作是由特许经营店自己进行的，大部分运作成本也都是由特许经营权使用者负责，所以特许人的管理成本很低，在广告和促销上也可以利用规模经济优势。

3. 特许经营模式给特许人带来的风险

特许经营模式给特许人带来的风险包括以下几个方面：

（1）特许经营模式中加盟商的服务品质的一致性难以保证，特许人的形象和声誉容易受损。

（2）加盟商更直接地控制顾客关系和顾客信息。

4. 特许经营模式给被特许人带来的利益

特许经营模式给被特许人带来的利益包括以下几个方面：

（1）获得成熟的赢利模式、服务标准和管理模式；获得品牌支撑和顾客的信心。

（2）降低开办企业的风险。有研究表明，新开办企业的失败率是通过特许经营模式开办企业的失败率的10倍左右。特许经营模式的魅力在于特许者会给予被特许人一个强大的运营体系,对于被特许人来说,做得好是自己的,做得不好或者遇到什么问题,可以马上向总部寻求支持。这种模式,对于一些从未涉足过管理领域、缺乏相关管理经验的投资者而言,不失为一种好的选择。在可以标准化或实际上可以被复制的服务业中,特许经营模式被越来越多地采用。

5. 特许经营模式给被特许人带来的风险

特许经营模式给被特许人带来的风险包括以下几个方面:

（1）如果有少数,即使是一家被特许企业发生有损于品牌形象的经营行为,其他被特许人也会受到牵连。

（2）随着被特许人数量不断增加,特许人的管理能力可能无法跟上,这会导致整个特许经营体系混乱,被特许人也会因此而受损。

第四节 酒店营销渠道

酒店营销渠道有传统营销渠道和新型营销渠道。

一、酒店传统的营销渠道

（一）直接销售渠道

酒店传统的直接销售渠道的主要方式包括酒店前台、自设销售网点及协议客户等。

1. 酒店前台

在酒店业发展初期,酒店前台接待处是主要的销售渠道。随着网络技术的发展和酒店产品的日趋多元化,客人不仅在酒店消费客房产品,还需要消费餐饮、娱乐、商务等其他衍生产品与服务。酒店前台的工作人员直接对客服务,通过介绍酒店产品和服务、提供各种信息、解决疑难问题、提供各种帮助等面对面沟通的方式,诱发客人购买动机,及时捕捉机会,促成当场预订,直接成交,以此增加销售额,使利润最大化。这种营销方式容易获取客户的好感,可以有效提高客户的二次入住率。前台直销同酒店电子营销渠道一样,在扩大酒店产品和服务销量、提升酒店市场形象等方面发挥了重要的作用。

前台直销是指酒店通过前台的工作人员直接销售酒店各类产品的一种传统营销方式。前台直销以散客为主,包括客人直接入住、通过酒店中央预订系统（CRS）、电话预订系统等方式进行直接销售。酒店中央预订系统迅速发展成为酒店销售渠道建设的重要成员,特别是在酒店集团的市场运作中发挥了重要的作用。酒店中央预订系统下端连接旅行社、协议公司订房中心、全球分销系统（GDS）等各类渠道,上端连接旗下自有的、管理的、特许加盟的各成员酒店,使成员酒店能在全球范围内实现即时预订,并且对各个渠道进行有效管理。

2. 自设销售网点

自设销售网点即酒店在经营区域或目标市场领域自设销售点,面向宾客直接销售。

这一模式还包括酒店集团成员之间相互代理预订,互相推荐客源。

3. 协议客户

酒店协议客户在传统的直销渠道中占很大比重,是酒店签约的非营利性组织机构。协议客户以酒店周围几千米内的商务公司为主要公关对象,主要包括企事业单位、公关会展公司,以及航空公司、旅行社业内人员等协议商务单位。该市场需求波动较小,被视为酒店的重点客户,是酒店稳定经营的基础。酒店通常采用人员推销的方式进行协议客户拓展,许多酒店销售部的高层领导会亲自维护与协议单位之间的关系,协议客户的定价通常低于订房中心的价格,以获得该市场长期稳定的收益。但是,由于大型的协议客户数量增长有限,而且许多客户能同时与几家酒店签订协议,协议客户这种营销渠道易受国家政策的影响,如2013年国务院颁发的"国八条"政策,就使许多高端酒店受到影响。另外,酒店的地理位置、品牌口碑以及公关水平等是影响协议客户购买决策的重要因素。

(二)间接销售渠道

传统酒店间接销售渠道包括旅行社、专业预订系统、旅游协会组织和旅行管理公司等,以下主要对旅行社、专业预订系统和旅游协会组织进行介绍。

1. 旅行社

旅行社是具有分销和代理功能的从事旅游业务的营利性机构和组织,是酒店传统的间接销售渠道。对酒店来说,旅行社具有独特的中介性质,特别是旅游分销商,它们将住宿产品一次性购买下来,与其他旅游项目或产品,如景区、交通和活动等结合起来,形成旅游产品项目,满足特定旅游市场的需求,在分销中发挥了重要的作用。旅行社主要分为两种形式:一种是旅行社以极低的价格一次性购买酒店一定数量的产品进行销售;另一种是旅行社代销酒店产品,酒店按照客房的销售数量支付相应的佣金。目前,我国旅游团队市场占比较大,旅行社仍是酒店重要的渠道成员。旅行社与酒店相融共生,旅行社订房量大、连续性强,对酒店入住率的拉动效应十分明显。但是,旅行社销售虽然给酒店带来了客源,能给酒店带来保本收益,但高额的佣金或者极低的购买价格也增加了酒店营销渠道的成本。另外,旅行社集中了大部分的客源及客户资料,这部分资料酒店无法获取,不利于酒店后期的客户关系维护。

2. 专业预订系统

20世纪60年代,旅游业电子分销系统得到快速发展。全球分销系统(GDS)是在全球航空业和旅游业得到广泛应用的大型计算机网络信息服务系统平台。20世纪80年代初,全球分销系统开始拓展旅游服务平台业务,除了航空座位之外,还整合了具有互补性的旅游产品,如酒店住宿、汽车租赁和交通票务等,并在系统中直接提供进入旅行社系统的通道,由此形成"一站式服务"及全球分销系统,极大地提升了酒店的销售能力。全球分销系统为酒店业拓宽销售渠道带来空间,国际上目前已经形成以Amadeus、Abacus、Galileo等为代表性的全球分销平台,基本垄断了全球航空旅游分销市场。由中国航信运营的中国唯一的分销平台TravelSky,凭借庞大的国内航空旅游市场和快速的增长,已经进入全球分销平台前列,并在技术开发能力、客户体验、数据挖掘,以及后期培训服务方面形成了成熟的机制。全球分销系统的局限性表现在仅有旅行社这一用户群,其他企业应用受限,费用较高。

20世纪80年代,许多旅游企业开发了更适合自身特点的中央预订系统,并且开始为分散经营的小规模非连锁酒店提供分销服务,提升了渠道效益。

3. 旅游协会组织

旅游协会组织是旅游企业为了共同的利益而联合形成的组织。例如,地区饭店协会允许其成员饭店独立地拥有资产所有权和经营权,同时使每个饭店都得益于协会的整体营销。还有许多旅游中介组织,如奖励旅游协会、政府旅游协会、行业公会等组织也是酒店分销渠道的组成部分,承担着向市场提供信息,在国家、地区或更大范围内推销酒店产品和服务的工作,是酒店开发团队客源市场的重要渠道。有些预订服务正把业务扩展至营销的领域,使预订服务与行业协会的功能越来越接近。旅游企业的预订系统为更加广泛的旅游客源市场提供了预订服务项目,成为销售渠道中重要的组成部分。

以旅游行业协会所代表的客房数量的多少作为衡量依据的话,五大行业协会就分别为Utell(优特尔)、Supranational Hotels(超国家饭店组织)、世界一流饭店集团和法国金色郁金香(Golden Tulip Hotels)。其中,Utell主要提供预订服务,代表近7000家饭店的130万间客房。该网站的特点是设有Utell视窗,这个系统让全世界的预订代理商通过他们的计算机终端看到饭店的图片,有利于产品的销售。

二、新型酒店销售渠道

20世纪90年代,互联网技术为旅游企业营销创新带来机遇,以美国Expedia(亿客行)、Travelocity(旅游城)及Priceline(普利斯林)为代表的三大知名旅游网站发展迅速,互联网成为一种高效、具有潜力的分销渠道。近年来,全球在线旅游业务每年保持10%以上的增长势头,在线旅游市场的交易将成为全球电子商务交易量较大的产业之一。互联网公共商业两用、体验互动性强等特点促使酒店供应商越过控制着分销渠道的中介组织,以较低成本的运作模式,直接与顾客进行沟通和交易。

(一)酒店官网直销

酒店官网直销是指酒店通过自己的网站直接进行产品销售。酒店官网不仅是形象展示的窗口,也是酒店与客户互动和交易的重要媒介,酒店可以实现网上销售、客户关系管理、会员管理、信息发布、形象展示等。

官网直销,一方面可以降低酒店对中介服务系统的依赖,提高酒店营销管理水平,逐步建立品牌意识;另一方面也可以提高酒店的自主定价和控制权,符合酒店的长期发展战略。

虽然官网直销模式是酒店在行业竞争中取胜的重要渠道,然而,对一些单体酒店来说,客户主要是来自其他分销渠道,只有少部分客户来自直销预订渠道,酒店在线直销能力目前还较弱。

(二)会员制营销

会员制营销是商家在对客户群进行区分、识别出重要客户并分析其需求的基础上,利用其经营优势为特定消费群提供产品和服务,并通过消费者信息及数据分析管理,实施精准营销和定制营销,提高顾客忠诚度,以实现营销预期目标的营销手段。会员制营销的前提条件是"20/80法则",即企业80%的利润来自20%的忠诚客户,而留住一个现有客户所付出的时间和精力较少,成本远低于吸引一个新客户。因此,从长远的角度来看,酒店通过一系列的优惠、奖励计划,与目标市场互动沟通,加深与消费者的情感联系和对消费者的了解,将有可能成为深入挖掘潜在会员的机会,使他们真正成为酒店的消费常客;扩大酒店真正有效的市场份额,从而提高酒店的市场收益,与此同时,更可能提高酒店的知名度和市场影响力。

互联网下的会员与传统会员不同,入会资格、时效性都有差别,因此互联网下的会员制营销也区别于传统会员营销,它具有跨时空、多媒体、互动式、个性化、低成本、有竞争力、有成长性、全天候服务以及直接同用户沟通交流等特点。

(三) 互联网第三方分销

互联网使分销渠道结构发生了重大变化,以美国 Travelocity(旅游城)、Expedia(亿客行),以及中国携程和艺龙为代表的在线旅行分销商迅速发展起来,机票和酒店的佣金收入是其主要营收。网络运营商凭借自身拥有的大量终端用户资源获得了较低的采购成本。目前,大多单体酒店对构建直销平台的关注不足,并且单体酒店缺乏相应的构建能力,对在线分销渠道依赖性较强,这使得这些酒店在行业竞争中极易受到在线旅行分销商的牵制。

许多酒店也会选择团购、尾房、惠选和反向竞拍等新型在线分销模式。这些渠道针对用户体验需求较强的特点,以适当的价格,最大限度地扩大了客房销售量,使酒店收益最大化。以团购为例,团购在酒店行业中普及速度最快,低价销售模式更易吸引中低档酒店和经济连锁型等面向价格敏感型人群的酒店开展。另外,尾房模式在国内中低档酒店和酒店式公寓中应用更多。惠选模式帮助酒店"隐名"销售剩余客房,其更多应用于中高档酒店。然而,酒店方面对分销新模式大都持谨慎态度,仅将其作为一种补充性分销渠道。

随着行业环境急剧变化,包括酒店供应商在线直销、网购平台商(携程旅行、去哪儿等)、移动应用终端以及酒店点评和垂直搜索网站等在线营销平台的迅速崛起,都给传统在线旅行社带来巨大的冲击。

(四) 移动互联网营销平台

随着网络环境的不断更新、移动终端的普及,用户行为习惯随之改变,移动互联网时代应运而生。按照美国移动营销协会的定义,移动营销就是组织通过移动设备或者网络,以互动的、贴近的方式与消费者沟通,吸引消费者参与的一系列营销活动。移动互联网营销是依靠网络,面向移动终端客户群体,利用移动通信设备与无线通信技术和设备联合而成的互联网营销形式。相对于传统的市场营销,它具有以下优势。

1. 内容的精准性

大数据环境下,利用移动终端的应用程序,企业可根据用户的行为特征、偏好、地理位置等方面的情况,相对精准地将已通过匹配的信息传递给与之适配的目标用户群体。

移动互联网营销运用网络技术分析客户数据,判断用户未来消费特征预期,从而实现营销活动或者广告的精准投放和管理。

2. 便携性和互动黏性

移动终端本身具备移动便携式的特点,迎合了碎片化时代客户需求的特点,并且为客户提供了互动交流的平台,也为企业提供了实现品牌传播的高效渠道,体现了其互动高度黏性的特征。

3. 营销的整合性

一个完整的移动营销链条由新品的发布、完成业务操作以及后续的售后等活动构成。移动网络拥有强大的信息传送和承载能力,弥补了互联网功能的局限性,为营销整合提供了保证。

4. 低成本

移动营销具有大规模的用户群体,不受时间、地域的限制,是成本最低、效果最好、覆盖面最广的一种营销模式。这种方式为企业降低营销成本开拓了新的销售渠道。

移动互联网市场已广泛渗透酒店行业的各个领域,酒店移动互联网营销是一个重要转型,对于适应未来社会的主流消费人群、新技术变革及新客户的消费模式等具有深远的意义。在酒店进行多渠道品牌营销的过程中,App、社交媒体和其他在线渠道成为它们提升顾客体验和品牌营销的新触点。许多酒店为了解客人的需求和建议,开始在App上增设对话功能,提升住客满意度;有的(如万豪和希尔顿)通过自身的App收集更多的住客个人信息,从而为其提供个性化的住宿体验;有的通过社交媒体渠道让用户自主参与品牌的互动,让他们参与制定品牌营销。Facebook的负责人也表示,酒店业尤其不能错失移动平台的机会,特别是社交平台的营销机遇。如希尔顿的数字密钥、携程的在线定制旅游平台、Adobe移动端营销的受众画像等。

第五节 酒店分销渠道设计与管理

科学地设计和选择销售渠道是酒店有效传递产品价值、实现预期营销目标的重要保证。酒店应针对自身特点,分析渠道的影响因素,合理构建渠道结构和选择渠道成员,并进行渠道的动态管理和优化创新,从而提高酒店分销渠道的增值效应。

一、影响分销渠道设计的因素

(一)市场特性

目标市场顾客的规模、地理分布、需求特征、购买行为特点等要素对分销渠道类型的选择具有决定性的意义。

首先,市场规模越大、越分散,所需的销售网点就越多,酒店必须利用中间商开辟间接销售渠道。相反，市场规模越小、越集中，所需的销售网点就越少，则适合采用直销模式，即使采用间接渠道，也应选择短渠道。

其次，客源地的空间距离的远近也影响渠道的选择。如远程客源市场较为分散，特别是海外市场，企业应选择间接销售渠道；反之，则选择直销或短渠道。

最后，要根据竞争状态确定渠道的特色和差异。一般认为，采用与竞争者相同的销售渠道或同一渠道，可以借助已有资源和信誉，快速进入市场。但是这些企业必须建立特色渠道模式，以此提升竞争实力，避免与竞争强手的正面交锋。

另外，营销对象的人数、分布情况、购买习惯等都会影响酒店企业营销渠道的选择。若酒店的营销对象数量大且分布广，酒店宜采用长、宽的营销渠道；反之则选择直接营销较适合。

（二）产品特性

产品特性主要是指产品的物理化学性能、体积、重量、标准化程度、单位价值的高低等对渠道的选择和设计产生重大影响的诸因素。

酒店产品因素主要指产品的质量和性质。质高价优的产品往往被少数富有的购买者重复购买，因此宜采用直接营销渠道或窄、短的营销渠道。相反，大众化的产品由于购买对象众多，分布较广，宜采用宽、长的营销渠道。而新产品由于尚欠知名度，采用间接渠道销售往往需花费较多"口舌"，不如采用直接营销渠道。

一般而言，非季节性、重复购买率高、随机性较强的酒店产品采用直接渠道模式，如餐厅、商务酒店、汽车旅馆等。相反，度假酒店由于该产品类型的季节性较强、购买频率低以及市场销售面广等特点，宜采用间接营销渠道。

另外，酒店产品的价格和等级的高低也对渠道的选择有重要的影响。对于高档产品，散客、回头客居多，因而这类产品的营销工作往往采用直接渠道或短渠道模式；而针对以团队形式为主的客源，由于具有市场面较广、旅游人数较多等特点，酒店往往采用间接营销渠道或较长渠道模式。

（三）企业特性

企业的总体规模、财务能力、产品组合、渠道经验、营销政策也是影响渠道决策的重要因素。酒店的经济实力、营销管理能力等都是应该考虑的因素，若是实力雄厚的酒店，则完全可以自己组建销售队伍，或是用较高的佣金来组织更多、更好的中间商队伍。若酒店的营销管理能力较强，也可以利用自己熟悉的营销队伍来打开市场；反之，营销必须以中间商为渠道。

例如，酒店财力雄厚、营销能力较强，则以直接销售渠道为主，兼有间接销售渠道模式。而品牌酒店和酒店集团，在依靠成熟的网络及电话预订平台积累一批较为稳定的客户后，可建立直销平台，以获取更高的渠道收益。例如，洲际、希尔顿、万豪等品牌酒店集团通过自己的在线平台进行直销的收入是通过第三方渠道商分销收入的两倍。实力有限的中小型企业，则可能更依赖于中介组织和机构来销售产品和服务，采取间接销售渠道。

（四）竞争者特性

竞争者使用什么样的渠道策略也是厂商的参考依据。有的企业会直接照搬其他竞争者的分销策略，有的企业则需要采用不同的分销策略与竞争者展开竞争。

（五）分销商特性

一般来说，分销商在广告、产品运输储存、信用条件、退货特权、人员训练、送货频率等方面有不同的特点，因此，分销渠道的设计必须考虑分销商的特性。

二、分销渠道设计的基本原则

分销渠道设计的基本原则是畅通高效、设置合理、配合良好，使产品分销以最短的时间、最好的服务、最少的投入，实现最大的产出，完成产品从生产地点向消费者使用地点的安全转移。具体来讲，包括以下几个方面。

（一）畅通高效

建立畅通高效的分销渠道，可以缩短产品流通时间、提高流通速度，将产品尽快、尽早送达目标市场，从而使消费的需求得到满足，具有重要意义。

（二）成本最小化

分销渠道的成本有两种：一是渠道开发的投资成本，二是保持渠道畅通的维护成本。其中，维护渠道的成本是主要的、经常的，它包括维持销售力量的直接开支和给予分销商的利润、报酬或佣金，以及业务洽谈和通信的费用等。

（三）与企业目标相吻合

企业的目标主要包括企业的形象、产品的市场覆盖程度、产品的档次、市场占有率的计划、企业对分销渠道的控制意愿等。如果企业想较多地控制分销渠道，就必须设计较短的渠道。

三、分销渠道的管理

（一）选择分销渠道成员时应考虑的因素

1. 市场覆盖范围

市场是企业选择分销商最关键的因素。其一，企业要考虑所选分销商的经营范围所包括的地区与企业产品的预期销售地区是否一致。其二，分销商的销售对象是否是企业所希望的潜在顾客。其三，对于零售商，还要重点评估其店址位置、布局和发展潜力等。

2. 声誉

中间商的声誉对企业形象及正常运转有很大影响。不仅直接影响回款情况，还直接关系到市场的网络支持。

3. 分销商的历史经验

其一，具有丰富专业知识和经验的分销商会在行情变动中掌握经营主动权，保持销售稳定或乘机增加销售量。

其二，经营历史较长的分销商早已为周围的顾客所熟悉，拥有一定的市场影响力和一批忠实的顾客，基本成为周围顾客光顾购物的首选。

4. 合作意愿

酒店和中间商的合作是一个双向选择的过程，合作意愿直接影响双方合作的深度和效果。

5. 分销商的财务状况

企业倾向于选择资金雄厚、财务状况良好的分销商，因为这样的分销商能保证及时付款，还可能在财务上向企业提供一些帮助，如分担一些销售费用，提供部分预付款或者直接向顾客提供某些资金融通，如允许顾客分期付款等，从而有助于扩大产品销路和生产发展；反之，若分销商财务状况不佳，则往往会拖欠货款。

6. 分销商的促销能力

分销商推销产品的能力直接影响其销售规模。企业要考虑到分销商是否愿意承担一定的促销费用，有没有必要的物质、技术基础及相应的人才。

（二）培训分销渠道成员

为使渠道顺利运行和更有效率，企业需要为代理商或经销商提供训练方案并对其进行必要的培训。

（三）激励分销渠道成员

1. 物质激励

物质激励指企业用高利润、额外奖金、广告津贴、功能折扣、送货上门或分担运费、资助促销奖励计划、提供免费印刷品、赠送陈列品、提供促销产品、帮助融资等方式使渠道成员得到物质上的满足，从而进一步调动其积极主动性。

企业要制定便于量化管理的销量返利制度，在制定返利政策时要明确是现金返利，还是货物返利，还是两者结合；明确货物返利能否作为下月的任务数；明确返利是月返、季返还是年返。

2. 精神激励

精神激励指企业用信息、知识、赞扬、关心等感染渠道成员，使其有所投入，并愿意与分销渠道成员建立伙伴关系，风险共担，利益共享。

3. 创新激励

其一，指企业不断开发新产品、差异化产品、高赢利产品，满足分销渠道成员的赢利要求，提出分销策略，提高赢利能力。

其二，通过向分销渠道成员提供新的经营方式或营销模式，提升渠道成员乃至整个分销渠道在市场上的竞争力。

4. 提供帮助

企业提供帮助包括提供信贷援助、技术咨询、技术指导、技术培训、提供财务制度、销售技巧的培训,帮助分销渠道成员建立进销存报表,做安全库存数和先进先出库存管理等,帮助企业提高销售能力、取得销售成果。

(四)约束分销渠道成员

企业通过合同或协议来明确分销渠道成员的责任义务,必要时采取处罚手段,如减少利润、停止供货、推迟交货、终止关系等。

(五)评估分销渠道成员

企业对分销渠道成员的绩效需要定期评估,评估的标准主要有销售计划指标完成情况、平均存货水平、货款返回情况、顾客服务等。

通过评估,企业要对那些忠实履行协议、绩效优良的分销渠道成员给予奖励,对于未达绩效的给予忠告、培训、处罚或终止合作关系。

本章小结　本章主要学习了分销渠道概述,直接分销渠道,间接分销渠道,分销渠道设计与管理等知识。

在线答题

阅读与分析

复习思考

1. 简述分销渠道的结构。
2. 简述酒店直接分销与间接分销的优缺点。
3. 简述选择分销渠道成员时应考虑的因素。
4. 简述批发商和零售商的职能。

第十一章
酒店促销策略

学习导引

酒店产品和服务的生产与消费具有分离特性,酒店的好产品要想快速被市场接受,需要通过信息传播、推广活动来引起市场注意,进而使消费者产生购买欲望。促销是在分销基础上的市场营销活动。促销是营销组合四大要素之一,是企业营销策略的重要组成部分,也是企业参与竞争、贯彻各项战略意图的重要手段之一。促销的任务是配合分销渠道,运用特殊手段大力促进产品促销。

学习目标

(一) 知识目标
1. 了解促销的含义、作用,了解公共关系的基本概念。
2. 熟悉促销的分类、作用;掌握学习人员推销的特点、优缺点与基本流程。
3. 掌握各类广告媒体的优缺点。
4. 掌握广告设计的原则。
5. 掌握销售促进的特点和基本形式。

(二) 能力目标
通过本章的学习,提升学生对酒店促销策略的分析能力,增强对酒店促销策略的运用能力,增强酒店渠道设计与管理的能力。

(三) 德育目标
通过本章学习,学生能够树立正确的职业价值观,增强行业意识,提升行业认同感。

第一节　酒店促销概述

一、促销的含义

促销(Promotion)是指企业通过人员推销、广告、公共关系和销售促进等促销方式,向消费者传递产品的有关信息,引起他们的注意和兴趣,激发他们的购买欲望,促成他们的购买行为,从而达到扩大销售目的的活动。

酒店促销是指酒店通过人员推销或非人员推销的方式,向目标顾客传递产品或劳务的存在及其性能、特征等信息,帮助消费者认识商品或劳务带给其的利益,从而引起消费者的兴趣,激发消费者的购买欲望及购买行为的活动。

酒店作为产品和劳务的供应者,面对广泛的消费者,需要把有关酒店自身及产品、劳务的信息传递给顾客,使其充分了解企业及其产品、劳务的性质、特征、价格等,帮助企业进行与消费有关的判断和选择。这种由卖方向买方进行的信息传递,是卖方实施购买行为的基本前提。同时,在促销过程中,作为卖方的消费者,又把对酒店及产品、劳务的认识和需要反馈到酒店,引导酒店根据市场的需求进行调整。这种由消费者到企业的信息传递,是酒店适应市场需求的重要前提。

二、促销的分类

1. 按照促销受益方划分

如果促销行为的受益方是消费者,这种促销就是消费促销。例如,"凡购买酒店的双人自助餐券可获赠一张单人的自助餐券",这便是消费促销。

如果促销行为的受益方是经销商,则这种促销就是经销促销。例如,"凡将某品牌牛奶安排在商场的优越位置的经销商可获赠电冰箱一台",这就是经销促销。

2. 按照促销的方式不同划分

(1) 代金券(折扣券)促销。

代金券(折扣券)是厂家和零售商对消费者购买行为的一种奖励手段。比如,当顾客消费达到一定额度时,酒店给顾客发放的一种可再次消费的有价凭证。

(2) 附加交易促销。

附加交易是厂家采取的一种短期降价手段。通过向顾客提供一定数量的免费的同类品种实现促销。例如"买×送×"。

(3) 特价或折扣促销。

特价或折扣促销,就是通过直接在商品的现有价格基础上进行打折的一种促销手段。

(4) 回扣式促销。

回扣式促销是给消费者的回扣并不在消费者购买商品当时兑现,而要走完一定流程才能实现。回扣式促销是对消费者购买产品的一种奖励和回馈。例如"加一元换购"。

（5）抽奖促销。

消费者通过购买厂家产品而获得抽奖资格，并通过抽奖来确定自己的奖励额度。抽奖促销是富有吸引力的促销手段，消费者都愿意去尝试这种无风险的有奖购买活动。

（6）派发"小样"式促销。

派发"小样"式促销是厂家通过向目标消费人群派发自己的主打产品，来吸引消费者对产品和品牌的关注，以此扩大品牌的影响力，并影响试用者对该产品的后期购买。

（7）现场演示促销。

现场演示促销是为了使顾客迅速了解产品的特点和性能，通过现场为顾客演示具体操作方法来刺激顾客产生购买意愿的做法。

（8）有奖竞答促销。

企业通过精心设计一些有关企业和产品的问答知识，让消费者在促销现场竞答来宣传企业和产品的一种做法。

（9）礼品促销。

企业通过在一些场合发放与企业相关的产品，借此来提高企业和产品的知名度的一种宣传手段。例如，酒店在每年春节期间，为VIP客人寄送酒店的年糕礼盒。

（10）购物消费卡促销。

购物消费卡促销是指一些零售大卖场和企事业单位会以一定的折扣发放购物消费卡，以促进销售。例如，情人节期间购物五折卡。

（11）批量折让促销。

批量折让是指生产企业与中间商之间或是批发商与零售商之间，按购买货物数量的多少，给出价格上的折让。

三、促销的作用

1. 传递信息

酒店只有将产品信息传递给消费者，才能引起消费者的注意，才有可能使消费者产生购买的欲望。产品的知名度越高，消费者对酒店的产品越了解，选择该产品的可能性越大。

2. 指导消费

在促销活动中，酒店向消费者介绍产品知识，可在一定程度上对消费者起到指导消费的作用，有利于把消费者的潜在需求变为现实需求，也可能使消费者对产品产生偏好。

3. 增加需求

由于市场竞争激烈，同类产品很多，有效的促销可以让消费者分辨出产品间细微的差别，以及突出本产品的特色，从而激发消费者的需求。

4. 稳定销售

酒店行业有着明确的销售淡旺季，在销售淡季，酒店开展促销活动可以减少因市场需求的周期性、季节性或不规则性导致的全年销售的波动，达到稳定销售的目的。

四、促销组合

促销组合是指企业根据促销的需要,对广告宣传(Advertising)、销售促进(Sales Promotion)、公共关系(Public Relations)与人员推销(Personal Selling)等各种促销方式进行适当选择和配合。

酒店促销是一个综合的概念,它包括广告、人员推销、公共关系、营业推广等多种方式。将这些方式组合成的综合体称为酒店促销信息沟通组合,简称酒店促销组合。

促销组合因不同时期、不同地区或不同的经营目标而不同。如果目标是树立企业形象、提高知名度,则促销组合中广告是重点,同时辅以公共关系;假如目标是短期内迅速增加销售量,则销售促进最易立竿见影,可辅以人员推销和适量的广告。

第二节 酒店人员推销

一、人员推销的特点及基本形式

人员推销即由推销人员直接与消费者接触、洽谈、介绍产品,对其进行说服,促使其采取购买行动的活动,即酒店销售人员说服客户购买本酒店的产品的过程。人员推销的任务主要是寻找客户、传递信息、销售产品、提供服务。

1. 人员推销的特点

推销是一门综合艺术,需要推销人员在推销过程中根据不同的环境和不同的消费者灵活运用多种推销技巧。

推销的主要特点如下。

(1) 双向性。

人员推销并非只是由推销员向推销对象传递信息的单向活动,而是信息传递与反馈的双向沟通过程。

一方面,推销人员通过向消费者宣传介绍产品的有关信息,以达到招揽消费者、促进产品销售的目的。

另一方面,推销人员通过与消费者接触,及时了解消费者对产品的评价。

(2) 灵活性。

由于市场环境和推销对象需求的不确定性因素很多,推销活动必须适应这种变化,灵活运用推销原理和技巧,恰当地调整策略和方法。

(3) 说服性。

为了取得消费者的信任,让消费者能接受产品,推销人员必须耐心地将产品的特点和优点向消费者进行宣传和介绍,争取消费者认可企业的产品和服务,并且愿意购买。

2. 人员推销的基本形式

酒店人员推销的基本形式包括上门推销、营业推销、电话推销、会议推销。

（1）上门推销。

上门推销是最常见的人员推销形式。它是酒店营销人员在确定了拜访对象，了解了顾客的基本情况和可能产生的需求后携带酒店产品的介绍册、宣传册等走访顾客，并与之面谈，回答顾客的各种问题，处理异议，最后在双方能接受的条件下达成交易。这种推销形式可以针对消费者的需要提供有效的服务，从而得到消费者的广泛认可和接受。

（2）营业推销。

酒店营销人员在顾客消费旅游产品、进店参观或洽谈业务时进行的推销。

（3）电话推销。

酒店营销人员通过打电话的方式对顾客进行推销，或者推销人员在接到顾客的咨询电话时进行的推销。

（4）会议推销。

旅游企业或旅游目的地常常组织和参加各种旅游交易会、展览会等，在此过程中，向与会者介绍和宣传本企业为顾客提供的主要产品和服务。

二、人员推销的优缺点

1. 人员推销的优点

（1）可与顾客直接对话，进行信息的双向沟通。

一方面，人员推销可以向消费者介绍企业的现状，介绍产品的特点、价格等信息。另一方面，消费者也可以向推销人员反馈其对产品质量、价格、功效是否满意及具体要求等信息。

（2）针对性强、易促成购买。

人员推销可使推销人员直接观察消费者的态度和反应，及时调整推销策略，可以根据消费者的特点和反应调整自己的工作方法，及时答复和解决消费者提出的问题，消除消费者的疑虑和不满，从而促成消费者的购买。

（3）有利于建立良好的合作关系。

面对面的接触容易使双方从单纯的买卖关系发展到喜欢和信任，进而保持长期的业务关系。

2. 人员推销的缺点

其一，对推销人员的要求较高。推销人员的素质会影响人员推销的结果，企业为了使员工胜任推销工作，所花费的相关培训成本比较高，要培养和选择出理想的能够胜任职务的推销人员比较困难。

其二，人员推销的成本较高。由于人员推销直接接触的消费者有限，而各种费用又较高（差旅费、住宿费、交通费、补贴等），这就加大了产品销售的成本，削弱了产品的竞争力。

三、人员推销的基本流程

完整的推销过程，一般包括寻找消费者、访问准备、约见消费者、洽谈沟通、达成交易、售后服务、跟踪反馈七个阶段。

1. 寻找消费者

寻找消费者是指寻找有可能成为潜在购买者的消费者。寻找消费者的主要方法如下。

（1）逐户访问法。

逐户访问法又被称为"地毯式寻找法"，指推销人员在所选择的目标客群活动区域内挨家挨户地访问，然后进行说服的方法。一般来说，推销人员采用此法成功开发消费者的数量与走访的人数成正比，要想获得更多的消费者，就得访问更多的人。

（2）会议寻找法。

会议寻找法是指到目标消费者出席的各种会议上，如订货会、采购会、交易会、展览会和博览会，捕捉机会，与目标消费者建立联系，从而寻找推销的机会。

（3）俱乐部寻找法。

物以类聚，人以群分，每个人都有自己的小圈子和自己特定的活动场所。因此，推销人员如果能够进入目标消费者的社交圈，那么工作也就容易进行了，胜算也大一些。

（4）在亲朋好友中寻找。

在亲朋好友中寻找是指将自己的亲戚、朋友罗列在清单上，然后一一拜访，争取在这些亲朋好友中寻找自己的消费者。每个人都有一张关系网，如同学、同乡、同事等，推销人员可以依靠关系网进行消费者的开发。

（5）资料查询法。

资料查询法是指通过查询目标顾客的资料来寻找目标消费者的方法。

可供查询的资料来源包括：团体会员名册，如刊物订阅者的名册、协会会员名册、股份公司的股东名册、行业的公司名册、工商企业名录等；证照核发机构，如企业经营许可证、烟酒专卖证、驾驶执照等；税收名册，如纳税记录、纳税排行榜等；报纸、杂志登载的信息，如新公司的成立、新商店的开业、新工程的修建等。通过资料查询，推销人员可以进行消费者的开发。

（6）介绍法。

介绍法是指通过他人的介绍来寻找消费者的一种方法。比如，酒店通过之前合作者的牵线搭桥，签订了一个新的服务合同。推销人员只要取得现有顾客的信任，就可以通过现有顾客的自愿介绍，寻找到可能成为消费者的其他人。

2. 访问准备

访问准备是指为推销活动做好必要的准备。访问准备包括资料准备和策划准备两个方面，具体又包括了解顾客、了解产品、了解竞争者及其产品、确定推销目标、制定推销策略五个方面。

3. 约见消费者

当推销人员做好必要的准备和安排后，即可约见消费者。约见是推销的开始，约见能否成功是推销成功的先决条件。推销人员接近消费者应讲究时间、地点、方式、方法，要做到在恰当的时间、恰当的地点与恰当的对象做一笔适当的交易。

知识链接

接近消费者的方法

馈赠接近法,指推销人员通过赠送礼物来接近消费者的方法,此法比较容易获得消费者的好感,从而拉近双方的关系。

赞美接近法,指推销人员以称赞的语言博得消费者的好感,从而接近消费者的方法。需要注意的是,推销人员称赞消费者时要真诚,要恰如其分,切忌虚情假意,否则会引起消费者的反感。

服务接近法,指推销人员通过为消费者提供有效的并符合其需要的服务,如维修服务、信息服务、免费试用服务、咨询服务等来获得消费者的好感,赢得消费者的信任,从而接近消费者的方法。

求教接近法,指推销人员通过请消费者帮忙解答疑难问题,接近消费者的方法。推销人员要提对方能解决的问题,而不要考问对方,如果让消费者下不了台,生意也就黄了;在求教后要注意及时、自然地将话题引向有利于促成交易的谈话方向。

4.洽谈沟通

洽谈沟通是推销人员向消费者传递信息并进行双向沟通的过程,也是推销人员运用各种方式、方法、手段与策略去说服消费者实现购买行为的过程。

 知识链接

说服消费者的技巧

其一,介绍。推销人员要大大方方地介绍自己和自己的公司,自信地说出拜访理由,让消费者看到你的专业并产生信赖;要向消费者介绍企业的情况和产品的特点、价格及服务方式等,及时解答消费者提出的问题,消除消费者的疑虑,并且根据消费者的特点和需求,及时调整策略;在介绍时还可以运用富兰克林式的表达,即向消费者说明,如果你买了我们的产品,能够得到的第一个好处是什么,第二个好处是什么,第三个好处是什么,第四个好处是什么……同时也向消费者说明不买我们的产品,你蒙受的第一个损失是什么,第二个损失是什么,第三个损失是什么,第四个损失是什么……这样,消费者权衡利弊与得失之后,就会做出选择。

其二,善于倾听。推销人员要想更多地鼓励消费者参与,了解更多的信息,就要善于倾听。倾听不但有助于推销人员了解消费者,而且也表现了对消费者的尊重。

其三,换位思考。推销人员应当站在消费者的立场上去想问题。

其四,投其所好。每个人都有自己的爱好,而这种爱好往往又希望得到别人的认同,因此,推销人员应当积极发现消费者的爱好,投其所好,从而拉近双方之间的距离。

其五,说服消费者要有恒心。《荀子·劝学》曰:"锲而舍之,朽木不折;锲而不舍,金石可镂。"说服消费者也是同样的道理。

5. 达成交易

达成交易是指消费者同意接受推销人员的建议,做出购买行为。

6. 售后服务

达成交易并不意味着推销过程的结束,售后服务同样是推销工作的一项重要内容。酒店的产品以服务为主,因此,售后服务是成交后一项重要的工作。

7. 跟踪反馈

推销人员每完成一项推销任务,要继续保持与顾客的联系,加强信息的收集与反馈。这样,既有利于酒店修订和完善营销决策,改进产品和服务,也可以更好地满足顾客的需求,争取更多的回头客。

四、人员推销的策略

1. 试探性策略

这种策略是指推销人员事先设计好能引起消费者兴趣、能刺激消费者购买欲望的推销语言,通过渗透性交谈进行刺激,在交谈中观察消费者的反应,以了解消费者的真实需要,诱导其产生购买动机,引导其产生购买行为。

2. 针对性策略

这种策略是指推销人员在基本了解消费者某些信息的前提下,有针对性地对消费者进行宣传、介绍,以引起消费者的兴趣,从而达到成交的目的。

3. 诱导性策略

这种策略是指推销人员运用能激起消费者某种需求的说服方法,诱导消费者产生购买行为。

五、推销人员的素质

一名合格的推销人员主要应该具备以下基本素质。

1. 思想品德素质

推销工作是一种创造性的劳动,同时也是一种艰苦的脑力劳动和体力劳动。在推销活动中,如果推销人员遇到困难就灰心丧气,则推销任务将永远不可能完成。因此,推销人员要拥有强烈的事业心、高度的责任感和使命感、坚强的意志,热爱推销工作,任劳任怨。

2. 科学文化素质

推销工作并不是简单的工作,而是极富创造性与挑战性的工作,因而推销人员除了要具备过硬的思想素质外,还要具有较高的文化素养。一般来说,推销人员应掌握以下几个方面的知识。

(1) 企业方面的知识。

推销人员要熟悉企业的历史及现状,包括企业的规模、在同行业中的地位,以及企业的有关规章制度、服务项目、交货方式、付款条件、营销战略与策略等,还应了解企业的发展方向。

(2) 产品方面的知识。

推销人员要对酒店的产品和服务十分熟悉,如在向某旅行社推销团体业务时,推销人员必须能熟练说出酒店的各类房型、房价、各种设施设备,以及各种会议厅的面积、厅内的布局、容纳人数,甚至音响设备的性能等。

(3) 市场方面的知识。

推销人员应掌握必要的理论知识与实务技能,包括市场营销理论、市场调研的方法、推销方法与技巧等,熟悉有关市场方面的政策、法令和法规。

(4) 消费者方面的知识。

推销人员还要懂得消费者心理与购买行为方面的知识,应掌握心理学、行为科学等学科的知识,以便分析消费者的购物心理,并选择合适的推销方法。

3. 良好的语言表达能力

推销人员要能用语言准确地表达所要推销产品的信息,如果推销人员言语贫乏、词不达意、逻辑性差、思路不清,其推销的产品也不可能被接受。推销人员还要文明礼貌、谈吐文雅。

4. 较强的应变能力

为实现促销目标,推销人员必须掌握娴熟的推销技巧,反应灵活,面对困难与挫折不慌乱,能随机应变。推销人员要技巧娴熟,掌握好成交机会,善于捕捉被忽视的市场机会。

六、推销人员的选拔与培训

1. 推销人员的选拔

推销人员的选拔途径主要有两个:一是从企业内部选拔业务能力强、素质高的人补充到销售部;另一个是从企业外部招募,即从大专院校的应届毕业生、其他企业或单位等群体中物色。无论哪种途径,企业都应对相关人员进行严格的考核,择优录用。

2. 推销人员的培训

(1) 课堂培训。

这是一种正规的课堂教学培训方法,一般由销售专家或有丰富推销经验的销售人员通过讲授的形式将知识传授给受训人员。

(2) 会议培训。

这种方法一般是组织推销人员就某一专门议题进行讨论,会议由主讲老师或销售专家组织,此法为双向沟通,受训人有交换意见的机会。

(3) 模拟培训。

这是一种由受训人员亲自参与并具有一定实战感的培训方法,为越来越多的企业所采用,其具体做法又可分为实例研究法、角色扮演法、业务模拟法等。例如,由受训人员扮演推销人员向由专家和优秀推销员扮演的消费者进行推销。

(4) 实地培训。

这是一种在工作岗位上练兵的培训方法,受训人员直接上岗,与有经验的推销人员建立师徒关系,通过师傅的"传帮带"熟悉推销业务,这种方法有利于受训者较快地熟悉业务。

七、推销人员的报酬

1. 薪金制

薪金制是指在一定时间内,无论推销员的业绩如何,均可以在一定的工作时间内获得一定额度的报酬。这种报酬形式主要以工作的时间为基础,与推销工作效率没有直接联系。

薪金制的优点:推销人员具有安全感,有利于稳定企业的推销队伍,管理者能对推销人员进行最大限度的控制,在管理上有较大的灵活性。

薪金制的缺点:缺乏弹性,缺少对推销人员的激励,较难刺激他们开展创造性的推销活动,容易产生平均主义,形成吃"大锅饭"的局面。

2. 佣金制

佣金制与薪金制不同,即企业根据推销人员在一定时期内的推销工作效率来支付报酬,它有较强的刺激性。

佣金制的优点:能够把收入与推销工作效率结合起来,为了增加收入,推销人员就得努力工作,并不断提高自己的推销能力;简化了企业对推销人员的管理,有利于控制推销成本。

佣金制的缺点:收入不稳定,推销人员缺乏安全感;企业对推销人员的控制程度低,因为推销人员的报酬是建立在推销额或利润额的基础上的,在企业发展低迷时,优秀的推销人员离职率高。

3. 薪金加奖励制

薪金加奖励制即企业在给推销人员固定薪金的同时又给其不定额的奖金。这种形式实际是上述两种形式的结合,一般来讲,它兼有薪金制和佣金制的优点,既能保障管理部门对推销人员的有效控制,又能起到激励刺激的作用。目前越来越多的企业倾向于采用这种方式,但这种形式实行起来较为复杂,增加了部门的管理难度。

八、推销人员的考评

为了加强对推销人员的管理,企业必须对推销人员的工作业绩进行科学而合理的考评。推销人员的业绩结果既可以作为分配报酬的依据,又可以作为企业人事决策的重要参考指标。

1. 考评资料的收集

资料的来源主要有推销人员的销售报告、企业销售记录、消费者意见及企业内其他职工的意见等。

(1) 推销人员的销售报告。

销售报告可分为销售活动计划报告和销售活动业绩报告两类。

销售活动计划报告包括地区年度市场营销计划和日常工作计划,它可作为推销人员合理安排推销活动日程的指导,可展示推销人员的地区年度推销计划和日常工作计划的科学性、合理性。

销售活动业绩报告主要包括已完成的工作业绩,从中可以了解销售的情况、费用开支情况、新业务拓展情况等多方面的推销业绩。

(2) 企业销售记录。

企业内的有关销售记录、消费者记录、区域的销售记录、销售费用的支出等都是评估推销人员的宝贵资料。企业利用这些资料可计算出某一推销人员所接订单的毛利,或某一规模订单的毛利,可以直观地评估推销人员的绩效。

（3）消费者意见。

评估推销人员应该听取消费者及社会公众的意见。有些推销人员业绩很好，但在顾客服务方面做得并不理想。企业能够通过顾客投诉和定期的消费者调查的结果分析看到不同的推销人员在完成推销产品这一工作任务的同时，对企业整体形象的影响。

（4）企业内部职工的意见。

这一资料主要是经营经理、销售经理及其他有关人员的意见，销售人员之间的意见也可作为参考。这些资料可以提供一些有关推销人员的合作态度和领导才干方面的信息。

（5）推销总结报告。

推销总结报告是推销人员对工作效率的自我诊断，也是企业销售主管检查、指导和帮助推销人员工作的重要依据。

报告包括四个方面的内容：一是取得的成绩；二是存在的问题；三是原因分析；四是改进措施。

2. 建立考评标准

企业要评估推销人员的绩效，一定要有良好且合理的标准。绩效标准应与销售额、利润额和企业目标相一致。一般来说，考评标准有两种，即定量考评和定性考评。

（1）定量考评。

定量考评的指标包括销售量、毛利、访问率、访问成功率、平均订单数目、销售费用、销售费用率、新消费者数量。

（2）定性考评。

定性考评的指标包括推销技巧、与消费者的关系、自我管理能力、产品及营销方面的知识、合作精神与工作态度等。

企业对推销人员的考评应采用定量和定性考评相结合的方法，综合分析评价，使考评标准成为一种动力而不是束缚，避免推销人员产生不满、抵触等不良情绪，影响考评的结果。

考评标准不能一概而论，企业应充分了解整个市场的潜力和每一位销售人员销售能力上的差异。

第三节　酒店广告策略

一、广告的分类与特点

1. 广告的定义

"广告"一词源于拉丁语，有"注意""诱导""大喊大叫"的意思。

广义的广告，指向广大公众告知某种事物，如各种通知、布告等。

狭义的广告，指以促进销售为目的，以支出一定费用的方式，由广告承办单位通过广告媒体向大众传播产品或劳务等有关经济信息的大众传播活动。

酒店广告是指酒店通过各种媒体,以付费的方式向现有的和潜在的消费者传播有关酒店产品或服务的信息,促进酒店销售的非人员形式的促销。

2. 广告的分类

根据广告的内容和目的划分,可将广告分为告知性广告、劝说性广告、提醒式广告。

(1) 告知性广告。

告知性广告是将此信息告诉目标消费者,使之知晓并产生兴趣,促进初始需求。

(2) 劝说性广告。

当目标消费者已经产生购买某种产品的兴趣,但还没有形成对特定品牌的偏好时,劝说性广告的目的在于促使其形成选择性的需求,即购买本企业的产品。

(3) 提醒式广告。

提醒式广告的目的是唤起消费者对产品的记忆,提醒消费者可能很快就会需要某种产品,并提醒消费者购买的地点,这种提醒可以促使消费者即使在淡季也能记住这些产品,使产品保持较高的知名度。

3. 广告的特点

广告具有如下几个方面的特点。

(1) 广告是单向沟通。

(2) 广告内容由于受企业控制而使公众信任度较低,理性的消费者会认为广告是"王婆卖瓜自卖自夸"。

(3) 广告限于广告媒体、广告费用等,传递的信息量有限。

(4) 广告效果往往受资金、策划、创意、设计、制作、发布时间的制约。

(5) 广告的效果往往不易测定。

二、广告的作用

广告的作用包括以下几个方面。

1. 大范围地进行信息传播和造势

广告就是广而告之,是大众传播的一种形式,它可以大范围地进行信息传播,触及广泛的公众,并且传播迅速,影响力大,易于造势。广告发布的内容完全由出资人控制,因此能够准确无误地刊登或安排播放的时间。

2. 创造知名度

广告最简单的作用是通过经常性地重复品牌的名称,使之成为消费者耳熟能详、铭记在心的品牌。

3. 激励消费,促进购买

即使是消费者经常购买的特定产品,也存在被消费者忘却的可能性,广告可以防止消费者忘却品牌,使消费者头脑里对品牌印象常新。

4. 塑造和改进公司形象、提升公司的士气

研究表明,公司做不做广告对员工的士气有影响,公司做了广告,名气大了,会提高公司的士气。

三、各种广告媒体的优缺点

酒店促销中常用的广告媒体有报纸、杂志、广播、电视等,各种媒体都有其优点和缺点。

1. 报纸广告

优点:传播范围广,报纸作为传播新闻的重要载体,男女老少均能接触,它广泛地联系着读者;传播速度快,可及时传播信息;制作简单,方式灵活;传播信息比较详尽;区域性强。

缺点:时效性短,形式相对单一,公众的关注度较低,感染力弱。无读报习惯的消费者无法接收到信息。

2. 杂志广告

优点:与报纸相比,杂志的专业性较强,一般有固定的读者群;对地区和消费者选择性较强;杂志的保留时间相对较长;传阅率高;杂志印刷精美。

缺点:杂志的受众范围有限,出版周期长,时效性差时,不太适合在时效上有要求的产品宣传和短期促销活动。

3. 广播广告

优点:传播速度快,覆盖面广,只要电波涉及的地方都可以收到;具有较强的灵活性,内容可长可短,形式多样;制作简单,收费低廉;对消费者地区和群体选择性强;发布及时。

缺点:时间短暂,稍纵即逝,给人的印象不如视觉媒介深刻和容易理解;而且广播听众的注意力持续时间通常都比较短;无法产生视觉效果,消费者对信息遗忘率高,需要反复提醒。

4. 电视广告

优点:电视有形、有声、有色,视听结合;电视广告播放及时,覆盖面广,选择性强,收视率高,宣传范围广,影响面大;宣传手法灵活多样,艺术性强;广告生动形象、感染力强;传播迅速;覆盖范围广;地区选择性强;观众数量多,对消费者群体选择性强。

缺点:信息时效短,无法保存;信息量相对较小,广告费用较高。

其他广告形式还有邮寄广告、户外广告、车身广告、店头广告、礼品广告、电梯广告、手机短信广告、自制印刷品广告等。

相对于传统媒介广告,依托于网络的新媒体广告也备受关注,它具有形式灵活、宣传范围广、受众数量多、感染力强等特点。

四、选择广告媒体要考虑的因素

选择广告媒体时要考虑的因素主要有以下几点。

1. 产品特点

不同的产品对广告传播效果的要求是不一样的。广告媒体只有适合产品的性质,才能取得较好的广告效果。例如,酒店在旅游业相关杂志上刊登广告可以起到更好的效果。

2. 消费者接触媒介的习惯

企业选择媒介时要考虑消费者的生活习惯,要在消费者经常接触的媒介上做广告。如对儿童用品的宣传,宜选择电视作为媒介。

3. 媒介特性

企业选择的媒介,应该与企业的整体营销战略相匹配,要在媒体覆盖区域、传播速度、影响力方面做出科学的选择。

4. 媒介成本

不同的媒介有不同的广告受众、不同的价格,会产生不同的广告效果。一般来说,电视广告的费用最高,其次是报纸、广播和杂志,网络媒介的广告费用相对较低;而电视和广播节目覆盖范围的大小、收视率的高低、报纸杂志发行量的大小,以及这些媒体的权威性、最佳播出时间等不同,其广告的费用也有明显的差别。因此,企业在选择不同广告媒体时应该认真核算其成本,以获得尽可能大的收益。

企业除了做广告进行媒体宣传外,还可以通过参加展销会、展览会、博览会、订货会等,提高企业的知名度,也可以通过体验店、体验馆、展销中心,向消费者提供体验机会,给消费者以真切感受,其效果不亚于广告的作用。

五、广告设计的原则

广告设计的原则包括以下几个方面。

1. 真实性与艺术性的结合

广告应当宣传真实的内容,同时兼顾艺术性。言过其实、弄虚作假的广告不仅会损害企业的声誉,也是国家法律法规所不允许的。

2. 社会性

社会性即广告应当符合社会文化和道德规范的要求。

3. 针对性

广告宣传必须目标明确,有的放矢,不同的产品、不同的目标市场要有不同的内容,应采取不同的表现手法。

4. 促销性

首先,广告能够引起消费者对某一产品或服务的注意;其次,能够激起消费者的兴趣;再次,能够刺激消费者对该产品或服务产生需求;最后,能够引导消费者的购买行为。

六、广告策略

如果公众信任度较低,则易引起消费者的逆反心理,这就要求企业的广告要减少功利的色彩,多做一些公关广告和公益广告,这样才能够赢得消费者的好感。

广告策略有以下几种。

1. 直接陈述

直接陈述即说明产品的特点和功效,向消费者阐述产品的种种特性。

2. 引用数据

引用数据可以令消费者对产品产生更具体的认知,因为翔实的数据远比空洞的、概念化的陈述更有力量。

3. 对比

对比是形象传达信息的重要方法。对比的基本思路：选择对象熟悉的、与产品有相似或者相反特性的产品并列呈现，突出自己产品的特点，从而准确点出要表达的特性。

4. 以新颖取胜

构思要新颖，形式要不断创新。

5. 迎合喜欢

在了解消费者的喜好后，在广告中迎合消费者的喜好。例如在酒店广告中突出到酒店消费满多少即有机会参与抽奖，最高奖项的奖品是免费入住总统套房一晚等。

6. 以情动人

广告要能以情动人，能够让消费者产生美好的联想，满足消费者的情感诉求，给消费者以美的享受。

7. 重视宣传企业的形象与特色

广告要宣传企业的形象与特色，以帮助消费者认识企业，增强消费者对该企业的认知度。

8. 名人广告

名人广告即在广告中聘请名人做广告。

名人知名度高，影响力强。名人广告可让企业迅速拉近与消费者之间的距离，增强消费者对企业的信任。但是，名人广告是一把"双刃剑"，具有一定的风险。

企业使用名人代言广告时，要注意以下两点：其一，企业在选名人时一定要考虑与企业定位相吻合，这样才能发挥积极作用；其二，企业应注重名人自身的形象。

9. 植入式广告

植入式广告是企业植入式营销的具体表现形式，是指将产品或品牌及其代表性的视觉符号甚至服务内容等，策略性地融入电影、电视剧或电视节目之中，让观众在不知不觉中对品牌或产品产生印象，继而达到营销目的。

这一营销方式不仅运用于电影、电视剧等影视作品中，还可以植入其他媒介，如报纸、杂志、网络游戏，甚至小说。在行业内，植入式广告广受青睐。

七、广告效果评估

广告效果指的是广告发布以后，在接受者中所产生的影响。广告效果包括广告的传播效果、销售效果和社会效果三个方面。

1. 传播效果

广告的传播效果是指接收广告的人数、接收的人对广告的印象，以及广告引起的心理效应。广告效果的好坏并非直接将销售情况的好坏作为评判的依据，而是表现为受众对广告的关注度、理解程度、记忆程度和反应程度。关注度越高，则表明信息传播效果越好；消费者反应得越强烈，说明广告信息传导效果越好。

2. 销售效果

销售效果即以销售情况的好坏直接判断广告的效果。但这种测定方法并不十分全面，有时也有欠缺。这是因为销售增长除受广告影响外，还受其他众多因素的影响，这些因素既有产品本身的,也有来自外部的,而且很难把这些因素的影响一一剔除。因此,我们必须多方面考虑,才能公平而精确地评估出广告的真正效果。

3. 社会效果

广告不仅要追求最佳的经济效果,而且要注重社会效果。

知识链接

口碑营销

口碑是指公众对某企业或企业产品相关信息的认识、态度、评价,并在公众群体进行相互传播。口碑营销是企业有意识或无意识生成、制作、发布口碑题材,并借助一定的渠道和途径进行口碑传播,以提高企业和品牌形象为目的而开展的计划、组织、执行、控制的管理过程。

当今社会,消费者对广告具有极强的免疫力,而口碑传播信服度高,信息的传播者所传播的信息对接受方来说比较容易接受;对营销者来说省去了广告费用,而且传播到达率和投资收益更高。

作为一种传播方式,口碑传播的特点就是交流性强,信息反馈直接、快速、及时、集中,易于在较短的时间内改变接受者的态度和行为;作为一种营销手段,口碑营销所拥有的效应和发散的态势使有关的信息得以批发性地传播出去;同时,因为是面对面的信息交流,其针对性显而易见。

当然,口碑传播要建立在消费者对产品、服务及观念满意的基础之上。为此,企业首先要努力实现和保持消费者的满意度;其次,要说服满意的消费者让其他人都知道他们的满意;最后,要制作一些资料供消费者转送给潜在消费者。

资料来源 根据相关资料整理。

第四节 酒店公共关系

一、公共关系的概念

"公共关系"简称"公关",英文表述为 Public Relations,缩写为 PR,又称公众关系,是指企业采用各种交际技巧、公关宣传、公关赞助等形式来加强与社会公众沟通的一种活动,其目的是树立或维护企业的良好形象,建立或改善企业与社会公众的关系,控制和纠正对企业不利的舆论,并且引导各种舆论朝着有利于企业的方向发展。

酒店公共关系是酒店运用双向的传播沟通手段来影响消费者,协调组织内外各种关系,营造良好的组织生存与发展环境的管理活动。

公共关系的目标是广结善缘,在社会公众中创造良好的企业形象和社会声誉,与广告相比,公共关系更客观、更可信,对消费者的影响更深远。因此,企业的形象被称为"消费者感知服务质量的过滤器",企业必须树立和维护良好的公共形象。

二、公共关系的类型

要提高酒店公共关系工作的有效性,必须恰当运用公共关系。酒店常用的公共关系有服务性公共关系、公益性公共关系、宣传性公共关系、联谊性公共关系、名人公共关系、危机公共关系等。

1. 服务性公共关系

服务性公共关系是以向公众提供优质服务为传播途径,通过实际行动获得公众的好评。例如,酒店增加服务种类、扩大服务范围、完善服务态度、挖掘服务深度和提高服务效率等。

2. 公益性公共关系

企业通过公益活动、赞助活动、捐赠活动,支持赞助文化、教育、体育、卫生、社区福利事业,参与国家、社区的重大社会活动等形式,塑造企业的社会形象,提高企业的社会知名度和美誉度,赢得公众的信任和好感。例如酒店为灾区捐款、赞助文化、体育活动。

3. 宣传性公共关系

酒店可举办新技术或新产品介绍会、博览会和研讨会,也可举办各种招待会、冷餐会、晚会、游园活动和纪念活动,还可冠名各类研讨会、演讲会、论坛等,通过这些活动吸引媒体关注,由媒体主动宣传,既是免费宣传的机会,又具有较高的可信度,容易为公众所接受。此外,企业的重大纪念活动也是宣传品牌的绝佳机会,企业可以充分利用各种形式,将企业的发展历史、庆典活动等通过视频、照片等形式加以宣传,从而起到树立品牌形象、提高品牌知名度和美誉度的作用。

此外,企业还可以定期开展消费者参观活动,或者设立开放日、参观日、纪念日等,让消费者了解企业,同时向消费者展示企业的最新服务项目与服务设施,拉近企业与消费者之间的距离。

4. 联谊性公共关系

联谊活动是企业以实现一定的合作目标为宗旨,为了增加了解、加强沟通而开展的一种公共关系专题活动。如举办酒会、茶会等。

联谊活动一般可分为以下三个层次。

(1) 感情型联谊活动。

感情型联谊活动即以联络感情为主要内容的联谊活动。其形式主要有互致信函、互赠纪念品、出席庆祝活动等。这类联谊活动以建立初步的良好形象,为以后的联络奠定较好的感情基础为目的。

(2) 信息型联谊活动。

信息型联谊活动即以互相沟通信息为主要内容的联谊活动。其形式为双方对所掌握的有关信息进行交流,如技术信息、合作信息、市场信息、产品信息、竞争信息等。这类联谊活动能使联谊各方建立合作伙伴关系,实现共赢。

(3) 合作型联谊活动。

合作型联谊活动即以经济合作为主要内容的联谊活动。这类联谊活动是高层次的联谊活动,是联谊活动成果的最终体现,也是一种最具实质性的联谊活动。

5. 名人公共关系

企业还可以邀请名人参与相关的活动以产生"名人效应",扩大市场吸引力。如酒店请明星为酒店拍摄宣传广告等。

6. 危机公共关系

一旦危机真的来临,企业就必须迅速启动应急预案进行危机管理。

首先,成立危机管理小组。危机不等人,企业要迅速组建危机管理小组,制定或审核危机处理方案及其方针和工作程序,尽快遏制危机。危机管理小组应以企业决策层为中心,吸收部分公关专家、技术专家和新闻宣传专业人士。小组成员的选择不仅应考虑个人素质,还要考虑其在组织中的地位,以及他们对企业和企业所在的行业与环境的了解程度。

其次,确定新闻发言人,尽快传递企业信息,要妥善处理与媒介的关系。

再次,尽快调查并公布事件真相,澄清事实。如果是企业自身的原因,企业应勇于承担责任,向公众道歉;如果是其他因素所致,也应将事实告知公众。此时,邀请权威机构介入,对危机事件真相进行调查与论证,可提高信息的可信度,对于遏制谣言、寻求媒介与公众的理解十分有益。

最后,要提出处理危机的解决方案和补偿方案。

第五节 酒店销售促进

酒店销售促进又叫营业推广,是指酒店运用各种短期诱因鼓励消费者和中间商购买、经销或代理本酒店产品和服务的促销活动。销售促进是除广告、人员推销和公共关系之外,酒店在特定目标市场上,为迅速刺激需求而采取的各种短期的促销措施的总称。

一、销售促进的特点

1. 即期效果显著

销售促进运用利益刺激的促销方法,会使消费者产生机不可失的感觉,使消费者迅速采取购买行动。因此,企业只要选择合理的销售促进方式,就会很快收到明显的成效。

2. 非降价策略

销售促进的激励措施是以特定的产品为对象,由于时间、事件等因素而暂时改变了产品的相对价格,如采取价格优惠活动等。一旦时间和事件结束,价格就要恢复到正常水平。

二、销售促进的形式

销售促进的形式主要有三种,即以消费者为对象、以分销商为对象、以推销人员为对象。

1. 针对消费者的促销形式

针对消费者的销售促进方式有免费试用、免费服务、奖金或奖品、优惠券、特价包等。

（1）免费试用。

为打消消费者对产品质量的顾虑或产品所能带来的收益的怀疑，企业可以采取免费试用的方式促使消费者下定决心购买产品。例如酒店向消费者推出免费试睡的项目。

免费试用是督促潜在消费者购买或使用一种产品最有效的手段。同时，免费试用也是成本最高的促销手段。因此，这种方法一般用在一种全新而又名气不大、需要和值得促销的产品上；或者是确信一种产品有轻易被接受和认同的优势，只要消费者试用就会产生购买意向。否则，如果试用的产品在性能上与其他同类产品并没有明显的区别，或者产品本身品质一般，那么，采取免费试用就会徒劳无功，而且耗费了大量的财力。

（2）免费服务。

免费服务是企业为消费者提供无须付费的服务，目的是使消费者对企业的其他服务产生购买兴趣。

例如，酒店看准每年有 5 万对新人办喜事，而竞相推出免费服务：有的免费代送宾客，有的免费提供新婚礼服、化妆品、花车及结婚蛋糕等。

（3）奖金或奖品。

奖金或奖品指与购买产品相关联的馈赠奖金或礼品的活动，其目的也是使消费者产生购买兴趣。例如，餐厅将消费者每次用餐后结账的账目记录在案，餐厅将纯利的10%，按消费者总账目金额的一定比例向消费者发放奖金。这项"利润共享"的奖励措施，提升了消费者的忠诚度。

（4）优惠券。

优惠券是指企业印发的、持有人购买产品时有一定减价优惠的凭证。由于能够减价，所以，优惠券对价格敏感的消费者有很强的吸引力。

（5）特价包。

特价包是向消费者提供低于常规价格销售的产品的一种方法。其做法是在产品包装上或标签上加以附带说明。特价包可以是一件产品单包，也可以是若干相关产品的批量包。

2. 针对分销商的促销方式

向分销商推广的目的是促进分销商积极销售本企业的产品。企业为了与分销商和零售商达成合作，通常采用以下促销方式。

（1）购买折扣。

为刺激、鼓励分销商大量购买本酒店的产品，企业会对第一次购买的分销商和购买数量较多的分销商给予一定的折扣优惠，购买数量越多，折扣越大。

（2）资助。

资助是指企业为分销商提供陈列产品、支付部分广告费和部分运费等的补贴或津贴。例如，协助举办展示会、样品展览会，协助制作产品目录以及印刷宣传单，邮寄广告,提供临时周转资金援助,提供店面广告、橱窗广告、灯光广告所需的用具及资金,提供样品目录、手册、广告赠品等。

(3) 免费产品。

企业还可提供免费产品给购买达到一定数量的分销商,也可提供一些现金或者礼品。

(4) 奖励。

对有突出成绩的分销商给予奖励,可以采取销售分红的形式,以刺激业绩突出者加倍努力,取得更好的成绩,同时,吸引其他分销商积极促进销售。

(5) 经营指导。

经营指导就是酒店派出经营、销售顾问,对分销商进行经营诊断,找出问题,提出改进意见,提供各种培训服务,提供各种相关的商业情报,对经营、管理、财务等人员进行培训及教育,协助分销商举办各种促销活动。

3. 针对推销人员的促销形式

以推销人员为目标的销售促进方式是指酒店鼓励自己的推销人员多成交,多发展新客户,大力推销本酒店的产品和服务的促销形式。其目的是鼓励其开拓新市场,包括鼓励推销人员推销某种新产品,促使他们提高销售量等。针对推销人员的销售促进形式主要有以下几种。

(1) 推销奖金。

推销奖金,即对销售达到一定数量的推销人员给予奖励。

(2) 推销竞赛奖。

推销竞赛奖,即组织销售竞赛,给优胜者以精神或物质方面的奖励,如表彰、奖金、休假、免费旅游等。

(3) 红利提成。

红利提成,即按销售额或所获利润给予提成。

三、销售促进的控制

销售促进是一种促销效果显著的促销方式,但是,如果使用不当,不仅达不到促销的目的,反而会影响销售,甚至损害企业形象。因此,企业必须对销售促进加以控制。

首先,销售促进应当选择适当的方式,要针对产品的性质、消费者的接受习惯等因素选择合适的方式。

其次,销售促进应当确定合理的期限,时间不能过长,也不能过短。因为,时间过长,消费者会习以为常,减弱销售促进效果,甚至会使消费者产生不信任感;时间过短会使消费者来不及接受销售促进的好处,无法收获最佳的促销效果。

最后,销售促进切忌弄虚作假。

本章主要介绍了酒店促销概述;酒店人员推销、酒店广告策略、酒店公关关系和酒店销售促进等内容。

1. 简述酒店促销的方式及其做法。
2. 简述促销的类别。
3. 简述各类广告媒体的优缺点。

第五篇

发展与趋势

发展是事物从出现开始的一个进步的过程,是事物不断更新,不断变化的过程。既有量的变化,又有质的变化;有正向的变化,也有负向变化。

随着社会经济和技术的不断发展,市场营销理论、理念,营销方式也在不断地发展和完善。传统的酒店营销方式在一定时期内仍将发挥重要作用,同时,一些新的酒店营销方式也在市场营销过程中不断涌现出来,逐渐成为21世纪的主要营销手段。

第十二章
酒店市场营销的发展与趋势

学习导引

随着高新技术,特别是信息技术的发展,知识、技术和信息对经济增长和发展的作用越来越显著,人类将迎来一个崭新的时代——知识经济时代。知识经济的发展,将促使人们的生产方式、思维方式、消费方式及生活方式等发生深刻的变化,也将使酒店市场营销发生许多重大的变革。其中,被称为"21世纪酒店营销新思维"的有绿色营销、网络营销、定制营销、体验营销、合作营销等。这些新型酒店市场营销理论的发展,必定给现有酒店行业的营销思维和理论带来冲击,原有酒店的整体营销思维和理论框架将被打破,全新的酒店营销思维模式和理论基础将得到更广泛的认同。

学习目标

(一) 知识目标
1. 了解酒店市场营销新发展的背景。
2. 熟悉酒店市场营销新的发展趋势和分类。
3. 掌握网络营销、品牌营销、数据营销、绿色营销的内涵和实施内容。

(二) 能力目标
培养学生具备认识新事物和理解新知识的学习能力,培养学生的思维能力和创新能力。

(三) 德育目标
培养学生具备竞合导向的营销意识、责任意识和可持续发展的意识。

第一节 酒店营销组合策略的发展

一、酒店市场营销组合的发展:从 4P 到 4C

市场营销组合是酒店为达到在目标市场上的销售水平而对可控性营销变量进行优

化组合和综合运用的管理活动。

传统的酒店市场营销组合主要围绕4P来展开,即酒店产品组合、产品定价策略、分销渠道组合、实施促销方案四部分内容。随着酒店业的不断发展,酒店市场营销理念的创新,酒店市场营销组合战略也有了新的内容,即从传统的4P组合向4C组合转变。这种转变是营销理念的深刻变革,营销交易要素从卖方市场的4P转向买方市场的4C;从卖方的产品(Product)转向买方的需要和欲望(Customer Needs and Wants);从卖方的定价(Pricing)转向买方愿意花费的成本(Cost to Customer);从卖方的渠道或网点(Placing)转向买方的便利(Convenience);从卖方的促销(Promotion)转向买卖双方间的沟通(Communication)。

与传统的4P营销相比,4C营销的创新意义在于:它把交易的控制权"完全让给"了买方。4P营销是用产品、定价、渠道和促销手段控制买方,尽量将买方纳入营销者的控制范围,而4C营销是主动接受买方的"控制",让买方根据交易的意愿、成本、便利程度和信息沟通情况来进行交易决策,以此激励买方完成交易。从4P到4C,这是一场新的营销革命。

二、7P理论在酒店营销中的应用

根据酒店产品的特点,酒店营销组合是以服务营销理论为核心的7P理论(Booms, Bitner, 1981)的具体应用,除了4P,还包括人员(People)、有形展示(Physical Evidence)和过程(Process)。为体现顾客导向的组合特征,酒店营销组合中采用"4P-4C"组合模式。

(一) 产品-顾客价值(Product-Customer Value)

酒店生产产品的目的就是通过向顾客提供满足需求的产品和服务,在保证顾客获得最大利益的基础上,实现企业盈利的目标。在酒店产品和服务的传递中,接待与被接待的关系是一种经济关系。从某种意义看,顾客不是客人,客人与酒店之间是对等的经济关系。顾客付出货币等要素,获得酒店提供的产品利益,包括产品、服务、人员和形象等,双方通过交换实现各自的利益。因此,酒店的"产品-顾客价值"策略,必须在充分了解顾客需求的基础上,进行产品、服务内容及传递过程的设计,研究各影响因素,包括种类、质量、特色、展示、品牌、支持系统以及辅助系统等,保证顾客价值最大化。

(二) 价格-顾客成本(Price-Customer Cost)

价格是酒店产品的价值表现。从企业角度,价格是产品和服务的收费标准,包括经营成本和企业利润两个部分。从顾客角度来看,价格也是顾客价值和利益的体现。顾客对产品和服务的认知价格或价值影响着顾客购买意愿和满意度。根据顾客价值理论,顾客付出的价格是一个整体的概念,包括货币要素和非货币要素,如寻找和评价可供选择产品或服务所用的时间、地点和精力,这些都形成顾客获得满意产品和服务的同时必须付出的成本,即顾客成本。因此,酒店的"价格-顾客成本"策略,应该考虑顾客成本和价格水平的关系,建立顾客导向的定价目标。

（三）渠道-便利（Place-Convenience）

营销组合渠道要素包括产品或服务的分配和运销，为最终顾客提供便利的购买和消费。与有形商品渠道相比，酒店服务渠道有其特殊性。酒店渠道的便利不仅指地理位置和交通条件，也是为顾客创造消费环境，如可视程度、照明效果、店内通道、指示导引以及各类接待服务的方便程度等。由于酒店产品具有生产消费的同时性和不可储存性等特点，顾客向生产场地移动和直接参与生产过程成为实现交换的前提条件。因此，为向目标市场提供便利的渠道服务，地点的选择成为酒店渠道策略研究的重点。例如，经济型酒店设置往往选择邻近购物场所或其他有吸引力的人口密度较大的地区，商务型酒店选择交通便利的城市商业中心，度假酒店选择景点或城市周边休闲区域等。

（四）促销-沟通（Promotion-Communication）

组合中的促销因素包括所有与销售产品或服务有关的销售方式和手段的综合运用。酒店促销的是一段服务的经历，包括有形要素和无形要素。顾客购买酒店的产品和服务，对酒店的评估多依赖于有形证据，而无形服务大多来自顾客的个人需求的满足和感受。因此，酒店促销的有效性取决于与顾客沟通的效果。酒店促销工具除了广告、互联网、直接营销、移动媒体、营业推广、专题活动、公共关系、人员推销等销售方式，还包括优质服务、口碑、主客互动关系、有形证据等酒店特有的销售方式。

（五）人员（People）

人员是指作为服务提供者的员工和参与到服务过程中的顾客。员工和顾客都是酒店服务产品的重要组成部分，也是影响服务质量的直接因素。在酒店营销组合中，人员要素相对其他要素具有不可控制性，较为特殊。对酒店服务质量的评价主要来源于顾客对服务过程和效果的总体感受。服务过程质量的好坏直接取决于员工的服务状的态好坏和水平高低。因此，一方面，酒店应该采用内部营销策略，通过满意的员工创造和维护忠诚顾客；另一方面，酒店应合理引导和管理顾客间的互动关系，从而提高服务质量。

（六）有形展示（Physical Evidence）

无形服务有形化是克服酒店服务无形性局限的重要手段。有形展示要素包括服务运营的非物质环境和用于宣传产品和服务的有形证据。酒店顾客购买的产品的核心利益是愉悦的体验和感受，非可见的实物产品，具有购买风险。因此，酒店不能仅依赖于广告和营业推广等销售方式，还应将无形服务通过多种有形的线索和证据展示出来，以此增强顾客对产品和服务的认知和理解，坚定购买信心，促成现实的购买。

（七）过程（Process）

服务过程是酒店服务产生、传递和交付等一系列活动的组成，是影响酒店服务产品质量的关键因素。在营销组合中，酒店服务的过程要素包括服务生产的设计、程序、机制、活动流程和与顾客之间的接触与互动等方面内容。相对其他组合要素，服务过程的差异化更易形成酒店不可复制的竞争优势,越来越多的酒店通过供应循环、特许政策、支付政策和运行机制等服务传递系统进行创新,形成酒店特色化经营,为持续发展奠定基础。例如万豪酒店通过服务传递过程标准化来达到在整个运营中提供持续服务的目的。

三、4R 营销

(一) 4R 营销的概念和起源

4R 营销理论是以关系营销为核心,注重企业和客户关系的长期互动,重在建立顾客忠诚的一种理论。它既从厂商的利益出发又兼顾消费者的需求,是一个更为实际、有效的营销制胜术。

目前,关于 4R 营销理论的起源还有一定的争议:一种认为是艾略特·艾登伯格(Elliott Ettenberg)于 2001 年在其《4R 营销》一书中提出的 4R 营销理论;一种认为是唐·舒尔茨(Don E. Schuhz)在 4C 营销理论的基础上提出的 4R 营销理论。

(二) 4R 理论的营销要素

4R 理论的营销要素主要有以下四个方面。

1. 关联

关联(Relevancy/Relevance),即认为企业与顾客是一个命运共同体。建立并发展与顾客之间的长期关系是企业经营的核心理念和最重要的内容。

2. 反应

反应(Reaction),在相互影响的市场中,对经营者来说最难的不是如何制订和实施计划,而是如何站在顾客的角度及时地倾听和从推测性商业模式转移到高度回应需求的商业模式。

3. 关系

关系(Relationship/Relations),在企业与客户的关系发生了本质性变化的市场环境中,抢占市场的关键已转变为与顾客建立长期而稳固的关系。与此相适应产生了五个转向:

第一个转变,从一次性交易转向强调建立长期友好合作关系;
第二个转变,从着眼于短期利益转向重视长期利益;
第三个转变,从顾客被动适应企业单一销售转向顾客主动参与到生产过程中来;
第四个转变,从相互的利益冲突转向共同的和谐发展;
第五个转变,从管理营销组合转向管理企业与顾客的互动关系。

4. 报酬

报酬(Reward/Retribution),任何交易与合作关系的巩固和发展,都是经济利益问题。因此,一定的合理回报既是正确处理营销活动中各种矛盾的出发点,也是营销的落脚点。

随着营销理论的应用和发展,还有学者提出发展了 4S 理论,即满意(Satisfaction)、服务(Service)、速度(Speed)、诚意(Sincerity);4V 理论,即差异化(Variation)、功能化

(Versatility)、附加价值(Value)、共鸣(Vibration);以及 4I 理论、定位理论、IMC(整合营销传播)、CCM(创意传播管理)、SIVA 理论等。

第二节　酒店营销理念的发展

现代酒店企业销售的最基本要素是什么？不是那些看得见的产品,而是那些看不见的企业经营者的理念和思想。

纵观世界著名的企业家,无不是以一种独创及全新的理念来引导企业,适应市场发展,从而使企业迈上一个个更高台阶。在世界酒店业发展史上,正是希尔顿的"七大信条"、里兹·卡尔顿的"黄金标准"、马里奥特的"经营哲学"、喜来登的"十诫"等一些全新的经营思想和理念,引导着这些企业进入了世界著名酒店的行列。

一、CI 到 CS 的演变,从注重企业形象到注重顾客满意的变化

几乎所有酒店经营者都认识到,只有使顾客满意,企业才能生存和发展,但这种顾客满意的理念,是在企业生存发展环境、社会消费习惯、产品概念以及企业经营战略等发生深刻变化的背景下逐步确立起来的。

(一) 从 CI 到 CS

CI(Corporate Identity),即企业形象,是一种以塑造和传播企业形象为宗旨的经营战略,成型于 20 世纪 50 年代,20 世纪 70 年代风靡全球,20 世纪 80 年代中后期进入我国,并被国内酒店业所接受。

CI 也是指企业为了使自己的形象在众多的竞争对手中让顾客容易识别并留下良好的印象,通过对企业的形象进行设计,有计划地将企业自己的各种鲜明特征向社会公众展示和传播,从而在市场环境中形成企业的一种标准化、差异化的形象的活动。

实践证明,CI 对酒店企业加强市场营销及公共关系发挥了非常直接的作用。随着市场竞争日益激烈和人们对市场经济规律认识的深化,CI 也逐渐暴露出它的局限性。CI 的整体运作过程完全是按照企业的意志进行自我设计(包装),通过无数次重复向社会公众展示企业形象,"强迫"顾客去识别并接受企业的形象。CI 的经营战略依旧停留在"企业生产什么、顾客接受什么"的传统的经营理念上。

随着市场从推销时代进入营销时代,在 CI 的基础上产生了 CS。

CS(Customer Satisfaction)即顾客满意理念,是指企业为了不断地满足顾客的要求,客观、系统地测量顾客的满意程度,了解顾客的需求和期望,并针对测量结果采取措施,一体化地改进产品和服务质量的一种企业经营理念。CS 理念及其在此基础上形成的 CS 战略,在 20 世纪 80 年代末超越了 CI 战略,在 20 世纪 90 年代成为一种潮流。

CS 经营战略关注的焦点是顾客,核心是顾客满意,其主要方法是通过顾客满意度指数的测定来推进产品和服务的提升,满足顾客的需求。目标是赢得顾客,从而赢得市

场、赢得利润。实现了从"企业生产什么,顾客接受什么"转向"顾客需要什么,企业生产什么"的变革。

(二) CS 理念在酒店中的运用——"让客价值"理论的提出

让客价值的主要含义是顾客购买一种商品或服务,要付出的是一笔"顾客总成本",而获得的是一笔"顾客总价值",而"顾客总价值"与"顾客总成本"的差值就是让客价值,公式如下:

$$让客价值 = 顾客总价值 - 顾客总成本$$

让客价值中的顾客总价值主要由产品价值、服务价值、人员价值、形象价值等要素构成。

让客价值中的顾客总成本主要由货币成本、时间成本、体力成本等要素构成。

顾客在购买时,总希望把相关成本降到最低限度,而同时希望从中获得更多的实际利益,以达到自己最大限度的满足。因此,顾客在选购商品时,往往在价值与成本两个方面进行比较分析,从中获取价值最高、成本最低,即以让客价值最大的商品为优先选购的对象。

酒店依据"让客价值"理论,可从两个方面改进自己的工作:一是通过提高酒店的产品、服务、人员及形象的价值,提高产品的总价值;二是通过降低生产和销售成本,减少顾客购买产品或服务的时间耗费、精神耗费和体力耗费,从而降低货币与非货币成本的支出。

二、CS 到 CL 的发展,由顾客满意到顾客忠诚的进化

(一) 从顾客满意到顾客忠诚的延伸

20 世纪 90 年代末,我国企业界在强调 CS 理念的时候,CS 经营理念又开始向更高的境界拓展和延伸,这就是 CL(Customer Loyal),即"顾客忠诚"。

从 CI 到 CS,再从 CS 到 CL,这是人类经济发展和社会进步的一种反映,是市场经济发展的规律的体现。每一家酒店企业,都需要遵循这个规律,不断提高顾客满意度,培育一大批忠诚的顾客。

1. CL 理念的基本含义

企业以满足顾客的需求和期望为目标,有效地消除和预防顾客的抱怨和投诉,不断提高顾客满意度,在企业与顾客之间建立起一种相互信任、相互依赖的"质量价值链"。

CL 侧重于企业的长远利益,注重将近期利益与长远利益相结合,着眼于培养一批忠诚顾客,并通过这个基本消费群去带动和影响更多的潜在消费者接受企业的产品和服务。

2. 顾客忠诚度的衡量标准

顾客忠诚度的衡量标准主要体现在六个方面。

(1) 顾客重复购买的次数。

(2) 顾客购买挑选的时间。

(3) 顾客对价格的敏感程度。

(4)顾客对竞争产品的态度。

(5)顾客对产品质量问题的承受能力。

(6)购买周期。

(二) CL 理念在酒店中的运用

CL 理念在酒店中的运用主要体现在"消费者非常满意理论"的提出和"顾客关系管理"的推行。

菲利普·科特勒曾提出了"消费者非常满意的理论"。该理论认为,顾客在购买一家企业的产品以后是否再次购买,取决于顾客对所购产品消费结果是否满意的判断。如果产品提供的实际利益低于顾客的期望,顾客就会不满意,就不会再购买这一产品;如果产品提供的实际利益等于顾客的期望,顾客就会感到满意,但是否继续购买这一产品,仍具有很大的不确定性;如果产品提供的实际利益超过了顾客的期望,顾客就会非常满意,就会产生继续购买的行为。因此,顾客的复购行为取决于他的购买评价,而购买评价又源于购买结果。企业要创造出重复购买企业产品的忠诚顾客,就要使顾客感到非常满意。

一般来说,顾客对产品的期望来源于他们过去的购买经历、朋友和同事的介绍以及企业的广告承诺等。因此,要超越顾客期望值,关键在于酒店企业首先要将顾客的期望值调节到适当的水平。在调整好顾客期望值的同时,设法超越顾客期望值、给客人一份意外的惊喜。

在现代市场竞争中,酒店企业的生存不再是靠一成不变的产品来维持,而是要靠为顾客创造全新服务、全新价值来换取长期的顾客忠诚,形成竞争者难以取代的竞争力,并与顾客建立长期的互惠互存关系,才能得以生存。在当今竞争激烈的市场环境中,越来越多的酒店企业开始通过"顾客关系管理"(Customer Relationship Management)来赢得更多的顾客,从而提高顾客忠诚度。

顾客关系管理(CRM)是一个通过详细掌握顾客有关资料,对酒店企业与顾客之间关系实施有效的控制并不断加以改进,以实现顾客价值最大化的协调活动。顾客关系管理源于"以顾客为中心"的新型经营模式,它是一个不断加强与顾客交流,不断了解顾客需求,不断对产品及服务进行改进和提高,以满足顾客需求的连续过程。它要求向酒店的销售、服务等部门和人员提供全面的、个性化的顾客资料,并强化跟踪服务和信息分析能力,与顾客协同建立起一系列卓有成效的"一对一关系",以使酒店企业得以提供更快捷和更周到的优质服务,提高顾客满意度,吸引和保持更多的顾客。

三、CS 到 ES 的升华,从顾客满意到员工满意的升华

20 世纪末,随着"服务利润链"理论研究的深入,企业的经营理念又开始向更深的层次演变,那就是 ES 战略("员工满意"战略)的实施。

知识链接

服务利润链（Service Profit Chain）

服务利润链是表明利润、顾客、员工、企业四者之间关系并由若干链环组成的链，于1994年詹姆斯·赫斯克特教授等五位哈佛商学院教授组成的服务管理课题组提出的"服务价值链"模型时提出的。这项历经了二十多年、追踪考察了上千家服务企业的研究，试图从理论上揭示服务企业的利润是由什么决定的。他们认为：服务利润链可以形象地理解为一条将盈利能力、客户忠诚度、员工满意度和忠诚度与生产力之间联系起来的纽带，它是一条循环作用的闭合链，其中每一个环节的实施质量都将直接影响之后的环节，最终目标是使企业赢利。

服务利润链模型如下图所示。

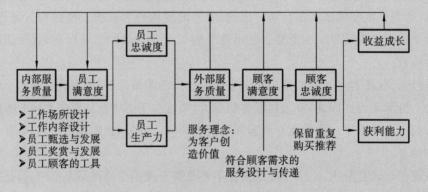

服务利润链模型

简单地讲，服务利润链告诉我们，利润是由客户的忠诚度决定的，忠诚的客户（也就是老客户）给企业带来超常的利润空间；客户忠诚度是靠客户满意度取得的，企业提供的服务价值（服务内容加过程）决定了客户满意度；企业内部员工的满意度和忠诚度决定了服务价值。简言之，客户的满意度最终是由员工的满意度决定的。

（一）从顾客满意到员工满意的拓展

赢得顾客，最终赢得利润，是现代企业的经营目的。但越来越多的研究表明，员工满意与顾客满意有着不可分割的联系，满意的顾客源于满意的员工，企业只有赢得员工的满意，才能赢得顾客的满意，因此，企业从 CS 理念又向 ES 理念升华。

ES（Employee Satisfaction）理念的基本含义：现代企业只有赢得员工满意，才会让顾客满意。因为面向服务的员工是联系企业与顾客的纽带，他们的行为及行为结果是顾客评估服务质量的直接依据。服务企业必须有效地选择、培训和激励与顾客接触的员工，在他们满意的同时营造满意的顾客。

ES 战略注重企业文化建设和员工忠诚感的培育，把人力资源管理作为企业竞争优势的最初源泉,把员工满意作为达到顾客满意这一企业目标的出发点。

(二) ES 理念在酒店中的运用

1. 内部营销理论的提出

从管理角度看,内部营销功能主要是将目标设定在争取到自发又具有顾客意识的员工。

从策略层次上看,内部营销的目标是创造一种内部环境,以促使员工之间维持顾客意识和销售关心度。

从战术层次看,内部营销的目标是向员工推销服务、宣传并激励营销工作。

2. 企业文化的培育

现代酒店的 ES 战略注重企业文化。所谓企业文化,就是企业员工在长期的生产经营活动过程中培育形成并共同遵守的最高目标、价值标准、基本信念以及行为规范。

企业文化培育的内容主要包括:企业的最高目标和宗旨、共同的价值观、作风及传统习惯、行为规范和规章制度、企业环境和公共关系、企业形象识别系统、培育和造就杰出的团队英雄人物。

第三节 酒店营销方式的新发展

21 世纪以来,随着环境的变化、科学技术和信息技术的迅猛发展,商业方式和生活习惯不断改变,新常态下的供需格局带来了消费升级的新浪潮。消费市场呈现出了自媒体、网络化、碎片化、个性化和多元化的特征。

消费者市场的变化,也使酒店业面临着时代的变革和挑战,其营销方向更多是向新技术环境下的创新、人本精神下的营销、竞合导向营销方向发展。

一、新技术环境背景下的酒店市场营销发展

传统营销将技术看作提高生产力的手段,新技术对酒店业的影响不仅在于技术本身,而且在于创造性地利用新技术,把它当作独特、实用的战略资源,从而进行营销。在新技术的支持下,酒店市场营销的发展主要有网络营销和定制营销,酒店也朝着"智能酒店"方向发展。

(一) 酒店网络营销

酒店选择网络营销是科学技术发展的必然。计算机技术和互联网技术改变了人们的交流环境,借助网络更有效地促进个人和组织交易活动的实现。消费者的需求日趋个性化,酒店应利用网络为消费者提供各种类型的服务来满足消费者的需求。为了在竞争中不被淘汰,酒店应借助网络平台,开展网络营销。

1. 酒店网络营销的内涵

酒店网络营销是基于互联网和社会关系网络连接酒店、用户及公众,向用户与公众

传递有价值的信息和服务,为实现顾客价值及酒店营销目标所进行的规划、实施及运营管理活动。对酒店网络营销的内涵理解的过程中需要注意以下几点。

(1)酒店网络营销不同于网上销售,网上销售是网络营销的结果,网络营销是为实现销售、提升形象进行的活动。

(2)酒店网络营销不等于电子商务。电子商务的核心是电子化交易,网络营销为促成电子化交易提供支持,是电子商务中的一个环节。

(3)酒店网络营销不是网上广告,网上广告是网络营销的一种促销方式。

2．酒店网络营销的实施

1)酒店网络营销的职能

酒店网络营销可以在以下方面发挥重要作用:网络品牌、网址推广、信息发布、销售促进、网上销售、个人服务、顾客关系和网上调研。这八个方面是酒店网络营销的八大职能,酒店网络营销策略的制定和酒店网络营销手段的实施都是以发挥这些职能为目的的。

(1)网络品牌。

酒店网络营销的重要任务之一就是在互联网上建立并推广酒店的品牌,知名酒店的线下品牌可以在网上得以延伸,一般酒店则可以通过互联网快速地树立品牌形象,并提升酒店整体形象。网络品牌建设是以酒店网站建设为基础,通过一系列的推广措施,使顾客和公众对酒店认可。

(2)网站推广。

网站推广是酒店网络营销基本的职能之一。网络营销,曾经被认为就是网址推广。相对于其他功能,网站推广显得更为迫切和重要,酒店网站所有功能的发挥都要以一定的访问量为基础,所以网站推广是网络营销的核心工作。

(3)信息发布。

网站是一种信息载体,通过网站发布信息是酒店网络营销的主要方法之一。酒店将自身的特点、价格、售后服务等信息进行精心组织,以吸引人的方式放在网络上,顾客可以自由地根据自己的意愿和需求随时查询。经过网络多媒体技术处理的信息,可以图文并茂、有声有色。设计新颖的电子广告不但可以获得很好的传播效果,而且成本比传统媒体低得多。

(4)促进销售。

酒店网络营销的最终目的是增加销售量,事实上,酒店网络营销在很多情况下对促进线下销售也十分重要。

(5)网上销售。

一个具备网上交易功能的酒店网站,本身就是一个网上交易场所,网上销售是酒店销售渠道在网上的延伸,网上销售渠道建设也不限于网站本身,还包括建立在综合电子商务平台上的网上商店,以及与其他电子商务网站不同形式的合作等。

(6)个人服务。

互联网提供了更加方便的在线顾客服务手段,从形式最简单的常见问题解答,到邮件列表,以及微信、QQ、聊天室等各种即时信息服务,顾客服务质量对于酒店网络营销效果具有重要影响。

(7) 顾客关系。

良好的顾客关系是酒店网络营销取得成效的必要条件,通过多种方式开展顾客服务,增进酒店与顾客的关系。

(8) 网上调研。

通过在线调查表或者电子邮件等方式,完成网上市场调研。网上市场调研相对传统市场调研,具有高效率、低成本的特点,因此网上市场调研成为酒店网络营销的主要职能之一。

2) 酒店网络营销的途径和促销方法

(1) 酒店网络营销的途径。

酒店网络营销的途径主要有以下方式:

一是通过网上中介进行的间接销售,采用代理的形式,由中介方代理营销。如汉庭酒店形成了以携程、艺龙、去哪儿等为代表的 OTA,同时也出现了美团、飞猪等分销平台,这些公司借助 App 强化了移动互联网客户的分销效果。

二是酒店网上直销,通过自己的网站进行网络营销活动。如锦江之星的官方网页在色彩设计上,以淡色和暖色为主,与酒店房间实体色彩设计相一致。这样不仅保持了品牌形象的一致性,还以干净、舒适和温馨打动旅客。同时,酒店网页在结构设计上,分为订房、新闻、促销、俱乐部、连锁店和客户服务。每一个层次都清晰地表达出了其功用和定位,且细分得当。

(2) 酒店网络营销的促销方法。

①微博营销。酒店可以通过微博平台发现并满足用户的各类需求,从而实现酒店促销的目的。

②微信公众号。微信公众平台是腾讯在微信的基础上增加的功能模块,通过这一平台,酒店可以打造一个微信的公众号,并实现和特定群体通过文字、图片、语音等方式全方位沟通、互动。

③酒店官网。酒店的官网能够直观地体现酒店的服务能力,因此酒店官网需要及时更新,完善订单系统,设置会员中心。

④搜索引擎优化(SEO)。搜索引擎优化是一种利用搜索引擎的搜索规则来提高酒店网站在有关搜索引擎内的自然排名的方式。让网站在行业内占据领先地位,从而获得品牌收益。

⑤问答营销。通过问答平台对酒店和酒店产品的宣传,给予好评和推荐,形成良好的口碑。问答平台如百度贴吧、知乎、天涯问答等。

⑥论坛营销。主要进行精品论坛的推广,将行业内知名论坛与知名地方性论坛结合来进行营销。

⑦搜索引擎营销(SEM)。通过搜索引擎竞价,让用户搜索相关的关键词,并点击搜索引擎上的关键词创意链接进入网站,进一步了解所需要的信息,然后通过与客服沟通或直接提交页面上的表单等来实现营销目的。

⑧软文营销。把软文发布到目标媒体上,对酒店品牌、产品和服务进行宣传从而实现营销目的。

⑨O2O 立体营销。O2O 立体营销是基于线上(Online)、线下(Offline)全媒体深度

的整合营销手段。

（二）酒店数字营销

所谓数字营销，就是指借助于互联网、通信技术和数字交互式媒体来实现营销目标的一种营销方式。数字营销利用先进的计算机网络技术，以最有效、最省钱的方式谋求新市场的开拓和新消费者的挖掘。

数字营销是基于明确的数据库对象，通过电子邮件、网络平台等数字化媒体通道来实现营销精准化，营销效果可量化的一种高层次营销活动。

数字营销之前曾被看作特殊领域的独立营销形式，由于它提供了相同的受众沟通方式（只不过是以数字形式而已），2003年开始已经被看作能够涉及绝大多数传统营销领域的营销形式。

在数字经济时代，传统企业实现数字化时，必须把数字营销作为一个重要的方面来关注，变革原本不能满足需要的营销思想、模式和策略，实现新的营销方式。数字营销作为一个热点，与数字管理、数字生产制造一道，成为数字企业的三大重要组成部分。一般来说，在充分竞争的市场上企业只能得到正常的利润，如果想得到超额利润，那就必须创新。创新是对生产要素进行新的组合，从经济学的意义上讲，它不仅包括技术创新，也包括了营销创新。其中，数字营销就是创新的典型事物。

数字营销不仅仅是一种技术手段的革命，而且包含了更深层的观念革命。它是目标营销、直接营销、分散营销、客户导向营销、双向互动营销、远程或全球营销、虚拟营销、无纸化交易、客户参与式营销的综合。数字营销赋予了营销组合以新的内涵，其功能主要有信息交换、网上购买、网上出版、电子货币、网上广告、企业公关等，是数字经济时代企业的主要营销方式和发展趋势。

（三）酒店智能化

随着科技的发展、节能环保形势的严峻、酒店管理意识的提高，酒店智能化已经成为热门的话题。

在信息化高度发展的今天，人们日常生活与网络、信息结合得越来越紧密，随着蓬勃发展的旅游业和频繁的商务旅行活动，客人住酒店不再只是解决住宿问题，还要解决娱乐、商务等问题。酒店只有为客人提供更加丰富完善的信息服务，才能提高知名度，在激烈的市场竞争中获胜。

基于"客房信息化"的创新思想，满足于客人日益多样化、个性化的需求，快乐视界推出的酒店"智慧e房"，是专门针对酒店行业的特点而打造的数字多媒体终端解决方案。"智慧e房"帮助酒店为客人打造"第二个家"，使酒店增添了服务特色，提升了服务水平，提高了形象档次。"智慧e房"是吸引客源、提高入住率的有效措施，同时可以为酒店带来直接的经济效益。它丰富的内容、完善的管理、低廉的维护成本、高效的营销应用，让人体验酒店数字服务新境界！

FlyZoo Hotel(菲住布渴酒店)位于杭州,没有大堂,没有经理,连打扫卫生的阿姨都没有,所有事情统统交给了人工智能。

进入大堂,顾客将会接到机器人"天猫精灵福袋"迎宾、指引,可在手机上凭电子身份证 Check-in 或在大堂刷脸自助办理入住。

入住之后,在搭乘电梯的过程中,基于覆盖酒店内全场景的客人身份识别,无感梯控、无触门控将自动进行人脸识别,智能点亮客人入住楼层,自动开启房间门。

进入房间,专属的客房管家天猫精灵的智能音箱可直接对室内温度、灯光,以及窗帘、电视等进行语音控制。由于身份被系统记录,客人在去酒店餐厅、游泳馆等场所时也只需刷脸即可。除此之外,机器人"天猫精灵太空蛋"和"天猫精灵福袋"还会为客人提供送餐、送水到客房的服务。

客人离店时,只需在手机上退房,系统就会弹出客人的所有消费金额,点击确认,即可离店。

资料来源 根据相关资料整理。

二、人本时代背景下的酒店市场营销发展

菲利普·科特勒认为,不同于以产品为核心的营销 1.0 时代和以消费者为核心的营销 2.0 时代,营销 3.0 时代更加注重人文层面、情感层面需求的满足,是人文精神驱动的价值营销时代。消费者需要更具合作性、文化性和精神性的营销方式,营销者不再仅仅把顾客视为消费的人,而是把他们看作具有独立思想的完整的人类个体。因此,营销 3.0 时代把体验营销、情感营销和人文精神营销很好地结合到了一起。

(一)体验营销

1. 体验营销概述

1)体验营销的概念

体验营销指,通过看(See)、听(Hear)、用(Use)、参与(Participate)的手段,充分刺激和调动消费者的感官(Sense)、情感(Feel)、思考(Think)、行动(Act)、联想(Relate)等感性因素和理性因素,进行重新定义、设计的一种思考式的营销方法。

互联网所形成的网络有很多可以让商家直接与消费者对接的体验接触点。这种对接主要体现在浏览体验、感官体验、交互体验、信任体验等方面。这些体验活动给了消费者充分的想象空间,最大限度地提升了用户参与和分享的兴趣,提高了消费者对品牌的认同。

具体而言,浏览体验,是指消费者通过网络直接进行品牌信息接触并保证其顺畅。这种浏览体验主要表现为网络内容设计的便捷、排版的美观、网站与消费者沟通的互动程度等。让消费者通过自身对于网络的情感体验,对品牌产生感性认识。感官体验,即充分利用互联网可以传递多媒体信息的特点,让顾客通过视觉、听觉等来实现对品牌的

感性认识，使其易于区分不同公司及产品，达到激发兴趣和增加品牌价值的目的。

所谓交互体验，说白了就是网上互动。交互是网络的重要特点，能够促进消费者与品牌之间的双向传播，通常通过论坛、留言板等途径实现。消费者将自身对网络品牌体验的感受再以网络这个媒介反馈给品牌，不仅提高了品牌对于消费者的适应性，更提高了消费者的积极性。

2）体验营销的特征

体验营销的特征主要有以下几个方面：

（1）顾客参与。

（2）体验需求。

（3）个性特征。

（4）体验营销中体验活动都有一个体验"主题"。

（5）体验营销更注重顾客在消费过程中的体验形式。

3）体验营销的形式

《体验式营销》一书的作者伯恩德·H.施密特将不同的体验形式称为战略体验模块，并将其分为五种类型。

（1）知觉体验。

知觉体验即感官体验，将视觉、听觉、触觉、味觉与嗅觉等应用在体验营销上。

（2）思维体验。

思维体验即以创意的方式引起消费者的兴趣及对问题进行集中或分散的思考，为消费者创造认知和解决问题的体验。

（3）行为体验。

行为体验指通过增加消费者的身体体验，指出他们做事的替代方法、替代的生活形态与互动，丰富消费者的生活，从而使消费者被激发或自发地改变生活形态。

（4）情感体验。

情感体验即体现消费者内在的感情与情绪，使消费者在消费中感受到各种情感，如亲情、友情和爱情等。

（5）相关体验。

相关体验即通过实践自我改进的个人渴望，使别人对自己产生好感。它使消费者和一个较广泛的社会系统产生关联，从而建立对某种品牌的偏好。

2．体验营销实施步骤

1）识别顾客

识别顾客就是要为目标顾客提供购前体验，明确顾客范围，降低成本。同时还要对目标顾客进行细分，为不同类型的顾客提供不同方式、不同层次的体验。在具体操作时要注意信息由内向外传递的拓展性。

2）认识顾客

认识顾客就要深入了解目标顾客的特点、需求，知道他们担心什么。企业必须通过市场调查来获取有关信息，并对信息进行筛选、分析，真正了解顾客的需求与顾虑，以便有针对性地提供相应的体验手段，从而满足顾客的需求，打消顾客的顾虑。

3) 顾客角度

要清楚顾客的利益点和顾虑点,并进一步确定在体验式销售过程中重点展示哪些部分。

4) 体验参数

要确定产品的卖点在哪里,顾客从中体验并进行评价。譬如理发,可以把后面的头发修得是否整齐、发型与脸型是否匹配等作为体验的参数,这样在顾客体验后,就容易从这几个方面对产品(或服务)做一个判断。

5) 对行体验

企业应该预先准备好让顾客体验的产品或设计好让顾客体验的服务,并确定好便于达到目标的渠道,以便目标对象进行体验活动。

6) 评价控制

企业在实行体验式营销后,还要对前期的运作进行评估。评估总结要从以下几方面入手:效果如何;顾客是否满意;是否让顾客的风险得到提前释放;风险释放后是否转移到了企业自身,转移了多少;企业能否承受风险。通过这些方面的调查和判断,企业可以了解前期的执行情况,并重新修正运作的方式与流程,以便进入下一轮的运作。

3. 体验营销模式

体验营销的目的在于促进产品销售,通过研究消费者的状况,利用传统文化、现代科技等手段来增加产品的体验内涵,在给消费者心灵带来强烈震撼的同时促成销售。

体验营销主要有以下八种实施模式。

1) 节日模式

每个民族都有自己的传统节日,传统的节日对人们的消费行为起着无形的影响。这些节日在丰富人们精神生活的同时,也深刻影响着人们的消费行为。

2) 感情模式

感情模式通过寻找消费活动中导致消费者情感变化的因素,掌握消费态度形成的规律以及有效的营销方法,以激发消费者积极的情感,促进营销活动顺利进行。

3) 文化模式

利用一种传统文化或一种现代文化,营造一种社会文化气氛,从而有效地影响消费者的消费观念,促使消费者自觉地接近与文化相关的商品或服务,促进消费行为的发生,甚至形成一种消费习惯和传统。

4) 美化模式

由于每个消费者的生活环境不同,对于美的要求也不同,这种不同的要求也反映在消费行为中。

人们在消费行为中求美的动机主要有两种表现:一是商品能给消费者以美的享受;二是商品本身存在客观的美的价值。这类商品能给消费者带来享受和愉悦,使消费者产生美感,满足了其对美的需要。

5) 服务模式

对企业来说,适合的服务模式,可以征服广大消费者的心,获得他们的信任,同样也可以使产品的销售量大增。

6）环境模式

良好的现代人文消费环境，可以使商品与服务的形象更加完美。

7）个性模式

为了满足消费者个性化的需求，企业开辟出一条富有创意的双向沟通的销售渠道。在掌握消费者忠诚度之余，满足消费大众参与的成就感，同时也增加了销售。

8）多元化

现代销售场所不仅装饰豪华，环境舒适典雅，设有现代化设备，而且集购物、娱乐、休闲于一体，使消费者在购物过程中也可娱乐休闲，可使消费者自然地调节情绪，进而创造更多的销售机会。

（二）定制营销

定制营销（Customization Marketing）是指在大规模生产的基础上，将市场细分到极限程度——把每一位顾客视为一个潜在的细分市场，并根据每一位顾客的特定要求，单独设计、生产产品并迅捷交货的营销方式。它的核心目标是以顾客愿意支付的价格并以能获得一定利润的成本高效率地进行产品定制。科特勒将定制营销誉为21世纪市场营销的新领域。

定制营销是指市场细分到顾客个人，企业根据顾客的要求与偏好设计营销组合，提供个性化的方案，满足每位顾客的个性化需求，即"一对一营销"。与传统营销方式不同，定制营销是一种以顾客需求为中心的服务营销模式。定制营销中，酒店鼓励顾客充分参与并设计产品，体现个性化的愿望；同时，营销部门更注重为顾客提供整体的服务方案，而不是单一的产品或服务。互联网为定制化酒店营销提供了有利的条件，客户关系管理、客户档案数据库、营销信息系统以及新媒体技术手段不断发展，为酒店企业和顾客提供了更多进行"一对一"互动沟通的选择。因此，定制营销是一种以互联网技术为平台，将定制营销观念和互联网技术结合起来，满足顾客个性化需求的现代营销方式。

三、新时代背景下的酒店市场营销发展

进入新经济时代后，我国企业市场营销受到了巨大的影响。

首先，随着经济全球化的深入，国内市场和国际市场也逐渐融合，企业的市场营销领域得到极大扩张，这也就意味着我国已经走上了建设开放型经济的道路。市场竞争国际化，对企业的战略定位提出了更高的要求，从全球市场出发，按市场的要求来制定营销目标，然后不断加强对营销策略的创新，深入挖掘国内外市场，从而提高市场竞争的主动性。

其次，我国处在世界经济由工业经济时代转变成知识经济时代的过渡时期，知识经济是在对知识进行产、分配和使用的前提下的一种新型经济形式，对社会这个整体特别是企业的生产经营活动产生了极其深远的影响。企业的市场营销是企业的生产经营活动中的一个重要方面，正受到前所未有的冲击和挑战。

最后，当前社会经济倡导可持续发展，这一新的理念对企业的市场营销也提出了新的挑战。

企业是一切经济活动的主体,同时也是资源的消费者和产品、废弃物的制造者,在整个社会的可持续发展中发挥着直接和不可替代的作用。企业的营销是整个生产经营活动的起始点和核心步骤,一定会成为实现可持续发展的关键点。企业在市场营销的整个流程中,必须积极履行现代营销的基本观念,满足消费者的绿色需求和社会的环保需求,协调企业的自身发展与社会的持续发展。在此基础上,酒店市场营销也在向竞合导向营销、社会责任营销和绿色营销发展。

（一）合作营销

面对消费者需求的日益多样化,行业融合和跨界合作是企业参与竞争的必然趋势。对企业来说,跨界合作的优势不仅仅在于打破了传统的产品开发模式,其最大的优势是与其他行业合作,拓宽了行业领域,更好地实现了资源共享。

旅游业是一个跨地区的综合性产业,是由各种旅游企业和部门构成的相互关联、相互依托的统一体。酒店是旅游产业链中的支柱企业,与其他行业及部门之间关联性极强,这些特性决定了酒店通过合作营销实现目标具有天然的优势。随着网络技术的快速发展和酒店市场竞争的加剧,资源的稀缺性和顾客价值导向促使酒店必须转变营销观念,从"竞争"到"竞合",企业资源互补和协作,通过合作联盟取得竞争优势,降低竞争风险。在这一市场背景下,合作营销逐渐进入酒店的营销战略视野,并成为酒店增强市场竞争能力、增加市场份额的重要手段。

合作营销理论起源于19世纪20年代,其研究主要集中于成员关系、组织问题、价格政策以及合作广告等方面。1966年,艾德勒（Adler）在《哈佛商业评论》上发表了《共生营销》一文,将共生营销界定为"由两个或两个以上的品牌或企业,共同开发一个营销机会",这一界定被认为开创了合作营销之先河。20世纪80年代以后,合作营销研究领域进一步扩展,从对横向、纵向营销中的成员关系分析到基于供应链管理的合作营销机制问题的研究,该理论得到不断完善。

合作营销,也称为联合营销、协同营销,是两个或两个以上的企业为整合资源优势,增强市场开拓、渗透与竞争能力,联合起来,通过共同分担营销费用,协同进行营销传播、品牌建设、产品促销等的营销活动,共同开发和利用市场机会,实现营销战略目标的营销行为。合作营销是以"竞争-合作"为基本指导原则,既突破了传统营销活动孤立化的桎梏,又符合现代市场竞争的特点,充分整合相关企业优势资源,达到"双赢"的效果,是对传统营销模式的革命。

合作营销是酒店企业提高市场竞争力的有效方式。合作营销,有利于酒店建立长期稳定的合作关系,使其从传统营销中对立型竞争转变为利益共享的合作型竞争;有利于巩固已有市场地位,增强企业核心竞争力;可以有效降低营销成本,扩大企业宣传效果,创造"1+1>2"的整合效应;避免了为争夺客源不断升级的价格战,减少了无益的竞争;有利于企业进入新市场,规避经营风险,更好地适应不断变化的外部环境。

酒店需要依据自身的实际情况选择合适的合作营销策略与具体的实现形式,依据酒店与合作方在产品及营销活动中的关系,酒店可以采取以下几种合作营销策略。

1. 横向合作营销

横向合作营销,是酒店选择同一行业的竞争对手进行合作,可以是同区域内的联合,也可以是跨区域的联合。酒店联盟是横向合作营销的主要方式,是以产品为纽带的一种紧密合作型的企业联合体,它通过成员间订立合同来建立协作关系,在市场上统一品牌和管理模式,共享客源,借助规模化优势,短期内能够迅速降低成本、扩大市场占有率。酒店联盟不仅能提高企业的知名度、拓宽销售渠道,还可以增强企业的抗风险能力,是中小型酒店企业提高生存能力和市场竞争力的有效途径。

2. 纵向合作营销

纵向合作营销,是旅游产业内部不同类型的旅游企业间的合作,如酒店与旅行社、景区、航空公司等行业之间的合作。纵向联合的维系纽带是产业链上下游之间的承接关系,这种联合可以建立起企业稳定的协作关系,相互保证供给客源和提供产品,共同致力于市场的开发和拓展。

3. 交叉合作营销

交叉合作营销,是酒店与政府、主管部门以及其他行业或企业间的合作。交叉合作营销策略需要酒店与相关组织双方主动创建合作关系,主要方式有两种。

一种是基于宣传关系的交叉合作营销。酒店与目的地政府、相关媒体等建立交叉型的合作宣传关系,可以提升顾客消费的情感价值和社会价值,实现客群的交叉兼容,提升双方品牌的知名度与影响力。特别是地方政府或旅游协会所承办的区域间旅游资源和精品线路的联合推广活动,可以提升目的地的整体形象,更需要旅游企业的积极跟进和配合。

另一种是基于顾客资源共享的交叉合作营销。酒店借助其他企业所拥有的客户、技术及信息资源等优势,展开合作营销,提升整体竞争力,是较为常见的酒店合作营销模式。如酒店与银行、网络公司以及相关旅游协会的联合,一方面能够为顾客提供更加完善的服务,另一方面可以充分发挥酒店的有限资源,从而形成合作优势。

(二)责任营销

酒店和旅游业快速发展的同时,也带来一系列的社会问题,如诚信缺失、虚假宣传、网络欺诈和侵权、生态失衡和环境恶化等,严重影响了社会的可持续发展和人类的和谐进步,社会责任日益成为企业和公众关注的焦点。伴随着顾客对企业社会责任和诚信道德需求的不断增长,社会责任被迅速列入酒店和旅游企业的重要议程。酒店和旅游业与自然、社会环境之间的不可避免的互动和联系表明,其生存和发展不仅要追求利益最大化,而且要保证对环境和社会负面影响最小,从而提升顾客价值,实现酒店和旅游业的可持续发展。因此,减少负面影响,自觉担当社会责任,是增强酒店企业核心竞争力、提升企业形象和信誉度的迫切要求。

企业社会责任(CSR)是指企业在创造利润、对股东利益负责的同时,还要承担起对企业利益相关者的责任,保护其权益,以获得在经济、社会、环境等多个领域的可持续发展能力。企业社会责任必须超越唯利润目标的传统观念,强调对人的价值的关注,强调对消费者、员工、环境、社会等利益相关者的社会责任。企业品牌的创建和营销与企业的社会责任密不可分。

国际社会越来越强调企业社会责任的同时,企业的营销观念也在发生相应的变化。西方对社会责任营销的研究始于20世纪60年代,20世纪80年代后成为学术热点,并取得了显著的成果。菲利普·科特勒在《企业的社会责任》一书中将营销从商界扩大到了一个新的责任领域,战略目标从盈利增长扩展到社会责任的研究范畴,从而为企业的市场营销战略及营销活动指出了新的方向——社会责任营销。他在《营销革命3.0:从产品到顾客,再到人文精神》一书中指出营销3.0时代的实质是人文精神驱动的价值营销,企业的盈利能力和社会责任息息相关。

酒店企业开展社会责任营销,实现企业的价值主张,对企业的生存和发展有着战略性的意义。酒店社会责任营销是酒店将履行社会责任作为宣传推介自身的营销资源,在承担和履行一定的社会责任(法律道德、伦理规则、环境保护、慈善捐赠、关爱公平等)的同时,借助新闻舆论影响和广告宣传,来改善酒店的市场形象,提升品牌知名度,提高顾客忠诚度,最终实现预期的战略目标的营销形式。因此,社会责任营销的核心就是信任营销,强调在产品生产及流通的各环节履行社会责任,更好地建立和维护与各种利益相关者的信任关系,增强酒店抵抗风险的能力,获取社会资本,从而增强酒店的竞争能力。

(三)酒店绿色营销

随着全球工业的不断发展,社会环境被破坏、生态失衡、污染加剧、自然灾害严重威胁了人类的生存和发展。随着全球环境保护意识逐步增强,世界各国经济都在实施可持续发展战略,强调经济发展应与环境保护相协调。在此背景下,世界范围内掀起了一股绿色浪潮,绿色消费、绿色服务、绿色产品等新概念和新观念应运而生,酒店绿色营销也在这股浪潮的冲击下相应产生。

知识链接

> 可持续发展(Sustainable Development)的概念最先是于1972年在斯德哥尔摩举行的联合国人类环境研讨会上正式讨论。
>
> 1987年,世界环境与发展委员会发布报告《我们共同的未来》,将可持续发展定义为:既能满足当代人的需要,又不对后代人满足其需要的能力构成危害的发展。Gro Harlem Brundtland,挪威首位女性首相,她对于可持续发展的定义被广泛接受并引用,这个定义系统阐述了可持续发展的思想。1992年6月,联合国在里约热内卢召开的环境与发展大会,通过了以可持续发展为核心的《里约环境与发展宣言》《21世纪议程》等文件。随后,中国政府编制了《中国21世纪议程》,首次把可持续发展战略纳入我国经济和社会发展的长远规划。1997年的中国共产党第十五次全国代表大会把可持续发展战略确定为我国现代化建设中必须实施的战略。可持续发展主要包括社会可持续发展、生态可持续发展和经济可持续发展。

1. 酒店绿色营销的内涵

从市场营销理论的发展和演变来看,与绿色营销相关的概念或理论包括环境营销和社会营销两部分。20世纪50年代,美国经济学家Kotler在企业市场营销、消费心理及消费行为研究的基础上,提出了社会营销的理念。他明确指出了社会营销应是以社会利益、消费者及企业利益为抓手的营销模式。Morgan等学者在继承社会营销的基础上，提出了环境营销的理念，即强调企业在市场营销时，要考虑企业对生态环境的影响，要注重资源的利用率。在环境营销理论与社会营销理论不断发展的基础上，20世纪60年代末，基于社会对可持续发展观念和责任伦理的普遍认同以及市场绿色消费意识和企业营销思想的驱动，绿色营销观念逐渐萌发。20世纪70年代，开始明确提出绿色营销和可持续发展观念并付诸实践。20世纪90年代以后，绿色营销理论已经成为营销学理论研究的重要方向，绿色营销的理论内涵与概念体系也得到进一步完善。

所谓绿色营销，是指社会和企业在充分意识到消费者日益提高的环保意识和由此产生的对清洁型无公害产品需要的基础上，发现、创造并选择市场机会，通过一系列理性化的营销手段来满足消费者及社会生态环境发展的需要，实现可持续发展的过程。相较于传统营销模式，绿色营销是为了满足当代的绿色消费要求对传统营销方式进行的变革。它是一个持续发展、永续经营的过程，其最终目的是在化解环境危机的过程中获得商业机会，在实现企业利润和消费者满意的同时，达成人与自然的和谐相处、共存共荣。绿色营销的核心是按照环保与生态原则来选择和确定营销组合的策略，是建立在绿色技术、绿色市场和绿色经济的基础上，对人类的生态关注给予回应的一种营销方式。这与传统营销中通过消费者、企业和竞争对手三者间关系协调来获取利润有差异，同传统的社会营销也存在区别。

根据绿色营销的定义，引申出酒店绿色营销的内涵。酒店绿色营销是指酒店为了更好地满足消费者或者顾客绿色消费需求，以环境保护为经营指导思想，以绿色文化为价值导向，运用安全、健康、环保等理念，倡导保护生态、绿色消费及合理利用生态资源的营销观念、营销方式和营销策略。它要求酒店在经营中将酒店自身利益、客户利益和生态环境利益进行系统的结合和发展。酒店绿色营销不是一种诱导顾客消费的手段，也不是酒店塑造公众形象的"美容法"，而是酒店将树立全员绿色观念、满足顾客绿色消费需求、使用绿色科技、构建绿色体制等融于一体的新型营销方式。

酒店绿色营销具有以下特点：
第一，绿色消费是开展绿色营销的前提。
第二，绿色观念是绿色营销的指导思想。
第三，绿色体制是绿色营销的法治保障。
第四，绿色科技是绿色营销的物质保证。

2. 酒店绿色营销的实施
1) 树立全员绿色观念

酒店在市场营销活动中，要顺应可持续发展的战略要求，注重地球生态环境保护，促进经济与生态协调发展，以实现企业利益、消费者利益、社会利益及生态环境利益的统一。

第一，要倡导消费者的绿色消费意识。开展绿色教育，使消费者意识到环境和人类的关系，增强消费者的生态和环保意识，使消费者了解绿色产品和非绿色产品的实质，增强绿色知识。

其二，酒店要全员树立绿色意识。连锁酒店的生产和经营是一项综合性的活动，需要财务、人事、营销、技术人员、生产工人等方方面面的积极参与与配合，这就需要全员树立绿色意识。全员绿色意识会创造绿色消费的宏观环境,增长消费者绿色知识,而消费者绿色知识的普及会对生产者形成无形压力,迫使他们生产和经营绿色产品。这是一个良性循环,最终目的是保护和改善生态环境,实现全球经济可持续发展。

2) 开发绿色旅游资源和绿色产品

酒店实施绿色营销的支撑点是绿色旅游资源和绿色产品的开发。酒店开发绿色旅游资源和绿色产品要从酒店设计和建设开始,包括内外部装修材料的选择和使用,酒店产品生产、包装、运输、使用至废弃物的处理等都要考虑对生态环境的影响。具体来说,要做到以下几点。

第一,酒店建设不破坏周围外部环境。酒店在选址、设计的时候就要考虑环保因素,强调与生态结合,减少对周围环境的人为破坏和影响,将环境质量损失降到较低。

第二,酒店内部装修装饰绿色化。酒店建筑及装饰装修材料必须使用环境标志认证产品,不使用各种对人体有害的产品。

第三,将酒店设备运行对环境的影响降到很低,节能降耗应成为酒店的经营原则。如酒店要舍得投入经费对不环保的设施进行技术改造,更换不环保的装备,多采用自然光、合理利用太阳能、使用节能的材料和设备等。

第四,将"三废"污染降到较低。酒店要把物资消耗降到较低点,就要使用节能、节水设备,减少浪费,尽可能实现物资的回收循环利用,提高物资使用效率,减少"三废"的排放量。如丽江悦榕酒店在做建筑规划和景观规划时,确保了旅游建筑物和基础设施与周围的自然及文化环境相协调,在生态兼容和环境影响最小的原则下,不排斥舒适与美观的设计。酒店创建绿色酒店后率先使用以节约用水为目的的水循环系统,尽量减少污水和废水的排放量。

丽江悦榕酒店陆续将酒店内所有照明更换成 LED 灯,更换后与原来相比实现节电 30%;酒店的普通马桶已更换成双冲水马桶,较之前节水 20%。酒店配置了房间空调恒温器,将温度设定在 23℃—25℃的舒适温度。

3) 制定绿色价格

酒店在制定绿色产品价格时,一方面要把酒店用于环保方面的支出计入成本,从而成为价格构成的一部分。也就是说,酒店要摆脱以前"投资环保是白花钱"的思想,树立"污染者付费""环境有偿使用"的新观念。另一方面,要注意绿色产品在消费者心目中的形象,利用人们的求新、求异、崇尚自然的心理,采用消费者心目中的"觉察价值"来定价,提高效益。

4) 选择绿色营销渠道

绿色营销渠道是酒店开发的绿色产品转移到消费者所经过的通道。选择恰当的绿色营销渠道是酒店成功实施绿色营销的关键,因此酒店实施绿色营销必须建立稳定的绿色营销渠道,在策略上可从以下几方面做出努力:

(1) 启发和引导中间商的绿色意识,建立与中间商恰当的利益关系,不断发现和选择热心的营销伙伴,逐步建立稳定的绿色营销网络。譬如在渠道营销中,应要求渠道商、分店将健康理念、环保理念作为卖点,使绿色营销覆盖所有的营销渠道,进而提高绿色营销的宣传功能。

(2) 注重绿色营销渠道有关环节的工作。酒店为了真正实施绿色营销,从绿色交通工具的选择,绿色产品的设计、生产、加工、运输、贮存,以及管理办法的制定与实施等各个环节,认真做好绿色营销渠道的一系列基础工作。

(3)酒店要尽可能建立短渠道、宽渠道,减少渠道资源消耗,降低渠道费用。

5)开展绿色促销活动

绿色促销活动是酒店通过绿色促销媒体,传递绿色信息,指导绿色消费,启发引导消费者绿色需求,最终促成购买行为的活动。在促销活动中,酒店应以顾客为抓手,从绿色信息、绿色产品、绿色形象等角度出发,通过绿色理念营造良好的绿色氛围,进而激发消费者的绿色消费意愿。在绿色促销的过程中,需要酒店将传统文化中的生态观与绿色营销内容有机地结合起来,通过营销活动,实现绿色理念的有效传达。绿色促销的主要手段有以下几个方面:

(1)绿色广告。

通过广告对产品的绿色功能定位,引导消费者理解并接受广告诉求。在绿色产品的市场投入期和成长期,通过量大、面广的绿色广告,营造市场营销的绿色氛围,激发消费者的购买欲望。

(2)绿色人员推销与营业推广。

要有效地实施绿色营销策略,推销人员必须了解消费者对绿色消费的兴趣,掌握酒店产品的绿色理念及酒店在经营过程中的绿色理念。从销售现场到推销实地,直接向消费者宣传、推广产品绿色信息,讲解、示范产品的绿色功能,回答消费者的绿色咨询,宣讲绿色营销的各种环境现状和发展趋势,激励消费者的消费欲望。同时,通过试用、馈赠、竞赛、优惠等策略,引导消费兴趣,促成购买行为。

(3)绿色公关。

通过酒店的公关人员参与一系列公关活动,诸如发表文章、演讲、播放影视资料,以及参与、赞助社交联谊、环保公益活动等,与社会公众广泛接触,增强公众的绿色意识,树立酒店的绿色形象,为绿色营销建立广泛的社会基础,促进绿色营销的发展。

6)实施绿色管理

酒店绿色管理,就是融环境保护的观念于酒店的经营管理之中的一种管理方式,包括建立酒店环境管理新体系、进行全员环境教育、提高企业的环境能动性、进一步健全环境保护法、实行强制性管理等。

> **本章小结**
>
> 本章主要介绍了酒店营销组合 4P 到 4C、7P 的发展;营销理念从 CS 到 CL 的发展,从 CS 到 ES 的升华;酒店营销的新发展如网络营销、数字营销、酒店智能化、体验营销、定制营销、合作营销、责任营销和绿色营销等。

复习思考

1. 简述 7P 营销组合的内容。
2. 简述营销理念从 CS 到 ES 的变化过程。
3. 酒店实施绿色营销给酒店经营带来哪些影响？
4. 酒店网络营销的特点和途径有哪些？
5. 什么是定制营销？
6. 体验营销及其特征是什么，酒店如何进行体验营销？
7. 什么是合作营销，合作营销的策略有哪些？

在线答题

阅读与分析

▼

参考文献
References

[1] 陈学清,徐勇.酒店市场营销[M].2版.北京:清华出版社,2018.
[2] 崔波,胡顺利.酒店市场营销[M].北京:化学工业出版社,2021.
[3] 邓俊枫.酒店市场营销[M].北京:清华大学出版社,2020.
[4] 汪京强,黄昕.酒店数字化营销[M].武汉:华中科技大学出版社,2022.
[5] 苏朝晖.市场营销——从理论到实践[M].2版.北京:人民邮电出版社,2021.
[6] 李伟清.酒店运营管理[M].重庆:重庆大学出版社,2018.
[7] 马勇.酒店管理概论[M].重庆:重庆大学出版社,2017.
[8] 陆朋,王立宝,董硕.餐饮市场营销[M].2版.北京:企业管理出版社,2021.
[9] 苏朝晖.服务营销管理[M].北京:清华大学出版社,2016.
[10] 菲利普.科特勒,凯文·莱恩·凯勒.营销管理[M].5版.戴维智,译.北京:清华大学出版社,2011.
[11] 刘蓉.探析新时期网络市场营销调研方法[J].经济研究导刊,2017(15).
[12] 段玉英.市场营销调研探讨[J].前沿,2005(9).
[13] 陈晓.市场调研在企业营销管理决策中的作用分析[J].现代营销,2018(11).
[14] 钟志平,谌文.酒店管理案例研究[M].重庆:重庆大学出版社,2015.
[15] 伍剑琴.酒店营销与策划[M].2版.北京:中国轻工业出版社,2016.

教学支持说明

为了改善教学效果，提高教材的使用效率，满足高校授课教师的教学需求，本套教材备有与纸质教材配套的教学课件和拓展资源。

为保证本教学课件及相关教学资料仅为教材使用者所得，我们将向使用本套教材的高校授课教师赠送教学课件或者相关教学资料，烦请授课教师通过加入酒店专家俱乐部QQ群或微信公众号等方式与我们联系，获取"电子资源申请表"文档并认真准确填写后发给我们，我们的联系方式如下：

酒店专家俱乐部QQ群号：710568959

酒店专家俱乐部QQ群二维码：

微信公众号二维码：

群名称：酒店专家俱乐部
群　号：710568959

华中出版柚书 Trip book